《故宫珍本丛刊》精选整理本丛书·术数

新镌京版工师
雕斫正式鲁班经匠家镜

［明］北京提督工部御匠司司正　午　荣　汇编
李　峰　注解

海南出版社
·海口·

图书在版编目（CIP）数据

新镌京版工师雕斫正式鲁班经匠家镜 /（明）午荣编；李峰整理．-- 海口：海南出版社，2002．9（2024．11 重印）．
（《故宫珍本丛刊》精选整理本丛书．术数）
ISBN 978-7-5443-0553-2

Ⅰ．①新… Ⅱ．①午… ②李… Ⅲ．①住宅－风水－古籍－中国－明代 Ⅳ．B992.4

中国版本图书馆 CIP 数据核字（2002）第 066952 号

新镌京版工师雕斫正式鲁班经匠家镜
XINJUAN JINGBAN GONGSHI DIAOQI ZHENGSHI LUBANJING JIANGJIAJING

海南出版社出版发行
总社地址：海口市金盘开发区建设三横路 2 号
北京地址：北京市朝阳区黄厂路 3 号院 7 号楼 101 室
邮　　编：570216
网　　址：http://www.hncbs.cn
电　　话：0898-66812392　010-87336670
读者服务：唐雪飞
责任编辑：张　雪
经　　销：全国新华书店
印刷装订：河北盛世彩捷印刷有限公司
出版日期：2003 年 8 月第 1 版　　2024 年 11 月第 17 次印刷
开　　本：880 mm × 1 230 mm　1/32
印　　张：11.75
字　　数：248 千字
书　　号：ISBN 978-7-5443-0553-2
定　　价：45 元

目　录

新镌京版工师雕斫正式鲁班经匠家镜

鲁班经

第一卷

第二卷

第三卷

新刻法师选择纪（全）

择日纪全

灵驱解法洞明真言秘书

秘诀仙机

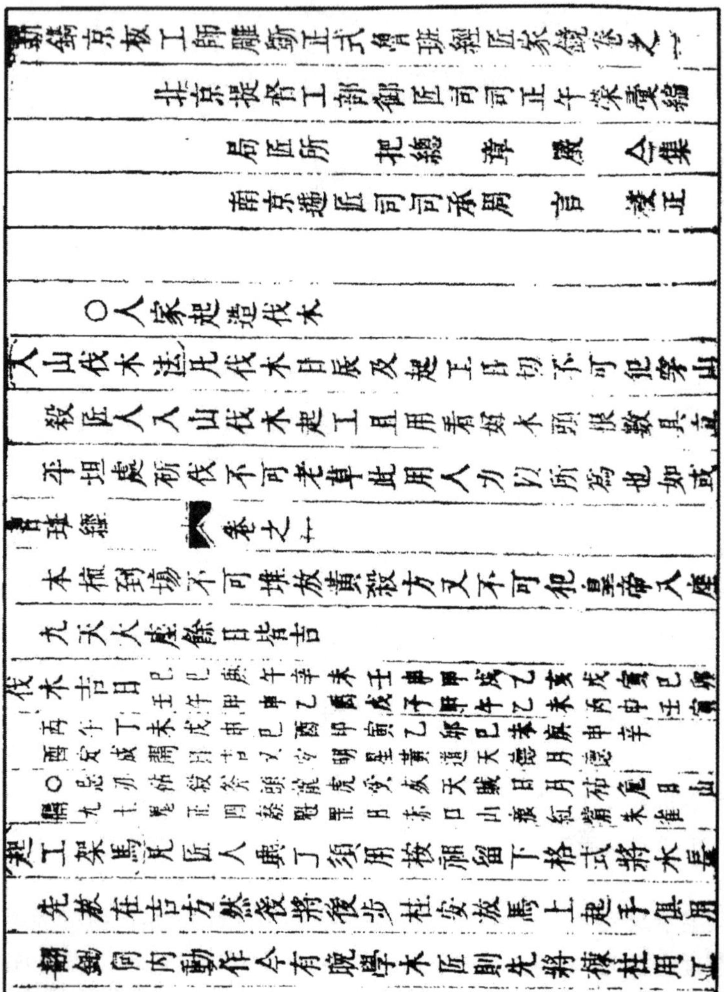

新鐫京板工師雕斲正式魯班經匠家鏡卷之一

北京提督工部御匠司司正午榮彙編

局匠所　把總　章　嚴　仝集

南京遞匠司司承周　言　校正

○人家起造伐木

入山伐木法：凡伐木日辰及起工日，切不可犯穿山殺。匠人入山伐木起工，且用看好木頭根數，具立平坦處斫伐，不可老草，此用人力以所為也。如或木植到場，不可堆放黃殺方，又不可犯皇帝入座、九天大座，餘日皆吉。

伐木吉日：己巳、庚午、辛未、壬申、甲戌、乙亥、戊寅、己卯、壬午、甲申、乙酉、戊子、甲午、乙未、丙申、壬寅、丙午、丁未、戊申、己酉、甲寅、乙卯、己未、庚申、辛酉，定、成、開日吉。又宜明星、黃道、天德、月德。○忌刀砧殺、斧頭殺、龍虎、受死、天賊、日刀砧、山隔、九土鬼、正四廢、魁罡日、赤口、山痕、紅嘴朱雀。

起工架馬：凡匠人興工，須用按祖留下格式，將木長先放在吉方，然後將後步柱安放馬上，起手俱用翻鋤向內動作。今有晚學木匠則先將棟柱用工，則不按魯班之法。後步柱先起手者，則先後方且

魯班經　卷之一

本面书影整理文字见第1～7面。

《故宫珍本丛刊》
术数类精选整理本丛书序

《书经》尝有国之大事，必谋及卿士，谋及庶人，断之龟筮之说，是龟筮亦古之一大决策之学，今殷墟发掘大量甲骨文卜辞足以为证。《周礼》有大卜之职官，掌卜筮以稽疑，虽三王不同龟，四夷各异卜，然各以决吉凶。道家之学本出于史官，据《礼记·月令》，天子于立冬之月，"命太史衅龟筴，占兆，审卦吉凶"。古时太史有如后世之辅相，有燮理阴阳、交通天人之职责，故必精通卜筮之学。而后龟筮决策之术，由象卜而数卜，由龟而筮，由《连山》《归藏》《周易》而八卦象数，而梦占，而太乙九宫，而六壬遁甲，而看相推命，遂成一博大精深之中国术数学。要之，术数学亦史官之学，为中华道学文化的一大支柱。

老子《道德经》云："前识者，道之华而愚之始。"老子所云"愚"，为"纯朴"之意，故谓"俗人察察，我独闷闷"，"我愚人之心也哉！""其政闷闷，其民淳淳"，"古之善为道者，非以明民，将以愚之"。"华"通"花"。这句话的意思是说，前识是道学智慧的花朵，是返朴归真的开端。实际上，道学本质上乃是一种前识的学说，它在任何时代都是一种超前意识，道学的智慧不仅能返观人类乃至宇宙创生之初的过去，而且能预见和创造整个宇宙的未来。《道德经》35章云："执大象，天下往。往而不害，安平泰。"何谓大象？《易·系辞》云："是故易者，象也"，"象也者，像此者也"。"圣人有以见天下之赜，而拟诸其形容，象其物宜，是故谓之象。”“圣人设卦观象，系辞焉而明吉凶，刚柔相推而生变化。是故吉凶者，失得之象也。悔吝者，忧虞之象也。变化者，进退之象也。刚柔者，昼夜之象也。六爻之动，三极之道也。”“圣人立象以尽意，设卦以尽情伪，系辞焉以尽其言，变而通之以尽利，鼓之舞之以尽神。”“知变化之道者，其知神之所为乎！”“《易》有圣人之道四焉：以言者尚其辞，以动者尚其变，以制器者尚其象，以卜筮者尚其占。”《左传》载：“韩宣子适鲁，见《易象》与《春秋》。”足见所谓“象”，乃八卦之象，“八卦以象告”。实际上，以道家看来，天地山川之形势，国家政治之局面，地球生态之环境，列国军备之争斗，无不是一个大的卦象，无不各现其吉凶之征兆。《道德经》云：“大象无形”，“其安易持，其未兆易谋”，“为之于未有，治之于未乱”。有道者善观天地、国事、人事之大象，不待卜筮而见其吉凶之兆，不待其祸发乱始而预谋之，故能往来于天下而趋吉避凶，而得以“安平泰”。又《道德经》50章云：“出生入死。生之徒，十有三；死之徒，十有三；人之生，动之死地，亦十有三。”“盖闻善摄生者，陆行不遇兕虎，入军不被甲兵；兕无所投其角，虎无所用其爪，兵无所容其刃。夫何故？以其无死地。”这段经文和上段经文一样，古今注家多百思而不得其解，故强为之错解。其实文中提到三次“十有三”，恰合九宫之数，分生门、死户，可以伏藏，乃古代趋吉避凶的术数，即周代之“阴符”，后世谓之“奇门遁甲”。依此术推算，大至整个地球、国家，小至一城一室，皆有生地、死地，有道者急难之时而入生地，故可不遇兕虎不被刀兵而无死地。老子的道家之学，亦是一种地理生态之学，史称诸葛亮依此“推演兵法，作八阵图，咸得其要”。据传诸葛亮入川时在鱼腹浦以巨石排成“八阵图”于江滩之上，其威力可比十万精兵，后东吴大都督陆逊入此石阵而受困。道学之术，玄妙莫测，如依我国山川形势调整城市布局战守要塞，自可以处处有生地，有如美国的国家导弹防御系统（NMD）。因此，我将新道学文化依八卦分属八大支柱，即“人行道哲学”（乾卦）、“政治管理学”（兑卦）、“文艺审美学”（离卦）、“医药养生学”（震卦）、“宗教伦理学”（巽卦）、“自然生态学”（坎卦）、“丹道性命学”（艮卦）、“方技术数学”（坤卦）。其中，在道学的八大支柱中，我将道家哲学和术数学放在乾卦和坤卦的位置，而乾、坤二卦是父母卦，由此衍生出长男、长女、中男、中女、少男、少女六卦。这就是说，哲学和术数学分别是道学的两条腿，由它们分布开道学文化的八大支柱，二者在道学中有如哲学和数学在西方文化中的位置一样。在中国历史上，术数学是历朝历代政治家、军事家、谋略家的必修课，为帝王师的姜子牙、张良、诸葛亮、李靖、李淳风、李泌、刘伯温等都是精通术数学的。古代术数家运筹帷幄，辅助群雄争霸天下，在中国的历次政治斗争中起过举足轻重的作用。

中国术数学源于原始社会先民的巫史文化，是由周易象数学发展起来的学科。它最初奠基于战国时期以邹衍为首的阴阳家学派，汉代兴盛一时，汉末流入道教，为道教占验派所宗。占验派道士精研易理，推崇象数易学，并用之于社会、人事等未知事物的预测，创造出许多丰富多彩的占验术数学。在一定意义上说，术数学乃是一种杂有迷信成分的社会、人生预测学。无论是生产力低下的古代社会，还是科学昌明的现代社会，都没有消除人们对个人命运的困惑和对所受伤害的恐惧。人们对于复杂纷纭的社会前景和变幻不定的人生命运，在自力难以掌握的时候，便本能地依靠他力趋吉避凶，寻求预测未来的方法。这种渴望预知的心理，无论是文明未开的古代初民还是受过高等教育的现代人，实际上没有什么不同。我们知道，整个宇宙、整个地球、人类社会的群体乃至个体的命运，皆是一种开放的超巨系统，其进化的动力学机制受多种要素的制约，其瞬息万变的具体情节引发人们的困惑，其发展前进的大趋势又启发人们预测的智慧。自然生态、社会政治、人生命运的大系统虽受多种要素制约，但都可分解出一些基本的动力学要素。当大系统中的这些基本的动力学要素的积累效应达到其难以承受的程度时，整个大系统就会进入一种无序的混沌状态，例如一个国家的社会政治系统如果贫富差距过分拉开、贪官污吏横行、豪强盗贼得势，这些因素积累到整个社会难以承受的程度，就会出现天下大乱的混沌状态。一个人在社会活动中如果八方树敌积怨过多，违法乱纪横行无忌，最终也必将进入穷于应付、遑遑不可终日的混沌状态。人的身体系统也是一样，如违背生活规律穷奢极欲丧失精气，必然也会导致百病丛生医家束手的混沌状态。根据系统论的非线性混沌动力学理论，这种混沌状态是不稳定的。当系统中出现“灾难性的分歧点”（cata-strophic bifurcation）时，系统变得异常敏感，一次偶然事件就会诱发整个系统的巨变（macroshift）。在刚刚跨入21世纪之门时，美国发生了震憾世界的“9·11”事件，美国系统科学家欧文·拉兹洛在2001年出版了他的新作《巨变》（中译本于2002年2月由中信出版社出版）。拉兹洛是罗马俱乐部成员、布达佩斯俱乐部主席，他在书中说地球已成为一个整体化的具有网络结构的复杂巨系统。当前全世界的全球化趋势，实际上是全球美国化，是以欧美为中心的西方文化统治全球、征服世界的大趋势。这种全球化是以工业化、城市化、信息化为标志的所谓现代化浪潮。西方的主流文化以其唯物主义机械论的世界观，以其聚敛钱财、贪得无厌的物质主义价值观，以其相互竞争、弱肉强食的个人利己主义人生观，导致了环境污染、人口爆炸、资源匮乏等地球生态危机。拉兹洛在书中大胆预测，现代西方以工具理性为主导的文明所造成的恶果,十年间如果不能发动一场彻底改变这种旧价值观的意识革命,世界的政治、经济结构便会彻底瓦解。拉兹洛预言这一巨变过程共分为四个阶段,即启动阶段、转型阶段、混沌阶段、瓦解阶段或突破阶段。自1860年至1960年,高科技的发明极大地增加了人类的社会生产力,人类靠掠夺自然界创造了大量财富,人类以自我为中心的生产方式和生活方式对自然界构成的威胁,启动了这次巨变。自1960年至2001年,人类靠高科技极大地提高了生产效率和消耗自然资源的速度,人口急剧增加,以工业化、城市化、信息化为标志的现代化浪潮遍及全球,这就是巨变的转型阶段。在这一全球化的转型阶段,美国人穷奢极欲的高消费生活成为全世界向往的样板,贫穷国家的一些人也不择手段地捞取"票子、房子、车子",争取"先富起来"。人类掠夺大自然的活动造成空前的生态危机,地球的面貌被人类的力量所改变。自2001年至2010年,随着人口猛增及现代化的加速, 人类对地球各类资源的需求日益提高,而地球的自然资源在人类多年持续掠夺下临近枯竭,生态环境急剧恶化。在这十年间,人类需求上升的曲线和地球资源、自然生态下降的曲线相交。拉兹洛写道:"到了21世纪第一个十年时,由政治范畴的冲突、经济范畴的脆弱性和金融范畴的不稳定,以及气候和环境恶化的种种问题所引发的高度紧张,会使得社会进入巨变的'混沌跃进'期。""21世纪初期的混沌,不是趋向于可维持的全球平衡,就是导致地方与全球性的危机和随之而来的瓦解。"(《巨变》)地球上人类的命运受自然环境、社会历史和文化传统的制约,同时又需要人类自己创造。2010年以后,人类社会真正的巨变就会到来,人类要沿着西方文化的主流价值观走下去,就会进入瓦解阶段;如果在西方价值观上发生一场新的意识革命,就会进入突破阶段。目前全球人口已达到70亿,而且还在增长。水、空气、土壤等资源被污染、破坏并不断减少，城市的各种废弃物在不断增加，全球每年失去500万到700万公顷的农业用地。这种趋势不但会助长各国社会的无政府状态，出现凶杀、传染病、饥荒等惨绝人寰的悲剧，还会加剧国家、民族之间的重大冲突，甚至发生核大战，或者兴起移民风潮，打破国界，造成全球的无序状态。拉兹洛认为挽救这场劫难的唯一途径，就是对西方文化的主流价值观进行意识革命，提倡全球伦理以完成文化转型。拉兹洛所倡导的新型文化，实际上就是我近几年努力开创的新道学文化。魏源早就论定老子的《道德经》是“救世书”，它不但能救中国，而且能救世界。新道学文化是人类21世纪唯一可行的文化战略。

海南出版社已将北京故宫博物院珍藏的数千种图书资料影印出版了《故宫珍本丛刊》；为方便阅读，又将其中不少道家珍籍和术数类秘本藏书整理成简体横排本出版。由于考虑到故宫珍藏的这些术数秘本多为初次面世及其可能产生的社会影响，该丛刊及该整理本丛书的责任编辑李升召先生来京邀我作序予以介绍。我本是研究自然科学的学者，由于对内丹学的兴趣遂接受钱学森教授的建议改行到中国社会科学院来研究道家和道教，至今不觉过去二十余年。方技术数学和丹道性命学都是新道学文化的重要支柱，对它们的研究是我学术专业范围之内的本职工作。二十多年来，我不仅在全国调查和求得南北各派秘传的丹道法诀，并且对道教占验派流行的各类方技术数都进行过演算和验证。鲁迅先生曾断言：“中国根底全在道教。”（《鲁迅全集》第九卷）李约瑟博士也说过：“中国如果没有道家思想，就会像是一棵某些深根已经烂掉了的大树。”（《中国科学技术史》第2卷）道学文化是中国诸子百家之学的总汇和源头。内丹学和术数学是中国传统文化中交通天人的巫史之学，它是中国哲学和科学得以产生的文化背景。在学术研究上,不研究内丹学和术数学,就没法真正理解和体验道教;而不懂道教,也无法真正了解道家;不懂道家,更无法达到中国传统文化的高境界。据我所知,道教文化的研究大致可以划分为三个层面。其一是将道教资料从史学和文献学的角度通过考据、训诂等方法厘清史实。其二是从哲学、宗教学、文化人类学、医学、化学、民俗学、文学艺术诸学科对道教资料进行既分析又综合的研究。除此之外,道教文化还有比一般学术研究难度更大的第三个层面,也是道教核心部位的硬壳,其中包括斋醮、法术;奇门遁甲等占验术数;外丹黄白术与内丹学。占验术数的研究需付出超常精力和具备天文律历知识,还要激发出交通天人的灵性,非等闲之辈所能胜任。前辈学者赵元任教授深知术数学研究的难度,他称占验术数"说有易,说无难",是一种可研而不可究的学问。我国自"文革"以来崇尚西方十八世纪启蒙思想家早已落伍的"科学主义",将道教文化斥为"封建迷信",将术数学斥为"伪科学",术数学的研究一变而为"说无易,说有难"!美国精神病学家斯坦尼斯拉夫·格罗夫教授痛斥这种"科学主义"思潮说:"唯物主义科学家们认为,任何灵性概念的产生都是由于知识的缺乏、迷信、痴心妄想、原始的奇怪思维、幼稚的想象以及彻头彻尾的精神病。""如果我们观察一下西方文明的世界观,并把它与古代和土著文化的世界观加以比较,我们就会发现有一种深刻的差异。""经过40年对意识的研究,我有一种强烈的感觉,即这种差异的真正原因是西方工业文明对意识的非正常状态的幼稚和无知。""科学有崇高的威望,人们所说的科学指的是唯物主义一元论主导的牛顿—笛卡儿范式的科学。这种思维方式不论从个人的角度还是集体的角度都会导致可怕的后果。这就是为什么我们必须把深刻的内心转变和对过时的科学世界观的彻底修正结合起来的原因。"(《意识革命》,中译本由社会科学文献出版社2001年出版)西方自然科学只研究物质运动,忽视人的心灵、意识等精神的层面,缺少直觉、灵感、超感官知觉等非正常状态心理学的研究,而这恰是布达佩斯俱乐部成员“意识革命”的主要内容。拉兹洛等学者认为,通过人类心灵的修炼和生命体验,将促使人类发生“意识革命”,使人类变得更宽容,更有爱心,“以让其他众生也能生活的方式来生活”,从而早日实现新的“文化转型”,避免地球生态的大劫难。由此看来,中国的道学文化,特别是其中富有天人交通灵性的丹道和术数,恰是中华文明的智慧之花,是中华民族免除生态劫难的福音。海南出版社为保存这些故宫珍藏秘本尽力,应是功德无量。

在中国社会科学出版社1995年出版的《中华道教大辞典》中,我已将“内丹学”和“符箓、法术及占验术数”列入其中。在萧克将军主编的《中华文化通志》中,我亦将内丹学和占验术数收入《道教志》,此书经过中央有关部门多次审查及国家认定(上海人民出版社1998年出版)。在社会科学文献出版社1999年1月出版的《道学通论》中,我特别撰有《中国术数学》一章,作为对术数学进行专门学术研究的著作在全国尚属首次,对术数学的评价及其学术价值在书中全部讲明,读者可以参看。《四库全书总目提要》云:“术数之兴,多在秦汉以后,要其旨,不出乎阴阳五行、生克制化,实皆易之支派,傅以杂说耳。物生有象,象生有数,乘除推阐,务穷造化之源者,是为数学。星土云物,见于经典,流传妖妄,寖失其真,然不可谓古无其说,是为占候。自是以外,末流猥杂,不可殚名,《史》《志》总概以‘五行’。”“中惟数学一家为易外别传,不切事而犹近理,其余则百伪一真,递相煽动。必谓古无是说,亦无是理,固儒者之迂谈;必谓今之术士能得其传,亦世俗之惑志,徒以冀福畏祸。今古同情,趋避之念一萌,方技者流各乘其隙以中之,故悠谬之谈,弥变弥多耳。然众志所趋，虽圣人有所弗能禁。其可通者存其理，其不可通者姑存其说可也。”盖丹道与术数，呼应人类求长生和趋吉避凶的心理，在社会民众中有广泛的市场，易被江湖术士递相煽惑，敛财骗人，既无法禁断，不如提升到学术的殿堂加以研究。读者须明白，治术数学亦非容易，江湖术士百伪一真，少有能激发出灵性者，其志在敛财辈更等而下之，不可轻信。然术数学既为中华民族之传统文化，亦需珍惜。保护了中国的古代文化，也就保护了中华民族的未来。故余反复斟酌而强为之序。

中国社会科学院研究员博士生导师
胡孚琛
2002年9月11日于中国社会科学院哲学研究所

序：术数与八卦及《易经》的关系

“术数”一词有两个既有联系而又略有区别的意思。

第一，“术数”指一类活动，1979年版《辞海》释作：“‘术’指方术，‘数’是气数。即以种种方术观察自然界可注意的现象，来推测人和国家的气数和命运。……后世称术数者，一般专指各种迷信，如星占、卜筮、六壬、奇门遁甲、命相、拆字、起课、堪舆、占候等。”应当指出，1999年版《辞海》的释文在文字上稍有变动，特别是在列举各种迷信时删去了“占候”。

第二，“术数”是我国一类古籍书的“类”名。按照《四库全书》分类法，我国古籍可分为“经、史、子、集”四“部”，每部之下分若干“类”，每类之下再分若干“属”；“术数”是“子部”之下一类书的“类”名。“术数类”之下包括七“属”，其属名与其所收书的范围如下：

一、数学之属。此处的“数学”不是现在“数学物理”中的“数学”的意思。《左传·僖公十五年》：“龟，象也；筮，数也。物生而后有象，象而后有滋，滋而后有数。”古代把研究“筮”时数的变化，务究造化之源的学问，叫“数学”。（参见后面对“卜筮”的介绍）讲述这种数学的书，归入本属。

二、占候之属。凡观察研究天象（泛指日月星辰土地云气）和动植物的异常变化并以此推知国事人事吉凶的书，均归入本属。

三、相宅相墓之属。凡研究建房（阳宅）和造墓（阴宅）的朝向地势等的选择与吉凶之间关系的书，均归入本属。

四、占卜之属。凡用龟、蓍、牌等按某种规则确定一组数，再根据这一组数确定一个卦象，即所谓“随物取数，随数取卦”，然后依托《易经》判断吉凶的书，均归入本属。

五、命书相书之属。根据一个人出生的年月日时来推知其命运吉凶的书叫命书；根据一个人的体形气色来推知其命运吉凶的书叫相书。这两种书均归入本属。

六、阴阳五行之属。凡根据阴阳衰旺五行休囚的易理来预测吉凶，以使人们能早为趋避的书，如遁甲、六壬、择日、占星等，均归入本属。

七、杂技术之属。凡不便归入以上诸属，而又是讲述如何分辨贵贱吉凶之术的书，如占梦、拆字、太素脉法等，均归入本属。

由以上可看出，术数的支派旁门十分庞杂，但翻开这些书，无一不直接地说明或在叙述中体现出自己的理论基础是八卦和《易经》。这倒确实不是拉大旗作虎皮。《四库全书总目提要》曾指出："术数之兴，多在秦汉以后，要其旨，不出乎阴阳五行生克制化，实皆易之支派，傅以杂说尔。"而本文想提出的命题正是：术数就是八卦《易经》在预测未来方面的一种应用。因此，为了说明此命题，必须首先大略地介绍一下八卦和《易经》的基本内容。

《易传·系辞下》："古者包牺氏（伏羲氏）之王天下也，仰则观象于天，俯则观法于地，观鸟兽之文，与地之宜，近取诸身，远取诸物，于是始作八卦，以通神明之德，以类万物之情。"这里记载的就是相传伏羲氏始作八卦的事。

八卦的形式只有两个基本符号，即阳爻"—"和阴爻"--"；将阳爻和阴爻组成三层结构，共能得到也只能得到八种形式（卦体）：☰、☷、☳、☴、☵、☲、☶、☱。八卦的内容也只有两点：卦名，按以上顺序分别为"乾、坤、震、巽、坎、离、艮、兑"；意义，它们分别象征"天、地、雷、风、水、火、山、泽"等自然事物和"父、母、长男、长女、中男、中女、少男、少女"等人类家庭成员。以上就是八卦本身的全部形式和内容。

《汉书·艺文志》:“至于殷周之际,纣在上位,逆天暴物,文王以诸侯顺命而行道,天人之占可得而效,于是重易六爻,作上下篇。”这里记载的就是相传周文王创造周易六十四卦的事。所谓“重易六爻”,就是说伏羲氏创造的八卦每卦(卦体)只有三爻,重叠即为六爻;将八卦两两重叠变化,共能得到也只能得到六十四卦;前三十卦为上篇,后三十四卦为下篇。

相传,周文王不仅将八卦演变成了有先后固定顺序的六十四卦,还给每个卦命了名,并且分别为每个卦及每个卦中的每一爻都附上了一句简短的说明,即“卦辞”和“爻辞”。

例如第十五卦的卦象是“䷎”。卦名为:“谦”。卦辞为:“亨,君子有终。”从下至上共六爻,每一爻的爻辞分别为:“初六,谦谦君子,用涉大川,吉。六二,鸣谦,贞,吉。九三,劳谦,君子有终,吉。六四,无不利,㧑谦。六五,不富以其邻,利用侵伐,无不利。上六,鸣谦,利用行师征邑国。”

严格意义上的《周易》或《易经》的全部形式和内容就是如上例介绍的每个卦的卦象图形、卦名、卦辞和爻辞,共六十四段,约五千字。相传后来孔子又作了十篇解释性的文章:《彖(上下)》《象(上下)》《文言》《系辞(上下)》《说卦》《序卦》《杂卦》。古代把对“经”的解释文章称作“传(读去声)”,因此这十篇文章就统称作《易传》,也叫《十翼》。按照广义的或不严格的说法,《易经》也可以包括《易传》。

在古代,《易经》被认为是群经之首,儒家经典之一,连秦始皇焚书也不焚易书,可见《易经》在我国历史上享有多么崇高的地位。

现当代对《易经》则评价不一,多把它主要当作一部讲算卦的书看待,如《辞源》“周易”条:“也叫易经,我国古代有哲学思想的占卜书,是儒家的重要经典。”1979年版《辞海》的解释也与此相似，甚至在进行肯定性评价时也只是说："在宗教迷信的外衣下，保存了古代人的某些朴素辩证法的观点。"幸喜1999年版《辞海》删去了这一句话，而代之以一段较为公允客观的叙述。

那么，《易经》究竟是一部什么书呢？或者说，古人创造八卦和《易经》究竟是出于什么动机为了什么目的呢？前面引文中说："……于是始作八卦，以通神明之德，以类万物之情。"这句话译成现代汉语，我以为大意应当是：于是最先创造了八卦，为的是用来表明自然界的根本规律（神明之德），并根据万事万物的特征（万物之情）对其进行分类。如果这样理解没有错的话，这实际上就明明白白地说出了古人创造八卦，当然也包括创造《易经》六十四卦的动机和目的。这个动机和目的用现代术语说，就是为了建立一个能解释宇宙世界的统一理论和模型。

产生这种动机和目的是人的本性。人与动物的区别就是人有思维，会思考问题。人类思考的问题，除了那些为了生存发展要解决的各种具体问题（首要的当然是求温饱的问题）外，还包括一些抽象的问题。如：这纷繁复杂的世界到底是由什么组成的？是怎么组成的？它们过去是什么样子？未来又会是什么样子？这些问题哲学上当属宇宙观或世界观的问题。这些问题的解决就要求建立一个能解释现存世界的统一理论，然后还能用它来进一步解释这个现存世界的过去并预测其未来。如果这个理论能用图形表示，这个图形就叫作"宇宙模型"。

我认为，八卦和《易经》就是古人所建立的这种宇宙模型和统一理论，二者的区别仅仅在于，前者较为简略，后者较为详实。它们的要点概括起来就是：宇宙中万事万物都是由两种最基本的东西组成的；这两种东西性质相反，叫作"阴"和"阳"，可以分别用符号"- -"和"—"表示；这两种东西的不同的结构比例或不同的结构位置就形成了宇宙中性质各异的万事万物；把这些万事万物粗一点分类，可分成八类，其模型就是三层结构的八卦形式，细一点分类，可分成六十四类，其模型就是《易经》中六层结构的六十四卦的形式。

很明显，古人的上述认识，除了最后一点三层结构和六层结构我们至今还难于理解其中的奥妙外（当然也可以附会一些含义：地球有地壳、生物圈、大气圈——天、地、人——三层结构；较稳定的原子最多只有六层电子等等），其余的认识与现代科学对物质世界的分析是不矛盾的。

不仅如此，越来越多的现代自然科学家们也开始关注并研究《易经》的相关内容。《中国大百科全书·哲学》“象数学”（易学的一个分支）条写道：“20世纪七八十年代以来，许多中国学者运用数理科学方法对象数学重新进行研究，例如：以等差级数（算术级数）解释阳奇阴偶和天地之数；以等比级数（几何级数）解释‘一分为二’的宇宙生成论；以数学排列组合解释八卦成列；以二项式系数解释太极—两仪—四象—八卦—六十四卦的‘周易三角’，并发现比法国数学家B.巴斯加尔早500年的‘贾宪—杨辉三角’来源于‘周易三角’；以方圆九宫算术解释河图洛书；以函数关系解释太极曲线与阴阳消长变化；以二进位制数学说明邵雍的先天卦位卦序图，认为此图经得起电子计算机的测试和检验；以同余式定理解释揲蓍的方法；以概率论统计解释占断中的吉凶休咎。所有这些研究，都力图揭破笼罩在《周易》上面的神秘外衣。”

更令人称奇的是《易经》关于宇宙起源的独特的叙述。《易传·系辞上》：“是故易有太极，是生两仪，两仪生四象，四象生八卦，八卦定吉凶，吉凶生大业。”这句话中的术语各家解释不同，但对这句话的总体意思的理解却是一致的：现在宇宙中的万事万物产生于一个本源——太极。三国时徐整所著《三五历纪》

（收入《太平御览》）的叙述更生动具体："天地浑沌如鸡子，盘古生其中。万八千岁，天地开辟，阳清为天，阴浊为地，盘古在其中。一日九变，神于天，圣于地。天日高一丈，地日厚一丈，盘古日长一丈。"至清代《幼学琼林》则剔除了其中的神话部分，叙述也更简明："混沌初开，乾坤始奠。气之轻清上浮者为天，气之重浊下凝者为地。"

上述以《易经》理论为基础的我国古人对宇宙起源的描写与现代自然科学最新的研究成果是完全一致的。《中国大百科全书·天文学》"大爆炸宇宙学"条写道：大爆炸宇宙学是"现代宇宙学中最有影响的一种学说。……大爆炸的整个过程是：宇宙的早期，温度极高，在100亿度以上。物质密度也相当大，整个宇宙体系达到平衡（"混沌"阶段——引者注）。……但是因为整个体系在不断膨胀，结果温度很快下降……当温度降到几千度时，辐射减退，宇宙间主要是气态物质，气体逐渐凝聚成气云，再进一步形成各种各样的恒星体系，成为我们今天看到的宇宙。"同一书"地球"条中关于地球的起源和演化也有类似的叙述："现在流行的看法是：地球作为一个行星，远在46亿年以前起源于原始太阳星云。……并无分层结构（"混沌"阶段——引者注）……在重力作用下物质分异开始，地球外部较重的物质逐渐下沉，地球内部较轻的物质逐渐上升，一些重的元素（如液态铁）沉到地球中心，形成一个密度较大的地核（地震波的观测表明，地球外核是液态的）。"

从以上两段引文中可清楚看出，不管宇宙和地球从起源到形成目前这个状态的各个阶段的演化细节如何，都经历了两个大阶段，开始是内部平衡的不分层的原始"混沌"阶段，然后是"气之轻清上浮"和"气之重浊下凝"的分化定型阶段。

前面引用了不少古今文献，目的就是要说明，古人为了"通神明之德”“类万物之情”创作了八卦和《易经》,确实可以作为一个统一理论来解释和说明已知现存世界的现在和过去;可是古人的期望远不止此,他们甚至更希望有一个统一理论能预测未来。这就应当讨论术数了。笔者以为,术数就是八卦易经在预测未来方面的一种应用。

术数预测未来,主要是预测人类活动的未来,而前面谈到的《易经》作为一个统一理论,所解释的都是自然世界,而没有涉及人类社会。因此,在讨论术数预测未来之前,还应当介绍一下《易经》在社会科学方面的应用。

应当指出,现在人们一般都把人类的知识分成自然科学和社会科学两大类,并且二者仍是截然分开的,之间至今没有多少实质性的联系;但在八卦和《易经》那里,我们却看不到这种区别。本文说八卦和《易经》是一个能解释世界的统一理论,“统一理论”这个词是从爱因斯坦那里借来的。爱因斯坦毕生追求的就是不断提高他的理论的“统一”程度,因为他相信世界应当是统一的,“上帝讨厌麻烦”。不过,他理想中的“统一理论”也仅仅是针对物质世界的,并不涉及人类社会。然而,八卦和《易经》作为一个统一理论,却不但企图解释自然世界(如前所述),同时还企图解释人类社会,指导人们为人处世,修身齐家治国平天下。

例如:前面所引《易经》第十五卦谦卦,从卦体和卦象上看,艮卦在下,坤卦在上;艮对应山,坤对应地,因此,此卦象征山处在地之下,是一个屈己自谦的形象,所以卦名为“谦”。卦辞是:“亨,君子有终。”其大意当是:谦虚就能亨通,只有君子才能始终彻底做到,最终成功。其最下爻(初六)的爻辞是:“初六,谦谦君子,用涉大川,吉。”此爻辞大意当是:第一爻是阴爻(初表示最下爻,即第一爻;六表示阴,九表示阳),君子谦而又谦,用这种态度来过大河,克服困难,总是吉利的,能成功。中间四爻的爻辞也很有意思，限于篇幅，恕不释。其最上爻（上六）的爻辞是："上六，鸣谦，利用行师征邑国。"此爻辞大意当是：第六爻是阴爻（上表示最上爻，即第六爻），谦虚到了顶，名声在外，利于用兵征伐邻国。可以说，易经每一卦中都包含有这些修齐治平的道理，此文不多说了。

术数依托《易经》、易理、易义预测未来，应用范围十分广泛，大到一个国家的兴衰，一场战争的胜负，小到一个人的命运好坏，甚至某人某天出门办事是否适宜，等等，术数均予以考虑。正因为如此，就形成了如前所述的众多的术数的支派旁门。为了对术数是怎样预测未来的有一个总的粗略的了解，以下介绍其中一种最古老、最基本的方法——占卜。

古时占卜有两种方式，用龟甲或兽骨叫"卜"，用蓍草叫"筮"，合称"卜筮"。"卜"的具体操作程序已不大清楚了，大概是先在龟甲（多用腹甲）或兽骨（多用牛羊肩胛骨）上钻、凿，再用火灼，然后根据爆裂纹理来确定吉凶。《说文解字》认为"卜"字"象灸龟之形"，其实更进一步，"卜"字的读音恐怕也"象灸龟爆裂之声"。

"筮"的具体操作程序现在还比较清楚：备50根蓍草；先取出一根不用，象征太极；将剩下的49根任意分成两束，一束置于上，一束置于下，象征天地两分；任意从上束或下束中取一根置于中间，象征人立于天地之间。之后的操作程序说起来较烦琐，此文不必详述，其大致过程是：将上中下三束蓍草按固定的四个步骤取分置放，称为一变；三变之后上下两束蓍草之和将为某一个数字，根据这个数字即可确定一爻的阴阳；如此共经过十八变，即可从下至上确定六爻的阴阳；于是也就得到了一个完整的卦象。最后再根据《易经》上的卦名、卦辞、爻辞来判断欲预测的人或事的吉凶。"术数"中所说的"数学"主要就是研究以上过程中数字的变化及其意义。

先人之所以用龟和蓍来占卜,是因为他们相信龟和蓍是神物,能通神,有灵气;因此在先人看来,卜筮所取得的卦象,并不是随机的,而是神的指点。当然,后人改用铜钱、牙牌、棋子等物来占卜,即所谓随物取数,随数取卦,那层通神的含义恐怕就没剩下多少了。

以现代科学的眼光来看,占卜的整个过程实质上可看作是两个连续分类的过程:首先将欲预测的具有千差万别的人或事根据某种规则归入六十四类中的某一类,即取得某一卦的卦象;然后再进一步根据易理分成两类,"吉"或"凶"。从思辨逻辑上看,这倒是无可挑剔的。不过必须强调:不管取得卦象的程序多么神秘复杂,其实无非就是从易经六十四个卦象中任取一个;这个过程本质上就像抽签一样,应当完全是一个随机的过程。这种随机过程的结果,我们今天最多只能承认它仅有统计学方面的意义,而很难说它具有别的什么决定论方面的因果关系。对于用其他术数方式来预测未来,大致也可取这种基本态度。

十分有趣的是,占卜等各种术数活动从古到今绵延不断,而对其反对之声也一直不绝于耳。韩非子写过一篇文章《饰邪》,其中举了不少史实证明占卜占星等皆不可信,然后他总结写道:"龟策(策指蓍草——引者注)鬼神不足举胜,左右背乡(指星辰在天空的位置,乡同向——引者注)不足以专战。然而恃之,愚莫大焉。"王充在《论衡·卜筮》中更写道:"周武王伐纣,卜筮之,逆,占曰:'大凶。'太公推蓍蹈龟而曰:'枯骨死草,何知而凶?'"

应当特别指出一点,我国古籍中类似上述反对或非难占卜等各种术数活动的记载很多,但似乎全都是批判"枯骨死草"的,至少我至今没发现一处是批判《易经》本身的。确实,用今天的话说,我国历来都是把《易经》和《易经》的应用分别看待的。

如《四库全书》的处理:凡解说易经本身的书入经部易类,居经部之首,亦全书之首;凡用易理教人修齐治平的书入子部儒家类,为子部之首;凡用易理推知吉凶的书入子部术数类。荀子在《大略编》中更说“善为易者不占”,意思当是精通《易经》的人是不用占卜算卦的。

既然数千年来我国一直有这么多大学者都态度坚决地反对占卜等各种术数活动,那么,为什么它们数千年来又能一直绵延不断呢?我想,至少有三个基本原因。

第一,术数并非全都是迷信的,反科学的,其中肯定有不少科学性的精华还等待我们去发掘。例如:相宅相墓看风水的堪舆家,他们的经验在保证人们居住的健康安全方面就是有很多科学道理的;至于在利用墓穴保存人的尸体方面取得的成就甚至我们今天也无法解释,难于做到,如长沙马王堆出土的基本保存完好的二千年前的女尸就是最有力的物证。

第二,有些批判文章,用今天的眼光来看,其论述未必是无懈可击的。例如,宋代费衮在其《梁溪漫志》中有一篇证明算八字不可信的文章,他首先按算八字的方法计算,一天只有12个时辰,一年只有4320种命运,再分男女,一个甲子60年也不过51.84万种命运,然后他驳斥道:“今一郡户口不下数百万,则同年同月同日同时多矣,又何贵贱贫富之不同哉?”从证伪的角度来看,上述驳斥理由并不很严格、充分,因为要用统计学原理证明算八字不可信,应当统计符合算八字结果的人所占的百分比,若接近50%,那么统计结果就不支持算八字的方法。其道理很简单,根据统计学概率论的基本原理,要判断一个人命运的好坏,多次掷硬币的正确率也必然是50%左右。

第三,大概也是最重要的原因,就是科学的未来学(也叫预测学)太不发达。人们希望能预知未来,这个愿望和要求是绝对合理的,也是很有必要的。令人十分遗憾甚至难堪的是,现在已发展到了信息时代,知识时代,但人类在预测未来方面的能力却非常有限。例如,现在人们对日食、月食的发生,彗星的出没等天体的运行规律能很精确地计算预测;对风雨冷热等天气变化也能基本准确预知;可是对地震、洪水等自然灾害的发生就没有多大把握进行预报了。至于对人类社会未来的预测(长期的或短期的,群体的或个体的),则基本上是空白。当然人们也一直在努力,半个世纪前更创立了未来学从事这个领域的研究,但是真正可供实用的可靠的研究成果还不多。

这里我们想特别强调马克思主义的一个观点:唯心主义是利用人类知识的空白点而存在的。确实,如果科学真能满足人们某一领域的需要,那么骗人的迷信在这一领域也就难于立足了。如现在人们想知道未来的天气怎样,肯定会去问气象台,而不会去找占家了,因为现在气象台的天气预报基本上是准确可靠的。

虽然各种术数活动数千年来绵延不断,但历史地看,其影响力与活动范围都在逐渐缩小。我国发现的最古老的成系统的文字甲骨文,几乎全部都是占卜的记载,因此,甲骨文也叫“卜辞”。春秋战国时期,每个国家都有专门掌管占卜的官员,他们的政治地位和学术地位都是很高的。这种官制后来逐渐消亡,未考是何时完全废止的。历史上很多大术数家,如先秦鬼谷子、驺衍,三国诸葛武侯,晋郭璞、葛洪,宋陈抟、邵雍(康节)、司马光,明刘基(伯温)、黄道周,等等,他们同时也是大学问家,都是治中国思想文化史时不能不提到的人物。民间的各种术数活动至少在半个多世纪前都还是正当的职业;尽管今天还有人从事这种活动,但其不再是合法的职业了。

关于术数与八卦的关系,最后还有一点应稍加说明,即它们的产生时间孰先孰后的问题。这个问题无非有三个答案：八卦在先；术数（占卜）在先；二者难分先后，是互相促进共同发展的。根据古代文献，"人更三圣（分别指伏羲氏、周文王和孔子），世历三古（分别指上古、中古、下古）"（《汉书·艺文志》），没有比伏羲氏始作八卦更古老的传说了。然而，出土的甲骨文却不能支持这一传说，当然也不足以否定这一传说。相反，甲骨文似乎更有利于证明"占卜在先"。看来，究竟何者在先，只能靠今后进一步的考古发掘和科学研究来判定了。不过，不管何者在先，都与本文"术数是八卦、《易经》在预测未来方面的一种应用"的说法不矛盾。

本文是一篇命题作文，题目是李升召先生提出的，他是故宫术数整理本丛书的责任编辑，希望我能为该丛书写一篇总序，谈谈"八卦、《易经》与术数之间的关系以及它们在我国传统文化中的地位"。我不知天高地厚，欣然领命。于是闭门半月，搜索枯肠，总算勉强为他们之间的"关系"提出了一个看法，并做了一些解释和说明。但一看字数，已近一万，远不是一篇序的通常篇幅了，即请示李先生，获得同意，这篇序就不评价它们在我国传统文化中的地位了。

其实，这篇序在"关系"处打住而不评价他们的"地位"，就笔者而言，篇幅大了只是次要原因，更主要的原因是八卦和《易经》对我国传统文化的影响实在太广泛深远了，就像人体的血液，渗透进了每一个细胞，就像人体的基因，代代相传。平常聊聊天，似乎还觉得能应付自如，真要提笔立论为文，就深感学力处处不支了。仅仅是那么博大精深的思想认识，竟会产生于三千多年前的殷商时代，就简直令人不敢相信，难于理解。然而，经受了几千年实践检验的经络学说的实例又使我们绝对不敢低估古人具有超乎我们想象的高超智慧。我们至今仍没找到经络的令人信服的解剖学证据,二三千年前的古人怎么能那么清楚地知道人体经络的分布呢?每当想到类似的这一切事实,再看到记载古人微言大义深邃思想的古文献,就不禁油然而生出一种对古人的莫名的敬畏心情,使人不敢轻言为八卦和《易经》以及术数在我国传统文化中的地位立论。非不为也,是不能也。这个题目只能留待笔者今后努力了,当然更希望能早日看到大家的高论。

易 潇

2001 年 11 月 28 日于长沙

2003 年 5 月修订

《故宫珍本丛刊》精选整理本丛书·术数

新镌京版工师雕斫正式鲁班经匠家镜

（鲁班经）

北京提督工部御匠司司正午荣汇编
局匠所把总章严仝集
南京递匠司司承周言校正

明万历汇贤斋刻本

李峰注解

第一卷

人家起造伐木

【原文】入山伐木法:凡伐木日辰及起工日,切不可犯穿山杀。匠入山伐木起工,且用看好木头根数,具立平坦处斫伐,不可了草,此用人力以所为也。如或木植到场,不可堆放黄杀方,又不可犯皇帝八座、九天大座,余日皆吉。

【注解】穿山杀:子年在午,丑年在未,寅年在申,卯年在酉,辰年在戌,巳年在亥,午年在子,未年在丑,申年在寅,酉年在卯,戌年在辰,亥年在巳,即当年太岁对冲之方。选择诸书均以太岁对冲之方为岁破,最凶之神,所以伐木起工若犯其方,就会冲犯太岁,故大凶。

木头根数:古人以一三五七九等阳数为吉,二四六八等阴数为凶,入山伐木亦宜择取阳数。

黄杀:手边诸《通书》中均无"黄杀"之名,只有"黄沙",《许真君万全玉匣记》云:"正四七十月逢午日,二五八十一月逢寅日,三六九十二月逢子日,但凡出外犯黄沙,人亡财散不归家。"细思之,寅午合而化火,将木料堆放其方,恐有火焚之患,尚合择吉义理。子方为水,生木,却难读解,恐是戌字所误,而黄杀的"杀"字也恐是"沙"字之误。又有皇天大杀,子申辰年在卯,巳酉丑年在子,寅午戌年在酉,亥卯未年在午,与咸池六破意同。虽有简称为"皇杀"之疑,只有亥卯未年在午有焚烧之理,余皆与木料堆放义理不符,故不取。

皇帝八座:又名正八座。子年逢癸酉,丑年逢甲戌,寅年逢丁亥,卯年逢甲子,辰年逢乙丑,巳年逢甲寅,午年逢丁卯,未年逢甲辰,申年逢乙巳,酉年逢甲午,戌年逢丁未,亥年逢甲申者是。诗云:“太岁起建去寻收,十二宫中顺行游,日犯兵葬祸患至,方犯地师结冤仇。”由是观之,是即不可犯其日,亦不可犯其方。此杀与太岁均相隔三位,与推命术的六破相似,如子酉卯午破,寅亥破,巳申破等是。但细思此理,巳申相合,且金生于巳;寅亥相合,且木生于亥,岂能不吉?子逢酉、卯逢子、午逢卯均相生;而丑逢戌、辰逢丑、未逢辰、戌逢未都是土逢土,谓之同气,又何以为凶?与五行生克之理不符,惟酉年逢午,午火能克破酉金,方合义理。又一说,正月起亥,二月子,三月丑,四月寅,五月卯,六月辰,七月巳,八月午,九月未,十月申,十一月酉,十二月戌,此以月论。

九天大座:手边诸通书均无九天大座之杀,疑是“九天朱雀”之误,因朱雀为南方火精之杀,木料堆放其方,恐有火焚之灾。其杀子年在卯,丑年在戌,寅年在巳,卯年在子,辰年在未,巳年在寅,午年在酉,未年在辰,申年在亥,酉年在午,戌年在丑,亥年在申。

《鳌头通书》云:“木料到场,不可堆放黄杀方,不可犯黄帝八座,九天大杀、三杀、灸退、官符、都天太岁及戊己杀方,凶。”《象吉通书》与《永吉通书》云:“凡起工搭堆木料,宜取天道、太阳、月德方,忌三杀、天地官符、月建、造主本命之方,主人师匠不安。”(诸杀注解见后)

【原文】伐木吉日:己巳、庚午、辛未、壬申、甲戌、乙亥、戊寅、己卯、壬午、甲申、乙酉、戊子、甲午、乙未、丙申、壬寅、丙午、丁未、戊申、己酉、甲寅、乙卯、己未、庚申、辛酉,定、成、开日吉。又宜明星、黄道、天德、月德。

忌刀砧杀、斧头杀、龙虎、受死、天贼、日月砧、危日、山膈、九土鬼、正四废、魁罡日、赤口、山痕、红嘴朱雀。

【注解】《协纪辨方书》云:“伐木宜立冬后,立春前危日:午日、申日。”因申为金，斧刃利；午为火，木死之地也。本书所载之吉日，多金日、火日及木日。水能生木，木长于土，故不选木土二日。即使选入，其纳音五行则非金即火。如乙亥、戊子日纳音火，乙未纳音金，甲戌纳音火等。伐木吉日，各通书大同小异，惟《象吉通书》是逐月类推，其日亦大同小异。

定日、成日、开日：此乃建除家选择之法，共建、除、满、平、定、执、破、危、成、收、开、闭十二字。法以每月交节后月建之日临值起建，而后依序顺排，周而复始。如正月建寅，则从立春后寅日起建，卯为除、辰为满、巳为平、午为定、未为执、申为破、酉为危、戌为成、亥为收、子为开、丑为闭。二月建卯，则从惊蛰节后卯日起建，辰为除、巳为满、午为平、未为定、申为执、酉为破、戌为危、亥为成、子为收、丑为开、寅为闭，余月类推。因定为死气，成为万物成就之意，开为生气之始。木砍伐为死气，成材为成就，重新造作为生气，故此三日宜伐木。《协纪辨方书》云“开日忌伐木”，因木被伐则死，与本书相反。

明星：此明星守护吉时，以“寒谷时喧定暖晦窗晓色须明”十二字为准，分别为明暗，明为吉，暗为凶。其法正、七月起寅，二、八月起辰，三、九月起午，四、十月起申，五、十一月起戌，六、十二月起子，顺行。为简明计特列“表一”如下，其旁有“○”者为明星守护时，能制暗天贼、天地贼、天狗下食时、六戊时。

黄道：黄道共有六种，即青龙黄道、明堂黄道、玉堂黄道、金匮黄道、司命黄道、天德黄道。又有日黄道和时黄道之分。伐木取吉日，当是日黄道。其法以青龙、明堂、天刑、朱雀、金匮、天德、白虎、玉堂、天牢、玄武、司命、勾陈为序，正月建寅，立春后以子日为青龙，丑日为明堂，寅日为天刑，卯日为朱雀，依此顺数。二月建卯，惊蛰后以寅日为青龙，卯日为明堂，辰日为天刑，巳日为朱雀，依此顺推。由此，三月建辰，清明后辰日起青龙；四月建巳，立夏

表一

吉时星字＼月令	正	二	三	四	五	六	七	八	九	十	十一	十二
寒　暗星	寅	辰	午	申	戌	子	寅	辰	午	申	戌	子
谷　暗星	卯	巳	未	酉	亥	丑	卯	巳	未	酉	亥	丑
时〇明星	辰	午	申	戌	子	寅	辰	午	申	戌	子	寅
喧〇明星	巳	未	酉	亥	丑	卯	巳	未	酉	亥	丑	卯
定　暗星	午	申	戌	子	寅	辰	午	申	戌	子	寅	辰
暖〇明星	未	酉	亥	丑	卯	巳	未	酉	亥	丑	卯	巳
晦〇明星	申	戌	子	寅	辰	午	申	戌	子	寅	辰	午
窗　暗星	酉	亥	丑	卯	巳	未	酉	亥	丑	卯	巳	未
晓〇明星	戌	子	寅	辰	午	申	戌	子	寅	辰	午	申
色　暗星	亥	丑	卯	巳	未	酉	亥	丑	卯	巳	未	酉
须　暗星	子	寅	辰	午	申	戌	子	寅	辰	午	申	戌
明〇明星	丑	卯	巳	未	酉	亥	丑	卯	巳	未	酉	亥

后午日起青龙；五月建午，芒种后申日起青龙；六月建未，小暑后戌日起青龙；七月建申，立秋后仍从子日起青龙，周而复始，皆依此顺推。因为古人认为太阳绕地球运行，黄道则是太阳绕地球的轨道，加上人们对天、对太阳的崇拜，所以把黄道定为吉神，诸事逢之皆吉。

天德。歌曰："正丁二坤三逢壬，四辛五甲六乾同，七癸八艮九月丙，十乙子巽丑庚中。"天德是取三合之气，如正、五、九月建寅午戌合火局，故以火为德，正月丁，九月丙，五月乾戌，火墓在乾宫也。二、六、十月建卯亥未合木局，故以木为德，六月甲，十月乙，二月坤未，木墓在坤宫也，余金水义同。因为天德为月令三合旺气，所以其日为吉日。

月德。歌曰："寅午戌月居丙方，亥卯未月甲日藏，申子辰月壬是德，巳酉丑月庚上逢。"月令为太阴，阴则无德，所以以阳之德为德。正、五、九月建寅午戌火局，以丙阳火为德；二、六、十月建卯亥未合木局，以甲阳木为德；三、七、十一月建辰申子合水局，以壬阳水为德；四、八、十二月建巳酉丑金局，以庚阳金为德。从此可以看出，月德也是月令三合旺气，所以当日为吉。

刀砧杀。春亥子，夏寅卯，秋巳午，冬申酉。《选择宗镜》曰："刀砧火血，术士捏造恶名以吓人耳。"《协纪辨方书》云："今选择不用，而通书犹载其名，应俱删去。"

斧头杀。诗曰："春看飞龙上九天，夏赴湖羊草底眼，秋听金鸡啼五更，冬嫌鼠子过仓前。"即春季在辰，夏季在未，秋季在酉，冬季在子。

龙虎。诗曰："正巳二亥三午当，四子五未六丑藏，七申八寅九居酉，十卯十一戌须防，十二辰日宜猫犬，惟有鬼神不宜禳。"即正月在巳，二月在亥，三月在午，四月在子，五月在未，六月在丑，七月在申，八月在寅，九月在酉，十月在卯，十一月在戌，十二月在辰。

受死。正月在戌，二月在辰，三月在亥，四月在巳，五月在子，六月在午，七月在丑，八月在未，九月在寅，十月在申，十一月在卯，十二月在酉。

天贼。《象吉通书》载：正月在辰，二月酉，三月寅，四月未，五月子，六月巳，七月戌，八月卯，九月申，十月丑，十一月午，十二月亥。《协纪辨方书》载：正月丑，二月子，三月亥，四月戌，五月酉，六月申，七月未，八月午，九月巳，十月辰，十一月卯，十二月寅。”二者不同。《御定星历考源》载:“李鼎祚曰:‘天贼者,正月在丑,逆行十二辰。’曹振圭曰:‘天贼者,盗神也,常居天仓后辰,盖仓库之后必有盗气。’”后论符义理,故应以后者为准。又一说:“一孟满仲破季逢开,犯之贼从天上来。荧入白兮贼不至,白入荧兮定劫财。”

危日:正月起酉,二月在戌,三月在亥,四月在子,五月在丑,六月在寅,七月在卯,八月在辰,九月在巳,十月在午,十一月在未,十二月在申。

山隔:正月起酉,二月在戌,三月在亥,四月在子,五月在丑,六月在寅,七月在卯,八月在辰,九月在巳,十月在午,十一月在未,十二月在申,顺行十二支。又一说:正月在未,二月在巳,三月在卯,四月在丑,五月在亥,六月在酉,七月在未,周而复始。

九土鬼:乙酉、癸巳、甲午、辛丑、壬寅、己酉、丙戌(另说庚戌)、丁巳、戊午九日。

正四废:春庚申、辛酉,夏壬子、癸亥,秋甲寅、乙卯,冬丙午、丁巳。因金绝于春,水绝于夏,木绝于秋,火绝于冬,五行均临绝处,故为凶日。

魁罡日:辰为天罡,戌为河魁,二日逢之者是。但前伐木吉日中又有甲戌,亦为魁罡,自相矛盾。

赤口日:此小六壬之法。阳年正月初一起小吉,初二空亡,初三大安,初四留连,初五速喜,初六赤口,周而复始。阴年正月初一起留连,初二速喜,初三赤口,初四小吉,初五空亡,初六大安,周而复始。依此阳年正月和七月初六、十二、十八、二十四、三十;二月和八月初五、十一、十七、二十三、二十九;三月和九月初四、初十、十六、二十二、二十八;四月和十月初三、初九、十五、二十一、二十七;五月和十一月初二、初八、十四、二十、二十六;六月和十二月初一、初七、十三、十九、二十五等日为赤口日。阴年则正月初三、初九、十五、二十一、二十七;二月和八月初二、初八、十四、二十、二十六;三月九月初一、初七、十三、十九、二十五;四月和十月初六、十二、十八、二十四、三十;五月十一月初五、十一、十七、二十三、二十九,六月和十二月初四、初十、十六、二十二、二十八等日为赤口日。《协纪辨方书》云:“按日顺数,毫无深意。”不合义理耳。

山痕:大月初二、初八、十二、十七、二十,小月初五、十四、十六、二十一、二十七。

红嘴朱雀:乙丑、甲戌、癸未、壬辰、辛丑、庚戌、己未七日是。

《象吉通书》“伐木一则”中还载有“六甲蛀日”,云“甲子旬前五日,甲子、乙丑、丙寅、丁卯、戊辰日蛀;甲戌旬后五日,己卯、庚辰、辛巳、壬午、癸未日蛀;甲申旬,甲寅旬通旬无蛀;甲午旬前五日,甲午、乙未、丙申、丁酉、戊戌日蛀;甲辰旬后五日,己酉、庚戌、辛亥、壬子、癸丑日蛀。”其据来自《历书》:“据术者云,甲子旬通旬有蛀,且如延佑庚辰五月丙申,其乡人种粟,至七月收时,粟茎内生钻心虫,以事验之,前甲子旬通旬亦有蛀矣。”此说一者为术者所云,他书并无记载;二者丙申日属甲午旬,非甲子旬;三者古历书所载甲子旬中丙寅、丁卯、戊辰、己巳、庚午、辛未、壬申诸日皆为不蛀日。其他日中也有相互矛盾之处,且毫无义理,故不可为凭。

【原文】起工架马:凡匠人兴工,须用按祖留下格式,将木马先放在吉方,然后将后步柱安放马上,起手俱用翻锄向内动作。今有晚学木匠则先将栋柱用正,则不按鲁班之法后步柱先起手者,则先后方且有前先就低而后高,自下而至上,此为依祖式也。凡造宅用深浅阔狭,高低相等,尺寸合格,方可为之也。

【注解】起工架马:起工架马为建造之始,至关重要,所以也要择日,《协纪辨方书》对此逐月做了详细记载:

正月:辛未、乙未、壬午、丙午,外癸酉、丁酉、丁丑、癸丑。

二月:戊寅、庚寅、己巳,外丙寅、甲寅、丁丑、癸丑。

三月:己巳、甲申。

四月:外丁丑、丙戌、丙午、庚午、丙子、庚子。

五月:乙亥、己亥,外辛亥。

六月:乙亥、甲申、庚申,外癸酉、丁酉、辛亥。

七月:戊子、壬子,外丙子、庚子、戊辰、丙辰。

八月:乙亥、己亥、庚寅、戊寅、甲申、戊申、庚申,外戊辰、壬辰、丙辰、辛亥、丙寅。

九月:癸卯,外辛卯。

十月:壬午、辛未、乙未,外庚午、丁未。

十一月:庚寅、戊寅,外乙丑、丁丑、癸丑、甲寅。

十二月:戊寅、己卯、乙卯、己巳,外丙寅、甲寅。

架马吉方:宜天德、月德、月空、三奇、帝星并诸吉方。

架马凶方:忌年家、三煞,独火、官符月飞宫,州、县官符,月流财,小儿煞惟坐宫修方不出火避宅忌之。(诸神杀注解均见后。)

【原文】起工破木:宜己巳、辛未、甲戌、乙亥、戊寅、己卯、壬午、甲申、乙酉、戊子、庚寅、乙未、己亥、壬寅、癸卯、丙午、戊申、己酉、壬子、乙卯、己未、庚申、辛酉,黄道、天成、月空、天月二德及合神、开日吉。

忌刃砧杀、木马杀、斧头杀、天贼、受死、月破、破败、烛火、鲁班杀、建日、九土鬼、正四废、四离、四绝、大小空亡、荒芜、凶败、灭没日,凶。

【注解】天成:正月在未,二月在酉,三月在亥,四月在丑,五月在卯,六月在巳,七月在未,八月在酉,九月在亥,十月在丑,十一月在卯,十二月在巳。

月空。诗:寅午戌月逢壬地,亥卯未月合庚金,申子辰月求丙火,巳酉丑月甲干寻。即正月、五月、九月在壬,二月、六月、十月在庚,三月、七月、十一月在丙,四月、八月、十二月在丑。因此神为月内太阴之辰,所以为吉庆之位,献章、修造、动土皆宜。

合神。共有三种:一是地支六合,子丑合,寅亥合,卯戌合,辰酉合,巳申合,午未合。二是地支三合局,申子辰合水局,寅午戌合火局,亥卯未合木局,巳酉丑合金局。三是天干五合,甲己合,乙庚合,丙辛合,丁壬合,戊癸合。

木马杀。诗曰:"正蛇二羊三凤舞,四猿五犬六鼠露,七猪八牛九兔头,十虎十一龙马午。"即正月在巳,二月在未,三月在酉,四月在申,五月在戌,六月在子,七月在亥,八月在丑,九月在卯,十月在寅,十一月在辰,十二月在午。又一说:孟月平日,仲月定日,季月执日。

月破:正月在申,二月在酉,三月在戌,四月在亥,五月在子,六月在丑,七月在寅,八月在卯,九月在辰,十月在巳,十一月在午,十二月在未,即月令对冲之方。

破败:正、七月在申,二、八月在戌,三、九月在子,四、十月在寅,五、十一月在辰,六、十二月在午。其正月在申,为月令对冲,颇合义理。而二月在戌,十月在寅,六月在午,均于月令相合,冠以破败,实无道理。

独火。诗曰:"正月独火加巳飞,二辰三卯四虎寅,一月一位逆支求,猎月原来逢午位。"即正月起巳,二月辰,三月卯,四月寅,五月丑,六月子,七月亥,八月戌,九月酉,十月申,十一月未,十二月午。

鲁班杀:春在子,夏在卯,秋在午,冬在酉。

建日:即当月月建临值之日,如正月建寅,寅即建日;二月建卯,卯即建日。

四离:春分、夏至、秋分、冬至四节前一日。春分前一日木离,夏至前一日火离,秋分前一日金离,冬至前一日水离。因该日为阴阳分体离别之日,故凶。

四绝:立春、立夏、立秋、立冬四节前一日。曹振圭曰:"立春木旺水绝,立夏火旺木绝,立秋金旺土绝,立冬水旺金绝,故先一日为绝日。"

大小空亡:《永吉通书》注:"乾上起正月,二月在坎,三月在艮,依此顺行。月上起初一,亦顺行,逢离为大空亡,逢坎为小空亡。"如,正月在乾,乾上为初一,初二在坎,即小空亡。初三在艮,初四在震,初五在巽,初六在离,即大空亡。其余均依此法类推。

荒芜:正月在巳,二月在酉,三月在丑,四月在申,五月在子,六月在辰,七月在亥,八月在卯,九月在未,十月在寅,十一月在午,十二月在戌。春季木旺金绝,夏季火旺水绝,秋季金旺木绝,冬季水旺火绝。其杀取三合绝处,合义理。

灭没:每月弦日逢虚,晦日逢娄,朔日逢角,望日逢亢,虚日逢鬼,盈日逢牛。

总论一

【原文】论新立宅架马法:新立宅舍,做主人眷既已出火避宅,如起工即就坐上架马,至如竖造吉日亦可通用。

【注解】出火避宅:建筑房屋时,回避命星叫避宅。请神佛、祖先灵位暂居别处而移动香火,叫出火。经云:"出火皆避经命星,或因年月速修营,或因就旺并改革,权移家口暂居停。今人心此常作仪,大小修营亦用之,土木犯轻人犯重,此理时师那得知。"

逐月出火吉日:

正月:乙亥、乙卯。

二月:辛未、乙亥、甲申、乙未、癸丑,外乙丑、丁未、癸未、己未。

三月:乙卯,外癸酉、丁酉。

四月:甲子、丙子、乙卯,外庚午、庚子、癸卯、丙午。

五月:甲戌、乙亥、辛未、乙未、癸丑,外乙丑、壬辰、己未。

六月:乙亥、戊寅、甲申、庚申,外丙寅、甲寅。

七月:甲子、辛未、丙子、壬子,外庚子、丁未、丙辰。

八月:甲戌、癸丑,外乙丑、壬辰、丙辰。

九月:外庚午、壬午、丙午。

十月:甲子、辛未、丙子、乙未、壬子,外庚午、庚子、丁未。

十一月:辛未、乙亥、甲申、庚申,外癸未、壬辰、丙辰。

十二月:戊寅、甲申、庚申,外丙寅、甲寅。

【原文】论净尽拆除旧宅倒堂竖造架马法:凡尽拆除旧宅,倒堂竖造,作主人眷既已出火避宅,如起工架马,与新立宅舍架马法同。

论坐宫修方架马法:凡作主不出火避宅,但就所修之方择吉方上起工架马吉,或别择吉架马亦利。

【注解】坐宫修方。《选择求真》云:"坐宫修方者,谓在于住屋内左右两旁,或在屋墙外左右两旁修造,将罗经格定在于某字位上,查其年月,无甚紧杀占犯,利于修造,然后择日兴工。即于屋内安奉符使,向于所修之方坐镇之则吉。盖不倒堂,不动中宫香火,不必轻易避宅出火,此谓坐宫修方法也。若坐宫修方须要一、二月方毕工者,则依上法修造。若只三、五日内或方上欠得,势必要修,则从吉方修起,连及凶方,复从吉方毕工,则无不吉,此为带修法也。"

【原文】论移宫修方架马法:凡移宫修方,作主人眷不出火避宅，则就所修之方择取吉方上起工架马。如出火避宅，起工架马却不问方道。

【注解】移宫修方。《选择求真》云："修方忌于祖堂不利，则合家不利，然相离稍远者亦可。若于祖堂利而于修主之位住屋不利，则修主不利而合家亦不得受福矣。大抵修主之住屋，若与祖堂同栋，则吉凶同类；若异栋，则必兼论祖堂、住屋俱利，乃可修矣。今人单论祖堂利否者，非古人之旨也。古人云：'祖堂不利，则移香火于吉方。'如修主住屋不利，必要迁居于吉方乃可修作，其义甚明。如本年利作兑方，不利作震方，则移居于东，使所修之方，昔视之为震者，今则视之为兑矣，此活变之法也。凡移徙而修者，必待修完后，方可择吉入宅。"

【原文】论架马活法：凡修造在柱近空屋内，或在一百步之外起寮架马，却不问方道。

起符吉日：其日起造，随事临时，自起符后，一任用工修造，百无所忌。

论修造起符：凡修造家主行年得运，自宜用名姓昭告符。若家主行年不得运，自而以弟子行年起符。但用作主一人名姓昭告山头龙神，则定磉扇架、竖柱日，避本命日及对主日矣。修造完备，移香火随符入宅，然后卸符安镇宅舍。

【注解】修造动工，起符昭告，当以宅主姓命为主，如果家主行年运气当年不吉，方可选用弟子姓命，此权宜之法。

对主日：即修造屋主本命对冲之日，如修造屋主本命是子，午日便是对主日；本命是丑，未日就是对主日，余支同推。

移香火随符入宅，择吉家叫作"入宅归火"。其日宜甲子、乙丑、丁卯、己巳、庚午、辛未、甲戌、丁丑、癸未、庚寅、壬辰、乙未、庚子、癸卯、丙午、丁未、庚戌、癸丑、甲寅、乙卯诸日。旧本择吉有"丙寅、乙亥、甲申、壬寅、庚申"诸日，但均犯红嘴朱雀，故不宜。

若逢天德、月德、天恩、明星、黄道、母仓、天德合、月德合日为上吉。忌家主本命冲日，天空亡，冰消瓦陷等凶杀日。

【原文】论东家修作西家起符照方法：凡邻家修方造作，就本家宫中置罗经，格定邻家所修之方。如值年官符、三杀、独火、月家飞宫、州县官符、小儿杀、打头火、大月建、家主身皇定命，就本家屋内前后左右起立符，使依移宫法坐符使，从权请定祖先、福神，香火暂归空界，将符使照起邻家所修之方，令转而为吉方。俟月节过，视本家住居当初永定方道无紧杀占，然后安奉祖先、香火福神，所有符使，待岁除方可卸也。

【注解】值年官符：子年在辰，丑年在巳，寅年在午，卯年在未，辰年在申，巳年在酉，午年在戌，未年在亥，申年在子，酉年在丑，戌年在寅，亥年在卯。

三杀：即劫杀、灾杀、岁杀。

劫杀：子年在巳，丑年在寅，寅年在亥，卯年在申，辰年在巳，巳年在寅，午年在亥，未年在申，申年在巳，酉年在寅，戌年在亥，亥年在申。劫杀之理取三合绝处，如水绝于巳，故申子辰三合水局以巳为劫杀；木绝于申，故亥卯未三合木局以申为劫杀，余同。故劫杀之方有绝杀之意，兴造忌犯。

灾杀：劫杀前一辰者是。子年在午，丑年在卯，寅年在子，卯年在酉，辰年在午，巳年在卯，午年在子，未年在酉，申年在午，酉年在卯，戌年在子，亥年在酉。灾杀之理，取三合胎神之位，如申子辰三合水局绝于巳，胎于午，水火亦相克；巳酉丑金局绝于申，胎于酉，金木亦相克者是。若营造犯其方，主有灾患。

岁杀：岁杀乃灾杀前一位。子年在未，丑年在辰，寅年在丑，卯年在戌，辰年在未，巳年在辰，午年在丑，未年在戌，申年在未，酉年在辰，戌年在丑，亥年在戌。岁杀之理是取三合养神之位。如申子辰三合水局，养于未；巳酉丑三合金局，养于辰等是。营造犯之，主伤子孙、六畜。

劫杀、灾杀、岁杀合称三杀。因其据于三合五行的绝、胎、养三位，即所谓阴气，又是三合五行当旺对冲之方，故为至凶，不宜冒犯。见下“表二：月家飞宫表”。

表二：月家飞宫表

年＼月	正	二	三	四	五	六	七	八	九	十	十一	十二
子	兑	乾	中	兑	乾	中	巽	震	坤	坎	离	艮
丑	艮	兑	乾	中	兑	乾	中	巽	震	坤	坎	离
寅	离	艮	兑	乾	中	兑	乾	中	巽	震	坤	坎
卯	坎	离	艮	兑	乾	中	兑	乾	中	巽	震	坤
辰	坤	坎	离	艮	兑	乾	中	兑	乾	中	巽	震
巳	震	坤	坎	离	艮	兑	乾	中	兑	乾	中	巽
午	巽	震	坤	坎	离	艮	兑	乾	中	兑	乾	中
未	中	巽	震	坤	坎	离	艮	兑	乾	中	兑	乾
申	乾	中	巽	震	坤	坎	离	艮	兑	乾	中	兑
酉	兑	乾	中	巽	震	坤	坎	离	艮	兑	乾	中
戌	中	兑	乾	中	巽	震	坤	坎	离	艮	兑	乾
亥	乾	中	兑	乾	中	巽	震	坤	坎	离	艮	兑

（注：此为月方凶神，一卦管三山。）

州官符：又名天官符，有年月两种，均忌修方。年天官符申子辰年在亥，巳酉丑年在申，寅午戌年在巳，亥卯未年在寅，即三合五行临官之位。

月宫天官符即本年天官符逐月飞吊之位。法以当年月月建入中宫，顺数至天官符飞吊之方，即以其方为月天官符，其方一官统三山，今据《协纪辨方书》绘“表三”如下。

表三

年\月	正	二	三	四	五	六	七	八	九	十	十一	十二
申子辰	中	辰巽巳	甲震乙	未坤申	壬坎癸	丙离丁	丑艮寅	庚兑辛	戌乾亥	中	庚兑辛	戌乾亥
巳酉丑	未坤申	壬坎癸	丙离丁	丑艮寅	庚兑辛	戌乾亥	中	庚兑辛	戌乾亥	中	辰巽巳	甲震乙
寅午戌	丑艮寅	庚兑辛	戌乾亥	中	庚兑辛	戌乾亥	中	辰巽巳	甲震乙	未坤申	壬坎癸	丙离丁
亥卯未	中	庚兑辛	戌乾亥	中	辰巽巳	甲震乙	未坤申	壬坎癸	丙离丁	丑艮寅	庚兑辛	戌乾亥

县官符：又名地官符、县牢杀等，亦有年月两种，均忌修造犯之。年县官符在太岁前五位，子年在辰，丑年在巳，寅年在午，卯年在未，辰年在申，巳年在酉，午年在戌，未年在亥，申年在子，酉年在丑，戌年在寅，亥年在卯。月家飞宫县官符即本年县官符逐月飞吊之位。如子年正月修作，该年县官符在辰，以月建寅入中顺数至兑七遇辰字，兑宫统庚兑辛三山，子年正月县官符即在庚兑辛三山。今据《协纪辨方书》绘“表四”于下。

表四

年\月	正	二	三	四	五	六	七	八	九	十	十一	十二
子	庚兑辛	戌乾亥	中	庚兑辛	戌乾亥	中	辰巽巳	甲震乙	未坤申	壬坎癸	丙离丁	丑艮寅
丑	丑艮寅	庚兑辛	戌乾亥	中	庚兑辛	戌乾亥	中	辰巽巳	甲震乙	未坤申	壬坎癸	丙离丁
寅	丙离丁	丑艮寅	庚兑辛	戌乾亥	中	庚兑辛	戌乾亥	中	辰巽巳	甲震乙	未坤申	壬坎癸
卯	壬坎癸	丙离丁	丑艮寅	庚兑辛	戌乾亥	中	庚兑辛	戌乾亥	中	辰巽巳	甲震乙	未坤申
辰	未坤申	壬坎癸	丙离丁	丑艮寅	庚兑辛	戌乾亥	中	庚兑辛	戌乾亥	中	辰巽巳	甲震乙
巳	甲震乙	未坤申	壬坎癸	丙离丁	丑艮寅	庚兑辛	戌乾亥	中	庚兑辛	戌乾亥	中	辰巽巳
午	辰巽巳	甲震乙	未坤申	壬坎癸	丙离丁	丑艮寅	庚兑辛	戌乾亥	中	庚兑辛	戌乾亥	中

续表四

月/年	正	二	三	四	五	六	七	八	九	十	十一	十二
未	中	辰巽巳	甲震乙	未坤申	壬坎癸	丙离丁	丑艮寅	庚兑辛	戌乾亥	中	庚兑辛	戌乾亥
申	戌乾亥	中	辰巽巳	甲震乙	未坤申	壬坎癸	丙离丁	丑艮寅	庚兑辛	戌乾亥	中	庚兑辛
酉	庚兑辛	戌乾亥	中	辰巽巳	甲震乙	未坤申	壬坎癸	丙离丁	丑艮寅	庚兑辛	戌乾亥	中
戌	中	庚兑辛	戌乾亥	中	辰巽巳	甲震乙	未坤申	壬坎癸	丙离丁	丑艮寅	庚兑辛	戌乾亥
亥	戌乾亥	中	庚兑辛	戌乾亥	中	辰巽巳	甲震乙	未坤申	壬坎癸	丙离丁	丑艮寅	庚兑辛

小儿杀:申子辰寅午戌阳年正月在申,二月在乾,三月在兑,四月在艮,五月在离,六月在坎,七月在坤,八月在震,九月在巽,十月在中,十一月在乾,十二月在兑。巳酉丑亥卯未阴年正月在离,二月在坎,三月在坤,四月在震,五月在巽,六月在中,七月在乾,八月在兑,九月在艮,十月在离,十一月在坎,十二月在坤。

打头火:又名飞大煞,子年在子,丑年在酉,寅年在午,卯年在卯,辰年在子,巳年在酉,午年在午,未年在卯,申年在子,酉年在酉,戌年在午,亥年在卯。打头火虽为三合旺方,但又是本年大煞飞吊之位。其曰火者，言其旺极为灾，故曰大煞，忌修方。

大月建。《象吉通书》云："甲癸丁庚年正月在艮，二月在兑，三月在乾，四月入中，五月在巽，六月在震，七月在坤，八月在坎，九月在离，十月在艮，十一月在兑，十二月在乾。乙辛戊年，正月入中，二月在巽，三月在震，四月在坤，五月在坎，六月在离，七月在艮，八月在兑，九月在乾，十月入中，十一月在巽，十二月

在震。丙己壬三年，正月在坤，二月在坎，三月在离，四月在艮，五月在兑，六月在乾，七月入中，八月在巽，九月在震，十月在离，十一月在坎，十二月离。一卦管三山。"（见图）郭璞《元经》则以太岁在子午卯酉年正月起八白，辰戌丑未年正月起五黄，寅申巳亥年正月起二黑，亦逆行九宫，一卦管三山。二者相抵触。孰正孰伪？《协纪辨方书》认为：

元经其义晓然,又与月建吻合为正。《通书》不仅与太岁相寻之例不合,且与月之九星自相矛盾为伪。

【原文】画柱绳墨:右吉日宜天月二德,并三白九紫值日时大吉。齐柱脚宜寅申巳亥日。

【注解】三白九紫:即紫白九星,一白、二黑、三碧、四绿、五黄、六白、七赤、八白、九紫。以一六八三白为吉,九紫为次吉,其余为凶。取法见大月建注,详见后“压白尺”注。

总论二

【原文】论画柱绳墨并齐木料,开柱眼,俱以白星为主。盖三白九紫,匠者之大用也。先定日时之白,后取尺寸之白,停停当当,上合天星应照,祥光覆护,所以住者获福之吉,岂知乎此福于是补出,使右吉日不犯天瘟、天贼、受死、转杀、大小火星、荒芜、伏断等日。

【注解】开柱眼:指工匠在柱上穿洞,又称开柱。

天瘟:子年在未,丑年在戌,寅年在辰,卯年在寅,辰年在午,巳年在子,午年在酉,未年在申,申年在巳,酉年在亥,戌年在丑,亥年在卯。

转杀:又名天地转杀,春乙卯、辛卯,夏丙午、戊午,秋辛酉、癸酉,冬壬子、丙子。

大火星(血):申子辰在巽巳,巳酉丑在艮寅,寅午戌在乾亥,亥卯未在坤申,年月时同。

小火星(血):申子辰在丙午,巳酉丑在甲卯,寅午戌在壬子,亥卯未在庚酉,年月日时同。

按:手边参考诸选择通书中,均未见“大小火星”,但有“大小火血”之杀,其法,大火血取年月绝处,如申子辰水局绝于巳,故大火血在巳,余局同推。小火血取三合五行胎处,如申子辰水局胎于午，故小火血在巳，余局意同。犯其方是犯胎绝之万，故凶，尚合义理，故疑“星”字恐是“血”字之误。另《象吉通书》中收有“火星凶日”之杀，其法寅申巳亥月是乙丑、甲戌、癸未、壬辰、辛丑、庚戌、己未诸日；子午卯酉月是甲子、癸酉、壬午、辛卯、庚子、己酉、戊午诸日；辰戌丑未月是壬申、辛巳、庚寅、己亥、戊午、丁巳诸日，义理不甚明白，故未取。

伏断。诸通书载：子日值虚，丑日值斗，寅日值室，卯日值女，辰日值箕，巳日值角，午日值房，未日值张，申日值鬼，酉日值觜，戌日值胃，亥日值壁是。《协纪辨方书》云：“伏断日以值宿起算查二十八宿，选择之法来自西域。伏断以日配宿略似旬空、路空，八十四日而一周，其法以子日起虚，丑值斗，亥值壁，亥子丑属水又值水官之宿，水遇水为嫌，是与路空之义相似也。以下按义，逆

表五

日 星 元	子	丑	寅	卯	辰	巳	午	未	申	酉	戌	亥
一元	虚 伏断	危	室 伏断	壁	奎	娄	危	昴	毕	觜 伏断	参	井
四元	鬼 暗金	柳	星	张	翼	轸	角 伏断	亢 暗金	氐	房	心	尾
七元	箕	斗 伏断	牛 暗金	女 伏断	虚	危	室	壁	奎	娄 暗金	昴 伏断	卯
三元	毕	觜	参	井	鬼 暗金	柳	星	张 伏断	翼	轸	角	元 暗金
六元	氐	房	心	尾	箕 伏断	斗	牛 暗金	女	虚	危	室	壁 伏断
二元	奎	娄 暗金	胃	昴	毕	觜	参	井	鬼 暗金	柳	星	张
五元	翼	轸	角	亢 暗金	氐	房 伏断	心	尾	箕	斗	牛 暗金	女

数则进四宿，顺数则退四宿。盖支十二而宿二十八，支轮二周，必差四位，故连本位隔四取之。戌值胃，酉值觜，申值鬼，未值张，午值角，巳值房，卯值斗，寅值室，其值日之宿皆在日支后二宫，是与旬空之意相似也。然寅卯日在后三宫，则因隔断四所致，必不能合，较之路空、旬空之意又疏矣。

伏断并非重日，其时更重要。取法以一元甲子日起虚，二元甲子日起奎，三元甲子日起毕，四元甲子日起鬼，五元甲子日起翼，六元甲子日起氐，七元甲子日起箕。七元尺而甲子日又起虚，周而复始，共历六十日七百二十时而止。其中伏断若逢娄金狗、鬼金羊、亢金龙、牛金牛、四金宿、名暗金伏断，其凶尤烈，特录《协纪辨方书》中"伏断时立成"（表五）于上面。

细推七元，虽有其说，却不能按序轮转，其意实不能通，且与吉凶毫无干涉，故不必细究。

【原文】动土平基：填基吉日，甲子、乙丑、丁卯、戊辰、庚午、辛未、己卯、辛巳、甲申、乙未、丁酉、己亥、丙午、丁未、壬子、癸丑、甲寅、乙卯、庚申、辛酉。筑墙宜伏断、闭日吉。补筑墙，宅龙六七月占墙。伏龙六七月占西墙二壁，因再倾倒，就当日起工便筑，即为无犯。若俟晴后停留三五日，过则须择日，不可轻动。泥饰垣墙，平治道涂，甃砌阶基，宜平日吉。

【注解】《象吉通书》中有"逐月修筑墙垣吉日"，即"正月甲子、庚子、乙丑、己卯、丁卯、壬子，外戊子、丙子。二月乙丑、戊寅、庚寅、甲寅、辛未、甲申、戊申，外丁未、己未。三月己卯、庚子、癸酉，外戊子、丙子、壬子、丁酉。四月甲子、庚子、甲戌、乙丑、庚午，外丙子、戊子。五月乙丑、辛未、辛亥、己亥、丁亥、庚寅、甲寅、戊寅、丙辰，外丁未、壬寅、己未、丙寅。六月己亥、戊寅、甲寅、己卯、辛卯、乙卯、甲申、戊申、庚申、己亥、辛亥，外丙寅、丁卯。七月戊子、庚子、庚午、辛未，外丙午、丁未、己未、壬子、壬辰、丙子。八月乙丑、甲戌、戊寅、庚寅、丙辰、庚戌，外壬辰。九月己卯、辛卯、庚午，外丙午、癸卯。十月甲子、癸酉、辛酉、庚午、甲戌，外戊子、壬午。十一月甲申、戊申、庚申、壬辰、丙辰、乙亥、己卯、辛亥，外丁未、己未。十二月甲子、戊寅、庚寅、甲寅、甲申、戊申、庚申，外丙寅。上吉日不犯月破、魁罡、勾绞、黑道、天贼、受死、天瘟、土忌、土符、转杀、九土鬼、正四废、荒芜、伏断日、地贼，吉多不忌”。原文宜“伏断”日，诸通书却云忌伏断日，相互矛盾，各执一说，此即选择不能自圆其说处。

伏龙。诗曰：春在中庭四五堂，六七西墙八井乡，九十十一西南占，十二灶上见惊惶。

宅龙。诗曰：春灶四五占大门，六七墙头八灶原，九房十室常相守，十一十二在堂悬。

总 论 三

【原文】论动土方。陈希夷《玉钥匙》云：土皇方犯之，令人害疯痨、水蛊。土符所在之方，取土动土犯之，主浮肿水气。又据术者云：土瘟日并方犯之，令人两脚浮肿。天贼日起手动土，犯之招盗。

【注解】土皇：土皇杀有年土皇和月土皇两种。年土皇子、丑年在巽，寅、卯年在坤，辰、巳年在乾，午年在子，未年在卯，申、酉年在午，戌、亥年在艮。月土皇正月在巳，二月在辰，三月在卯，四月在寅，五月在丑，六月在子，七月在亥，八月在戌，九月在酉，十月在申，十一月在未，十二月在午。月土皇即地支六害之方。

土符：正月起寅，二月在卯，三月在辰，四月在巳，五月在午，六月在未，七月在申，八月在酉，九月在戌，十月在亥，十一月在子，十二月在丑，即本月月建，因其方为本月最旺处，故不可犯。

土瘟：正月起辰，二月在巳，三月在午，四月在未，五月在申，六月在酉,七月在戌,八月在亥,九月在子,十月在丑,十一月在寅,十二月在卯。

【原文】论取土动土,坐宫修造不出避火,宅须忌年家杀、月家杀方。

【注解】年家、月家。《通书大全》曰:“本年二十四山墓龙变运,某山运为年月纳音所克,即为年月克某山。”如甲子年纳音属金,本年水土山墓运戊辰属木,受年纳音之克,即为本年克“甲

表六:年克山家表

坐山 年支 / 年干	子午年	寅申年	辰戌年
甲	水土山	离壬丙乙	乾亥兑丁
乙	震艮巳	冬至后克 乾亥兑丁	水土山
丙	乾亥兑丁	震艮巳	水土山
丁	水土山	离壬丙乙	震艮巳
戊	冬至后克 乾亥兑丁	离壬丙乙	水土山
己	乾亥兑丁	冬至后克 乾亥兑丁	震艮巳
庚	乾亥兑丁	离壬丙乙	震艮巳
辛	水土山	冬至后克 乾亥兑丁	离壬丙乙
壬	乾亥兑丁	冬至后克 乾亥兑丁	水土山
癸	水土山	乾亥兑丁	震艮巳

寅辰巽戌坎辛申”八水山,“丑癸坤庚未”五土(按:此以洪范五行论)山也。甲子年丙寅、丁卯、甲戌、乙亥月纳音属火,本年金山墓运乙丑属金,受月纳音之克,即为正、二、九、十月克乾、亥、兑、丁四金山也,余类推。今将《协纪辨方书》年家、月家二表摘录,见“表六、表七”。

表七:月克山家表

月 山 年	正、二	三、四	五、六	七、八	九、十	十一、十二
甲、己年	乾亥兑丁	震艮巳山		水土山	乾亥兑丁	离壬丙乙
乙、庚年	乾亥兑丁	震艮巳山	离壬丙乙		乾亥兑丁	水土山
丙、辛年		乾亥兑丁	离壬丙乙	震艮巳山		水土山
丁、壬年		离壬丙乙	水土山	震艮巳山		
戊、癸年	震艮巳山	离壬丙乙		水土山	震艮巳山	

年家、月家杀亦可理解为年上诸凶杀方和月上诸凶杀方。

【原文】定磉扇架:宜甲子、乙丑、丙寅、戊辰、己巳、庚午、辛未、甲戌、乙亥、戊寅、己卯、辛巳、壬午、癸未、甲申、丁亥、戊子、己丑、庚寅、癸巳、乙亥、丁酉、戊戌、己亥、庚子、壬寅、癸卯、丙午、戊申、己酉、壬午、癸丑、甲寅、乙卯、丙辰、丁巳、己未、庚申、辛酉。又宜天德、月德、黄道并诸吉神值日,亦可通用。忌正四废、天贼、建破日。

【注解】磉:柱下之石,竖造中定磉扇非常重要,磉扇一定,则有山向;柱一竖起,屋则成形,所以古人视为紧要之处。

本书所载吉日为全年通用,《协纪辨方书》《永吉通书》中还有逐月吉日,二者略有异别,今据《协纪辨方书》摘录如下:

正月:丁酉、丙午、癸丑。

二月:丁丑、丙寅、乙亥、戊寅、癸未、庚寅、己亥、癸丑、甲寅、己未。

三月:甲子、甲申、戊子、丁酉、庚子、壬子。

四月:甲子、庚午、庚子、丙午、癸丑。

五月:丙寅、戊辰、辛未、甲戌、戊寅、癸未、庚寅、甲寅、丙辰、己未。

六月:丙寅、己亥、戊寅、甲申、甲寅、庚申。

七月:甲子、戊辰、辛未、戊子、庚子、壬子、丙辰。

八月:乙丑、丙寅、戊寅、庚寅、己亥、癸丑、丙辰。

九月:庚午、己卯、壬午、癸卯、丙午。

十月:甲子、庚午、辛未、壬午、戊子、乙未、庚子、壬子、丙辰、辛酉。

十一月:丙寅、戊寅、甲申、庚寅、戊申、甲寅、丙辰、庚申。

十二月:甲子、丙寅、己巳、戊寅、甲申、戊子、庚子、壬子、甲寅、庚申。

所忌凶杀,除本书外,还有朱雀黑道、魁罡、月建、转杀、地火、天火、独火、受死、天贼、天瘟、阴差、阳错、荒芜、正四废等。

古人定磉扇架,不仅要择吉日吉时,其先定何方,后定何方也有严格的要求。《象吉通书》云:"凡筑磉先于龙腹下手筑一槌,次龙背,又次龙头,次四龙足,周而复始,筑之则吉。先犯龙头损宅长,犯足损宅母。己巳、己亥二日为地柱,筑磉犯之损宅长。"

正五九月一乾、二巽、三坤、四艮、五东、六西栋、七下南磉,八下北磉。因三月龙腹在西北乾方,龙背在东南巽方,龙头在西南坤方，龙足在东北艮方，而后四正方。（按：后诸月顺序同，不再注。）

二六十月一巽、二乾、三艮、四坤、五东栋、六西栋、七下南磉、八下北磉。

三七十一月一艮、二坤、三巽、四乾、五东栋、六西栋、七下南磉、八下北磉。

四八十二月一坤、二艮、三乾、四巽、五东栋、六西栋、七下南磉、八下北磉。

以上定磉之方，起于乾坤艮巽而及东西南北者，是先定四维而后立四正，以为八极，而击八方也。各月起宫不同者，以寅申巳亥之四隅，五行金木水火土长生之位循序而进也。言其龙腹、龙背、龙头、龙足者乃洛书戴九履一，左三右七，二四为肩，六八为足之理，非真有龙腹、龙背、龙足、龙头现于乾坤艮巽之方位也。同时，乾为天门，巽为地户，坤为人门，艮为鬼户，从此四方起亦有镇四维之妙用，亦为一理。

【原文】竖柱吉日：宜己巳、辛丑、甲寅、乙亥、乙酉、己酉、壬子、乙巳、己未、庚申、戊子、乙未、己亥、己卯、甲申、己丑、庚寅、癸卯、戊申、壬戌、丙寅、辛巳。又宜寅申巳亥为四柱日，黄道、天月二德诸吉星，成、开日吉。

上梁吉日：宜甲子、乙丑、丁卯、戊辰、己巳、庚午、辛未、壬申、甲戌、丙子、戊寅、庚辰、壬午、甲申、丙戌、戊子、庚寅、甲午、丙申、丁酉、戊戌、己亥、庚子、辛丑、壬寅、癸卯、乙巳、丁未、己酉、辛亥、癸丑、乙卯、丁巳、己未、辛酉、癸亥，黄道、天月二德诸吉星，成、开日吉。

【注解】立柱上梁，在传统建筑中，是非常重要的一道工序，我国许多地方都有写对联、祭祀的风俗，故其择吉亦非常重要。本书所载吉日，各月中分别有月破、岁破、灾煞、劫煞、岁煞等凶神，故宜小心选择。《永吉通书》则逐月作了筛选，特摘于下：

正月：己酉、乙酉、癸酉、甲午、丙午、庚午、壬午。

二月：乙未、丁未、己未、辛未、癸未、乙亥、己亥、丁亥、辛亥、甲寅、丙寅、戊寅。

三月：己巳、乙巳、甲子、丙子、戊子、庚子、壬子、甲申、丙申。

四月：乙卯、丁卯、己卯、辛卯、癸卯、甲午、丙午、戊午、庚午、壬午、甲子、丙子、戊子、庚子、丁丑、己丑、癸丑。

五月：乙未、丁未、己未、辛未、癸未、甲寅、丙寅、戊寅、甲戌、庚戌、戊戌、壬戌。

六月：甲申、丙申、庚申、乙亥、丁亥、辛亥、甲寅、丙寅、壬寅。

七月：甲子、丙子、戊子、庚子、壬子、己未、辛未、丁未、丙辰、戊辰、庚辰。

八月：己巳、癸巳、丁巳、乙丑、己丑、癸亥、戊辰、丙辰、壬辰。

九月：甲午、丙午、庚午、壬午、甲戌、庚戌。

十月：甲子、丙子、戊子、庚子、壬子、乙酉、丁酉、己酉、辛酉、癸酉、甲午、庚午、壬午、辛未、丁未、乙未。

十一月：甲申、丙申、戊申、庚申、壬申、甲辰、丙辰、丙寅、戊寅、庚寅、壬寅。

十二月：甲申、丙申、庚申、甲寅、丙寅、壬寅、乙巳、己巳、癸巳。

凶杀则忌朱雀黑道、天牢黑道、独火、月火、天牢、狼藉、冰消瓦解、月破、大耗、天贼、地贼、天瘟、地瘟、鲁班刀砧、正四废等。

【原文】拆屋吉日：宜甲子、乙丑、丙寅、戊辰、己巳、辛未、癸酉、甲戌、丁丑、戊寅、己卯、癸未、甲申、壬辰、癸巳、甲午、乙未、己亥、辛丑、癸卯、己酉、庚戌、辛亥、丙辰、丁巳、庚申、辛酉，除日吉。

【注解】诸《通书》云亦宜破日，拆屋即破坏，合义理。

拆屋亦有忌方,《象吉通书》载:“凡修造坐宫修作方道起手拆屋,忌年家天官符、月家州县官符、小儿杀、打头火、阴阳杀、身皇定命、灸退、三杀,并忌从此方起手。顺从本命利方,月下三奇白方起手则吉。”

【原文】盖屋吉日:宜甲子、丁卯、戊辰、己巳、辛未、壬申、癸酉、丙子、丁丑、己卯、庚辰、癸未、甲申、乙酉、丙戌、戊子、丁酉、癸巳、乙未、己亥、辛丑、壬寅、癸卯、甲寅、乙巳、戊申、己酉、庚戌、辛亥、庚寅、癸丑、乙卯、丙辰、庚申、辛酉,定、成、开日吉。

【注解】盖屋是指建造房屋的屋顶,有定、成之意,故该日吉。

盖屋是指整个房屋形状已成,故不宜选在月破、破日及三杀等凶日,本书吉日未注此凶方,择吉日勿须注意。《象吉通书》将盖屋吉日逐月标出,特摘于下:

正月:癸酉、丁酉、己酉。

二月:辛未、癸未、甲申、庚寅、戊申、己未、己亥、辛亥,壬乙命人吉。

三月:甲子、丙子、戊子、丁酉、癸酉、甲申、庚子,外壬子。

四月:甲子、丙子、戊子、丁丑、己卯、癸卯、乙卯、丁卯、辛卯。

五月:己巳、辛未、庚寅、丙辰,外甲寅、己未宜丁巳、辛未命,己未日宜甲戊庚命,吉。

六月:癸酉、甲戌、丁酉、辛亥、庚申,外甲寅、乙亥、丙申,丁癸宜甲戊庚命,吉。

七月:甲子、丙子、戊子、丙辰、戊辰,外壬子、庚子。

八月:庚寅、己亥、辛亥,外乙丑、癸丑。

九月:己卯、癸卯、辛卯、辛亥、癸亥、戊戌、甲戌,辛日少利。

十月:甲子、辛未、戊子、乙未、庚子、壬子。

十一月:庚寅、甲申、庚申,外丙寅、戊寅、丙申、乙巳,己巳日宜甲戊庚命。

以上吉日不犯朱雀黑道、天火、独火、天瘟、天贼、地贼、受死、蚩尤、冰消瓦解、八风、火星、午日、赤帝等凶杀方可用。

【原文】泥屋吉日:宜甲子、乙丑、己巳、甲戌、丁丑、庚辰、辛巳、乙酉、辛亥、庚寅、辛卯、壬辰、癸巳、甲午、乙未、丙午、戊申、庚戌、辛亥、丙辰、丁巳、戊午、庚申,平、成日吉。

开渠吉日:宜甲子、乙丑、辛未、己卯、庚辰、丙戌、戊申、开、平日吉。

【注解】《历例》曰:"凡穿浚沟渠、池沼、泉源等事,宜生气开日开渠。忌壬日,并忌土府、土符、地囊、闭日、建收,破平日。"

《象吉通书》则将吉日逐月选出,摘录于下:

正月:甲子、丙子、庚子、癸酉。

二月:辛亥、癸亥、己亥、乙亥。

三月:甲子、丙子、庚子、壬子、癸未、丁酉。

四月:甲子、丙子、庚子、癸丑、乙丑、丁丑、庚午。

五月:乙丑、癸未、己未、丁丑。

六月:甲申、庚申、甲寅、己未。

七月:壬子、丙午、戊辰。

八月:己巳、丙辰、癸巳。

九月:癸丑、丙戌。

十月:壬午、癸未、乙未、己未、辛酉、癸酉、庚午。

十一月:癸未、己未、丁未。

十二月:甲申、甲寅、丙寅、庚寅。

以上吉日不犯土瘟、地破、正四废及历例所述诸杀方可用。

【原文】砌地吉日。与修造动土同看。

结砌天井吉日。诗曰:

结修天井砌阶基,须识水中放水圭,

格向天干埋楷日，忌中顺逆小儿嬉。
雷霆大杀土皇废，土忌瘟符受死离，
天贼瘟囊芳地破，土公土水隔痕随。

右宜以罗经放天井中，间针定取方位，放水天干上，切忌大小灭没、雷霆大杀、土皇杀方。忌土忌、土瘟、土符、受死、正四废、天贼、天瘟、地囊、荒芜、地破、土公箭、土痕、水痕、水隔。

【注解】罗经：风水家用以测定二十四山方位的圆形转盘，正中心为指南针，因风水派系不同，罗盘制作也略有区别，大致分为三合派、三元派两种。三合派最多者分三十六层，其中穿山、透地、立向、放水、二十八宿、三百六十度均在其中。三元派则简易许多，下面即简易式罗经图。自内向外：正中为指南针，第一层是八卦方位，第二层为地盘正针，第三层为穿山七十二龙，第四层为人盘中针，第五层为天盘缝针，第六层为周天三百六十度。（见下面罗经图）

放水天干：风水家认为，阳宅中水自天来，故放水宜从天干位去。诗云："决沟折水有真机，宜向天干忌四隅，十二支辰君莫犯，阳山依旧折阳局。阳龙仍折阴干水，莫向阳干说是非。"假如阳宅放水，甲庚丙壬乙丁辛癸，此八干放之，主人财兴旺，富贵无疆。切忌放十二支神上，内有寅申巳亥，名四维水，犯之主五姓伤残，不吉之兆。以下是阳宅二十四山放水法。

子山水宜放甲丁辛方，癸山水宜放丙丁甲方，
丑山水宜放庚丙方，艮山水宜放坤丙方，
寅山水宜放乾方，甲山水宜放庚丁方，
卯山水宜辛方，乙山水宜放庚辛方，
辰山水宜放辛方，巽山水宜放癸庚方，
巳山水宜放庚辛方，丙山水宜放壬辛癸方，
午山水宜放庚辛方，丁山水宜放辛癸方，

罗经图

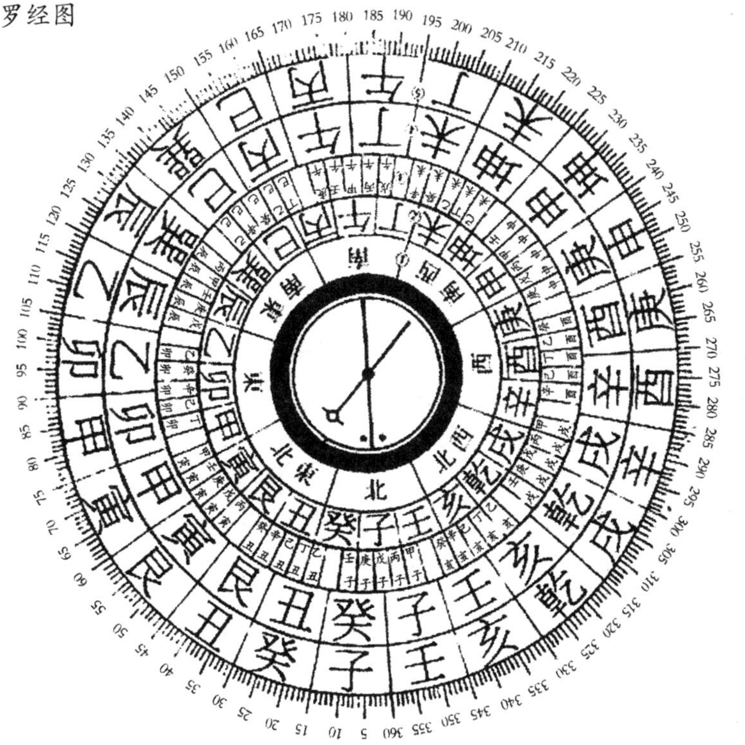

未山水宜放甲方，坤山水宜放艮丙方，
申山水宜放甲方，庚山水宜放甲壬方，
酉山水宜放酉方，辛山水宜放乙酉方，
戌山水宜放甲乙方，乾山水宜放巽甲方，
亥山水宜放巽甲乙方，壬山水宜放甲丁方。

大小灭没：手边诸通书均无大小灭没，只有“真灭没”与“天地灭没”两种，简介于下，以供参考。

真灭没日。诗云：“弦日逢虚晦遇娄，朔日遇角望亢求，虚鬼盈牛为灭没，百事逢之定是休。”因朔为日月同度，弦为近一远三，望为日月相对，晦为月尽无明，与凶杀中的建破相似，故为凶。

天地灭没：正月起丑，二月在子，三月在亥，四月在戌，五月在酉，六月在申，七月在未，八月在午，九月在巳，十月在辰，十一月在卯，十二月在寅。

雷霆大杀。歌云：戌亥子日艮宫寻，未申酉日巽为真，辰巳午日坤方是，丑寅卯日乾上亲。

土忌：正月在寅，二月在申，三月在巳，四月在午，五月在未，六月在申，七月在酉，八月在子，九月在辰，十月在未，十一月在子，十二月在丑。

土瘟：正月起辰，二月在巳，三月在午，四月在未，五月在申，六月在酉，七月在戌，八月在亥，九月在子，十月在丑，十一月在寅，十二月在卯。

天贼：正月在辰，二月在酉，三月在寅，四月在未，五月在子，六月在巳，七月在戌，八月在卯，九月在申，十月在丑，十一月在午，十二月在亥。

地囊：正月庚子、庚午，二月乙未、癸丑，三月甲子、壬午，四月己卯、己酉，五月甲辰、壬戌；六月丙辰、丙戌，七月丁巳、丁亥，八月丙寅、丙申，九月辛丑、辛未，十月戊寅、戊申，十一月辛卯、辛酉，十二月乙卯、癸酉。

地破：正月起亥，二月在子，三月在丑，四月在寅，五月在卯，六月在辰，七月在巳，八月在午，九月在未，十月在申，十一月在酉，十二月在戌。

土公箭：每月的初七、十七、二十七日，忌动土。

土痕：大月初三、初五、十五、十八，小月初一、初二、初六、十二、二十六、二十七等日。

水痕：大月初一、初七、十一、十七、二十三、三十日；小月初三、初七、十二、二十六日。

水隔：正月在戌，二月在申，三月在午，四月在辰，五月在寅，六月在子，七月在戌，八月在申，九月在午，十月在辰，十一月在寅，十二月在子。

论逐月甃地结天井砌阶基吉日

【原文】正月：甲子、壬午、戊子、庚子、乙丑、己卯、丙午、丙子、丁卯。

二月：乙丑、庚寅、戊寅、甲寅、辛未、丁未、己未、甲申、戊申。

三月：己巳、己卯、戊子、庚子、癸酉、丁酉、丙子、壬子。

四月：甲子、戊子、庚子、甲戌、乙丑、丙子。

五月：乙亥、己亥、辛亥、庚寅、甲寅、乙丑、辛未、戊寅。

六月：乙亥、己亥、戊寅、甲寅、辛卯、乙卯、己卯、甲申、戊申、庚申、辛亥、丙寅。

七月：戊子、庚子、庚午、丙午、辛未、丁未、己未、壬辰、丙子、壬子。

八月：戊寅、庚寅、乙丑、丙寅、丙辰、甲戌、庚戌。

九月：己卯、辛卯、庚午、丙午、癸卯。

十月：甲子、戊子、癸酉、辛酉、庚午、甲戌、壬午。

十一月：己未、甲戌、戊申、壬辰、庚申、丙辰、乙亥、己亥、辛亥。

十二月：戊寅、庚寅、甲寅、甲申、戊申、丙寅、庚申。

【注解】甃地：这里指用砖铺地。

起造立木上梁式

【原文】凡造作立木上梁，候吉日良辰，可立一香案于中亭，设安普庵仙师香火，备列五色钱、香花、灯烛、三牲、果酒供养之仪，匠师拜请三界地主，五方宅神，鲁班三郎，十极高真，其匠人秤丈竿、墨斗、曲尺，系放香桌米桶上，并巡官罗金安顿，照官符、三煞凶神，打退神杀，居住者永远吉昌也。

【注解】祭祀打杀，《鲁班弄法》一书中称为"报犯"，其法打米一桶，用木板凳一条对着屋中梁，拿米酒在碗中，摘鸡冠血点符，额上点一点，耳上点一点，手上点一点，把符烧成灰放在水碗中服下，另外口念报犯咒语："普庵祖师大神能，年年月月在家中，不论凡民碰三杀，神水落地尽皆通。天杀起，天杀退；日煞起，日煞退；时杀起，时杀退……" 据说此法可使众煞退避二十五里，或将其押入大牢。此法于理难通，不过使人心理上得到安慰而已，其他通书制煞则有合乎义理者。《通书》曰："三杀止忌修方，先从吉方起手，连及修之，无害。如子年三煞在巳午未，若巽坤方有吉星，则从其方起工，连及巳午未方至坤方止工，亦可止忌单修巳午未方是也。"《宗镜》曰："三杀乃极猛之杀，伏兵大祸次之，要制伏得当，占山造葬皆忌，惟占方可制而修也。制法有三：一要三合局以胜之；二要三合得令之月，三杀休囚之月；三要本命贵人、禄马、八节三奇或日月以照临之；小修则或月或日之纳音克三杀方之纳音，得一吉星到方可也。三杀在南方巳午未则属火，用申子辰月日时；在东方寅卯辰则属木，用巳酉丑月日时；在西方申酉戌则属金，用寅午戌月日时；在北方亥子丑属水，三合无土局，不能制，忌用辰戌丑未相冲。曾文遄为壬申宅主修巳午未三杀方，取甲辰年、戊辰月、壬子日、庚子时竖柱，与壬申年生命成申子辰水局以克火杀，一吉也；甲戊庚天干三奇，又辰子两支不杂，二吉也;谷雨前太阳在戌,与午方三合而甲戌庚贵人在未,三吉也。甲午年未方为庚午、辛未,纳音属土,而戊辰月、壬子日纳音皆木,以木克土,四吉也。壬寅岁禄、岁马俱到离,五吉也;八白在坎照离,九紫正在未坤,六吉也。古人之妙用如此。”(按:注意,竖柱时为庚子时,正值半夜。)

所谓神杀者,只是天地日月与诸星在自然运行中,由于各时各星所居方位不同,对大地产生的影响也就不同。若有利大地者,人们则冠以“神”,不利大地者,则名为“杀”,如三杀,只不过是当年地支(太岁)对冲之方,若犯其方,其方则会冲犯太岁,故为凶,所以后者制化三杀之法是就五行生克制化之理来说的,当是合乎义理的。

请设三界地主鲁班仙师祝上梁文

【原文】伏以日吉时良,天地开张,金炉之上,五炷明香,虔诚拜请今年、今月、今日、今时直符使者,伏望光临,有事恳请。今据某道、某府、某县、某乡、某里、某社奉道信官(士),凭术士选到今年某月某日吉时吉方,大利架造厅堂,不敢自专,仰仗直符使者,赍持香信,拜请三界四府高真,十方贤圣,诸天星斗,十二宫神,五方地主明师,虚空过往福德灵聪,位居香火道释众真门官,井灶司命六神,鲁班真仙公输子匠人,带来先传后教祖本先师,望赐降临,伏望诸圣,跨鹤骖鸾,暂别宫殿之内,登车拨马,来临场屋之中,既沐降临,酒当三奠,奠酒诗曰:

初奠才斟,圣道降临,已享已祀,鼓瑟鼓琴,布福乾坤之大,受恩江海之深,仰凭圣道,普降凡情。酒当二奠,人神喜乐,大布恩光,享来禄爵,二奠杯觞,永灭灾殃,百福降祥,万寿无疆。酒当三奠,自此门庭常贴泰,从兹男女永安康,仰奠圣贤流恩泽,广置田产降福祥。上来三奠已毕,七献云周,不敢过献。伏愿信官(士)某,自创造上梁之后，家门浩浩，活计昌昌，千斯仓而万斯箱。一曰富而二曰寿，公私两利，门庭光显，宅舍兴隆，火盗双消，诸事吉庆，四时不遇水雷屯，八节常蒙地天泰（如或保产临盆，有忧坐草无危，愿生智慧之男，聪明富贵起家之子，云云）。凶藏煞没，各无干犯之方；神喜人欢，大布祯祥之兆。凡在四时，克臻万善。次冀匠人兴工造作，拈刀弄斧，自然目朗心开；负重拈轻，莫不脚轻手快。仰赖神通，特垂庇佑。不敢久留圣驾，钱财奉送，来时当献下车酒，去后当酬上马杯。诸圣各归宫阙，再有所请，望赐降临钱财（匠人出煞云云）。

天开地辟，日吉时良，皇帝子孙，起造高堂（或造庙宇、庵堂、寺观则云：仙师架造、先合阴阳）。凶神退位，恶煞潜藏，此间建立，永远吉昌。伏愿荣迁之后，龙归宝穴，凤栖梧巢，茂荫儿孙，增崇产业者。诗曰：

一声槌响透天门，万圣千贤左右分。
天煞打归天上去，地煞潜归地里藏。
大厦千间生富贵，全家百行益儿孙。
金槌敲处诸神护，恶煞凶神急速奔。

【注解】直符使者：该神引自《奇门遁甲》，共有四种，即本年本月本日本时当值之神。甲子旬从乾方起，甲戌旬从兑方起，甲申旬从艮方起，甲午旬从离方起，甲辰旬从坎方起，甲寅旬从坤方起，均顺行。如庚午日修作震方，乾上起甲子，兑上乙丑，艮上丙寅，离上丁卯，坎上戊辰，坤上己巳，震上庚午，修方正逢值符方，吉。

三界：此佛教用语，即“欲界、色界、无色界”。

十方：指东、东南、南、西南、西、西北、北、东北和上、下方。

四府：汉时以丞相、御史、车骑将军、前将军府合称四府，这里是指与上天相应四府之神。

五方：东西南北中合称五方。

水雷屯：坎宫第三卦，因坎上震下而名。《彖》曰：“屯，刚柔始交而难生，动乎险中，大亨贞。”意即，屯卦譬如阳刚阴柔开始相交而艰难随着萌生；是在危险中变动发展，前景尽管大为亨通，却要守持正固。屯又为迍邅之意，卜事若逢此卦，主危险重重，灾难不断。

地天泰：坤宫第四卦，因坤上乾下而名。《象》曰：“天地交而万物通也，上下交而其志同也。内阳而外阴，内健而外顺，内君子而外小人，君子道长，小人道消也。”故凡占事，遇此卦，主吉祥如意，百事亨通。

上梁是建房中最紧要的一道程序，因为民间都把栋梁作为此屋荣昌的主宰，所以对建房上梁极为重视，各地均有上梁仪式。尽管仪式略有不同，但祝文、颂咒、烧香祭奠是必不可少的。在江西丰城，上梁前夕要把请柬送到亲友家，请他们来吃上梁酒。木工要用朱砂在新梁上画“太极图”，用红纸卷在新梁中腰，户主还要写上吉祥的对联，上梁时要吹唢呐，打大锣，放鞭炮。户主则领着儿子，手执焚香去接梁，木工把梁安放到栋柱顶上后，手提雄鸡和酒壶喝彩祭梁，并颂彩词如下：

手提金鸡毛灿烂，金鸡生在凤凰山。
凤凰山上凤朝阳，金造门来银造梁。
金门银梁色色新，金光闪闪耀门庭。
打开鸡冠取宝血，一祭天，二祭地，
三祭师傅鲁班艺，四祭午尺分长短，
五祭曲尺关四方，六祭凿子铁锤响叮当，
七祭泥架两面光。天地师傅都祭了，
鲁班弟子祭门梁：一祭梁头万里红朝，
二祭梁肚国家富强，三祭梁腰角带飘飘，
四祭中央太极图，太极图上出彭祖。
彭祖寿高八百八，贤东人财代代发；
彭祖寿高九百九，贤东富裕代代有。

门梁都祭了,祭了门梁祭石磉:

一祭东,孔明才能遇东风;

二祭西,屋檐出水有高低;

三祭南,东家弟子读书出状元;

四祭北,文武状元一齐得。

此从祭梁后,福寿延绵降吉祥,

脚踏兴隆地,金玉满堂福寿齐。

木工每颂一句,房主都要大应一声"好呀!"咒毕,除女儿外,全家人都要成双成对地跪拜房梁,仪式才算完毕。

造屋间数吉凶例

【原文】一间凶、二间自如、三间吉、四间凶、五间吉、六间凶、七间吉、八间凶、九间吉。

【注解】古人以阳数,即奇数为吉,所以三、五、七、九间均吉;以阴数,即偶数为凶,所以四、六、八间均凶。何以一为阳数反凶?二为阴数不凶?一者孤阳也,二者两仪也,阴阳也。

间数虽有一至九之数,但并非可以随便选用。旧时规定,九间以上堂殿是皇帝专用的,因九为最大之数;王公可用七间堂舍。《唐六典》又规定:"王公以下屋舍不得重栱藻井,三品以上堂舍不得过五间九架,厅厦两头,门屋不得过五间五架;五品以上堂舍,不得过三间五架,厅厦两头,门屋不得过三间五架,仍通称乌头大门;勋官各依本品;六品、七品以下堂舍,不得过三间五架,门屋不得过一间两架。……庶人所造堂舍,不得过三间五架,门屋一间两架。"这就是说,平常百姓人家只有三间、二间可选用。

歌　曰

【原文】五间厅,三间堂,创后三年必招殃。始五间厅,三间堂,三年内杀五人,七年庄败,凶。四间厅,三间堂,二年内杀四人,三年内杀七人。二间无子,五间绝。三架厅、七架堂凶,七架厅吉。三间厅、三间堂吉。

断水平法

【原文】庄子云:“夜静水平”。俗云,水从平则止。造此法中立一方表,下作十字拱头,蹄脚上横过一方,分作三分,中开水池,中表安二线垂下,将一小石头坠正中心水池,中立三个水鸭子,实要匠人定得木头端正,压尺十字不可分毫走失,若依此例,无不平正也。

【注解】古时建筑,无水平仪器而用此法,今多改为水平尺。

画起屋样

【原文】木匠接式,用精纸一幅画地盘阔狭深浅,分下间架或三架、五架、七架、九架、十一架,则随主人之意。或柱柱落地,或偷柱及梁栟使过步梁、眉梁、眉枋,或使斗磉者,皆在地盘上停当。

【注解】古时绘图,有的绘在纸上,但民间大多绘在主管大匠房间的地上或墙上,所以叫作地盘。

偷柱:房屋梁下木柱较短,不能从地平面直接至梁,须在柱下垫石或砖,叫作偷柱。

鲁般(鲁般即鲁班,下同)真尺

【原文】按鲁般尺乃有曲尺一尺四寸四分,其尺间有八寸,一寸准曲尺一寸八分。内有财、病、离、义、官、劫、害、本也。凡人造门,用依尺法也。假如单扇门,小者开二尺一寸,一白,般尺在“义”上。单扇门开二尺八寸在八白,般尺合“吉”上。双扇门者,用四尺三寸一分,合四禄一白,则为本门,在“吉”上。如财门者,用四尺三寸八分,合“财”门吉。大双扇门,用广五尺六寸六分,合两白,又在“吉”上。今时匠人则开门阔四尺二寸,乃为二黑,般尺又在“吉”上。及五尺六寸者,则“吉”上二分,加六分正在吉中,为佳也。皆用依法,百无一失,则为良匠也。

【注解】上文,实际上介绍了两种尺。一种尺即一尺等于曲尺一尺四寸四分之尺,间有八寸者,叫作“门光尺”。古人认为按此尺丈量确定门户,可以光宗耀祖,故名。此种尺间分八寸,每寸上均写明吉凶之意及其相应的谶纬用语,是专门用来量定裁度门户的一种用尺。另一种是本文所云之“曲尺”,又叫作营造尺,是专门用来定房屋高低、阔狭、进深及梁柱各种尺度的。营造尺一尺为十寸;门光尺一尺为八寸,但一寸相当于营造尺一寸八分,所以门光尺一尺相当于营造尺一尺四寸四分。

从“鲁般真尺”图上可以看出,门光尺分为八寸,每寸上写着一个字,即“财、病、离、义、官、劫、害、吉(有的书中把“吉”字换为“本”字)。其中财、义、官、吉(本)四字为吉,病、离、劫、害四字为凶。但吉字寸上并非皆吉,凶字寸上并非皆凶,还要看安门对象身分如何。如“义”字门安在廊门和都门上为凶,庶民百姓安“官”字门亦为凶。反之,“病”字门虽凶,但“安”在厕所门上反能化凶为吉。(详见后诸门诗。)

北京故宫博物院现存一把门光尺,全长 46 厘米,而门光尺换算成营造尺,则是 $1.44\times32=46.08$ 厘米,二者相差无几。该尺宽 5.5 厘米,厚 1.35 厘米,尺的两个大面均划分为八格,分别写有:

正面	财木星	病土星	离土星	义水星
	官金星	劫火星	害金星	吉金星
背面	贵人星	天灾星	天祸星	天财星
	官禄星	独孤星	天贼星	宰相星

鲁般真尺

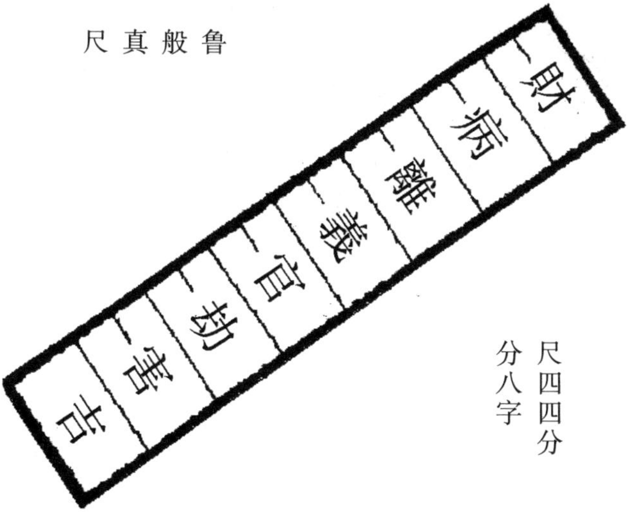

尺四四分
分八字

曲尺之图

曲尺者有十寸一寸乃十分凡遇起造经营开门高低长短度量皆在此上须当凑对鲁般尺八寸吉凶相度则吉多凶少为佳匠者但用仿此大吉

門制　上楣下閾　左右為棖　雙曰闔　單曰扇　有上中下三户門　及州縣寺觀庶人房門之别　開門自外正大門而入次二重　宜屈曲　步數宜單　每步四尺五寸　自屋檐滴水處起　量至立門處止　門尺有　曲尺　八字尺　二法　單扇棋盤門　大邊以門訣之吉尺寸定長　抹頭　門心板　穿帶　插間樑　拴桿　檻框餘塞板腰枋　門枕　連楹　横栓　門簪　走馬板　引條諸件　隨之　古者外門内户　文選注　大門爲門　中門爲闥　説文云　半門曰户　玉篇云　一屏曰户　諸説异解同趣　門有制　户無制　今之園亭　皆有大門均仿古制　至園内房櫳廂個　巷厩藩溷　皆有耳門　不免間作奇巧　如圓圭　六角　八角　如意方勝　一對書之類　是皆古之所謂户也　曲尺長一尺四寸四分　八字尺長八寸　每寸準曲尺一寸八分　皆謂門尺　長亦維均　八字　財　病　離　義　官劫　害　本也　曲尺十分為寸　一白　二黑　三碧　四緑　五黄　六白　七赤　八白　九紫　一白也　又古裝門路用九天元女尺　其長九寸有奇　匠者繩墨　三白九紫　工作大用日時尺寸　上合天星　是為壓白之法

橋樑做法

清《工段营造录》所载曲尺与八字尺

良 星 亥丁	添财 进益 福禄 富贵 进入	贵人门 高六尺六寸	宽四尺二寸	高五尺七寸	宽二尺三寸	官禄 武开 子孙 诗礼 才能	一酉 月亥 二亥 月日	富福 贵绵 荣长 华	田时 产时 牛进 马	木曲一 贪 狼 星	大外 门财 招狼 进	门最 造吉 财昌 星
癸巳年占大门	花酒 暧昧 争斗 十恶 自缢	疾病门 高五尺三寸	宽三尺二寸			官葬 囚歉 瘟殃 妖邪 疯疾	三巳 月日 四年 月丑 子日	十发 八瘟 入役 九	大末 绒克 形破 冲	土黑二 禄 存 星	难卧 连病 绵床 绵	病大 开不 门祥 者
庚壬 申寅 年 占 房 门	走失 损身 招讼 跌打 政争	离别门 高五尺二寸	宽三尺三寸			禄欲 失财 离散 路亡 忤逆	五酉 月未 己日 六寅 月申 辰亥	机要 关无 用存 尽	家终 宅须 不破 保	水碧三 文 曲 星	离乱 乡人 背伦 井	若造 是大 离门 星
丁巳年占前门	添禄 进入 招财 和美 横财	义顺门 高六尺五寸八分	宽三尺一寸六分	高五尺二寸	宽二尺三寸	文魁 忠义 天保 致宁 妻子	七巳 月日	定当 招僧 淫尼 妇	庶如 人住 用宅 此	土禄四 巨 门 星	公产 居麟 衙儿 门	大最 门为 义奇 字
丁卯年占后门	加官 进禄 美味 孝悌 进财	官禄门 高七尺八寸	宽五尺八寸	高六尺四寸	宽三尺六寸	增禄 进爵 须耀 才子 进宝	八亥 月日 子 九成 月日 午	争悟 讼抢 无场 休	庶礼 人官 用事 此	金黄五 武 曲 星	若更 是相 阀对 阅	官大 居吉 衙星 门
夏春 不不 开开 南东 门门	麻衣 盗贼 行凶 疾病 生育	劫盗门 高六 五寸 尺	宽六 三寸 尺			梵子 退产 瘟疫 天灾 横死	十水 月日 午 十寅 一日 月	更在 添法 人场 命	若未 遇冲 流克 年	火白六 廉 贞 星	遭正 逢难 劫当 掠	劫有 字祸 安殃 门
冬秋 不不 开开 北西 门门	争竞 浓血 瘟疫 孝服 失财	伤害门 高七 五寸 尺	宽七 三寸 尺			长病 害灾 不孝 退入 耗散	十寅 二申 月戌	小不 人来 日侵 夜	灾年 殃年 疾有 死	金赤七 破 军 星	田若 园伶 卖仃 尽	害不 字可 安忍 门
工造 部司 管制	智慧 交益 进口 仁孝 礼仁	福本门 高七尺三寸	宽五尺八寸	高五尺八寸	宽二尺八寸	秀才 发福 生贵 忠孝 诗书	造 门 忌 庚 寅 巳	增永 加财 福源 禄	田人 园丁 六旺 畜	水白八 辅 弼 星	财病 源绵 大绺 发	木进 星庄 造田 门

清工部营造司制门光尺

有些门光尺则在一寸的横栏上标注为“一白木”,二寸的横栏上标注为“二黑土”,依此则为“三碧木、四禄木、五黄土、六白金、七赤金、八白土”。这三个字表明三个内容:一看起来是自然数序列,实际上又为洛书中的一宫,方位为北。“白”则是九宫飞白的颜色,与九宫相配,详见下“压白尺”章注。木则是“北斗七星”中第一颗星“贪狼星”的“五行”属性,其他类推。

那么为什么门光尺要分为“八寸”？此即源于《易经》一书中的数理概念——八卦。小小的一把门光尺,竟融纳了“五行、八卦、洛书、九星、紫白”等学说理论,所以成为木工匠师保障自身利益的法宝。

知道了以上知识,再来推算本书所举门尺寸例,就可以知其吉凶。如小单扇门,二尺一寸,除以一寸八分,约等于是11.67,11.67除以八余数约等于四,门光尺的第四个字是“义”字,所以为“义”字门,吉。本书共举例七种门,将其折算后成下“表八”,可证均为吉门。

《事林广记》用尺定法一节,将所列建筑门尺度不仅列成

表八

门名称	营造尺	折合门光尺	所余尾数	合何八字
小单扇门	2.10	11.67	3.67	义
大单扇门	2.80	7.56	7.56	吉
小双扇门	4.20	23.33	7.33	吉
	4.31	23.94	7.94	吉
	4.38	24.33	0.33	财
大双扇门	5.60	31.11	7.11	吉
	5.66	31.44	7.44	吉

表,为了便于记忆,又编成歌:

一寸合白星与财　六寸合白又合义
一尺六寸合白财　二尺一寸合白义
二尺八寸合白吉　三尺六寸合白义
五尺六寸合白吉　七尺一寸合白吉
七尺八寸合白义　八尺八寸合白吉
一丈一寸合白财　推而上之算一同

门光尺不仅流行于民间,且直接影响了皇家建筑。清《工部工程做法则例》卷四十装修做法中,就开列出一百二十四种按门光尺裁定门口的尺寸,分为“添财门”三十一个,“义顺门”三十一个,“官禄门”三十三个,“福德门”二十九个,与门光尺中的“财、义、官、吉”四家相同。其中所列门口尺寸均以门光尺排出。(见“清工部营造司制门光尺”表)

《阳宅十书》鲁班尺一节中云:“(鲁班尺)非止量门可用,一切床房器物俱当用此,一寸一分,灼有关系者。”可见,门光尺不只用于做门,房中所有的家具均可使用,其应用范围已明显扩大。

鲁般尺(诗)八首

财　字

【原文】财字临门仔细详,外门招得外财良,
若在中门常自有,积财须用大门当。
中房若合安于上,银帛千箱与万箱,
木匠若能明此理,家中福禄自荣昌。

病　字

病字临门招疫疾,外门神鬼入中庭,
若在中门逢此字,灾须轻可免危声。
更被外门相照对,一年两度送尸灵。

于中若要无凶祸，厕上无疑是好亲。

离　字

离字临门事不祥，仔细排来在甚方，
若在外门并中户，子南父北自分张。
房门必主生离别，夫妇恩情两处忙。
朝夕士家常作闹，悽惶无地祸谁当。

义　字

义字临门孝顺生，一字中字最为真，
若在都门招三妇，廊门淫妇恋花声。
于中合字虽为吉，也有兴灾害及人，
若是十分无灾害，只有厨门实可亲。

官　字

官字临门自要详，莫教安在大门场，
须防公事亲州府，富贵中庭房自昌。
若要房门生贵子，其家必定出官廊，
富家人家有相压，庶人之屋实难量。

劫　字

劫字临门不足夸，家中日日事如麻，
更有害门相照看，凶来叠叠祸无差。
儿孙行劫身遭苦，作事因循害邻家，
四恶四凶星不吉，偷人物件害其他。

害　字

害字安门仔细寻，外人多被外人临，
若在内门多兴祸，家财必被贼来侵。
儿孙行门于害字，作事须因破其家，
良匠若能明此理，管教宅主永兴隆。

该图原置“曲尺诗”文前

吉　字

吉字临门最是良，中宫内外一齐强，
子孙夫妇皆荣贵，年年月月在蚕桑。
如有财门相照者，家道兴隆大吉昌，
使有凶神在傍位，也无灾害亦风光。

本门诗

【原文】本字开门大吉昌，尺头尺尾正相当，
量来尺尾须当吉，此到头来财上量。
福禄乃为门上致，子孙必由好儿郎，
时师依此仙贤造，千仓万廪有余粮。

曲尺诗

【原文】一白惟如六白良，若然八白亦为昌，
但将般尺来相凑，吉少凶多必主殃。

曲尺之图

【原文】一白、二黑、三碧、四绿、五黄、六白、七赤、八白、九紫、一白。

论曲尺根由

【原文】曲尺者，有十寸，一寸乃十分。凡遇起造经营，开门高低、长短、度量，皆在此上。须当凑对鲁般尺八寸吉凶相度，则吉多凶少。为佳匠者，但用仿此大吉也。

【注解】九星紫白，前面择吉中多次提及，此处又以紫白论尺寸吉凶，说明紫白之重要，这里做些介绍。

九星源自天文学的北斗星。在古代，人们以北极星来决定方

位和时间,因为地轴正好向着北极星,其位是正北。在北极星外围,有一个由七颗星连成斗柄形状的星座,就是北斗七星。北斗星的第一颗叫天枢,第二颗叫天璇,第三颗叫天玑,第四颗叫天权。此四颗星连成一个方形的斗,统称为魁。第五颗叫玉衡,第六颗叫开阳,第七颗叫摇光,此三颗连成一线似柄,统称为杓。在开阳、摇光旁边还有两颗较暗的小星,左边的叫辅,右边的叫弼,这样北斗七星加上辅弼二星,共为九星。见下图。

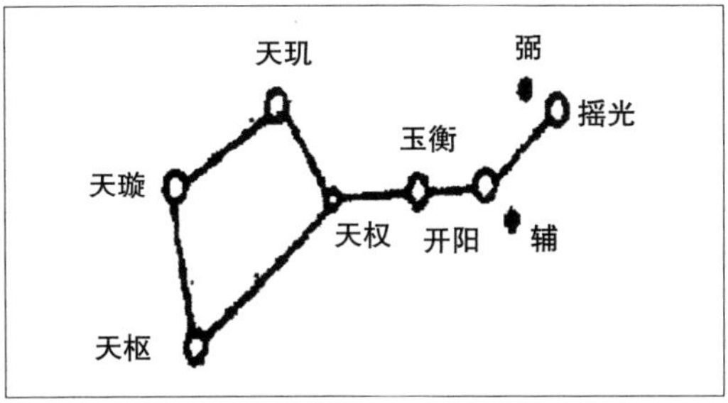

北斗星自东向西环绕北极星旋转一周就是一年,故古人用此来判定方位及四时的季节。风水家由此演变出贪狼、巨门、禄存、文曲、廉贞、武曲、破军、左辅、右弼九星,并以它们的次序和形态配以五行方位,即贪狼生气木,巨门天医土,禄存祸害土,文曲六煞水,廉贞五鬼火,武曲延年金,破金七绝命,辅弼一体为伏位木。风水家又认为贪巨武辅弼是相互生助的,故为吉星;而破禄文廉四星则是相互克制的,故为凶煞。

《奇门遁甲》则将九星配入八门九宫,以坎方休门为一白,坤方死门为二黑,震方伤门为三碧,巽方杜门为四绿,廉贞五黄入中宫,乾方开门为六白,兑方惊门为七赤,艮方生门为八白,离方景门为九紫。八门以开休生三门为大吉门,休为一白,开为六白,生为八白,故三白之方为大吉方。以景门为小吉,景为九紫,故为小吉方。由此,择吉家就以紫白飞到的年月日时为吉日,其方为吉方。

年月日时均有紫白,但其取法各有不同。年紫白是从上元甲子年起一白入中宫,乙丑年九紫入中宫,依此逆推。三元,即三个甲子。如此则上元甲子起一白入中宫逆推,中元甲子四绿入中宫逆推,下元甲子七赤入中宫逆推,见“表九”。

表九

九星	一白	九紫	八白	七赤	六白	五黄	四绿	三碧	二黑
上元甲子	甲子 癸酉 壬午 辛卯 庚子 己酉 戊午	乙丑 甲戌 癸未 壬辰 辛丑 庚戌 己未	丙寅 乙亥 甲申 癸巳 壬寅 辛亥 庚申	丁卯 丙子 乙酉 甲午 癸卯 壬子 辛酉	戊辰 丁丑 丙戌 乙未 甲辰 癸丑 壬戌	己巳 戊寅 丁亥 丙申 乙巳 甲寅 癸亥	庚午 己卯 戊子 丁酉 丙午 乙卯	辛未 庚辰 己丑 戊戌 丁未 丙辰	壬申 辛巳 庚寅 己亥 戊申 丁巳
中元甲子	丁卯 丙子 乙酉 甲午 癸卯 壬子 辛酉	戊辰 丁丑 丙戌 乙未 甲辰 癸丑 壬戌	己巳 戊寅 丁亥 丙申 乙巳 甲寅 癸亥	庚午 己卯 戊子 丁酉 丙午 乙卯	辛未 庚辰 己丑 戊戌 丁未 丙辰	壬申 辛巳 庚寅 己亥 戊申 丁巳	甲子 癸酉 壬午 辛卯 庚子 己酉 戊午	乙丑 甲戌 癸未 壬辰 辛丑 庚戌 己未	丙寅 乙亥 甲申 癸巳 壬寅 辛亥 庚申
下元甲子	庚午 己卯 戊子 丁酉 丙午 乙卯	辛未 庚辰 己丑 戊戌 丁未 丙辰	壬申 辛巳 庚寅 己亥 戊申 丁巳	甲子 癸酉 壬午 辛卯 庚子 己酉 戊午	乙丑 甲戌 癸未 壬辰 辛丑 庚戌 己未	丙寅 乙亥 甲申 癸巳 壬寅 辛亥 庚申	丁卯 丙子 乙酉 甲午 癸卯 壬子 辛酉	戊辰 丁丑 丙戌 乙未 甲辰 癸丑 壬戌	己巳 戊寅 丁亥 丙申 乙巳 甲寅 癸亥

月紫白:月紫白是从上元甲子年、甲子月起一白入中宫,乙丑月九紫入中宫,丙寅月八白入中宫……因古时纪年是从甲子年甲子月开始记算为一月,现今是从寅月起为一月,依此推之,甲子年一月就是八白入中宫。如此则子午卯酉年正月八白入中宫逆推,辰戌丑未年正月五黄入中宫逆推,寅申巳亥年正月二黑入中宫逆推,见"表十"。

表十

中星 月令 年	正	二	三	四	五	六	七	八	九	十	十一	十二
子午卯酉	八白	七赤	六白	五黄	四绿	三碧	二黑	一白	九紫	八白	七赤	六白
辰戌丑未	五黄	四绿	三碧	二黑	一白	九紫	八白	七赤	六白	五黄	四绿	三碧
寅申巳亥	二黑	一白	九紫	八白	七赤	六白	五黄	四绿	三碧	二黑	一白	九紫

日紫白:日紫白则有阴阳之分,冬至一阳生,所以冬至后为阳局,顺行九星,冬至后甲子日起一白入中顺推,雨水后甲子日七赤入中顺推,谷雨后甲子日四绿入中顺推,见表十一。

注意"表十一"均从每年冬至后第一个甲子日起一白入中推算,直到芒种后癸亥日九紫入中为止。

夏至阴生,所以夏至后为阴局,逆行九星。夏至后从甲子日起九紫入中逆推,处暑后甲子日三碧入中逆推,霜降后甲子日六白入中逆推,见"表十二"。

注意"表十二"均从每年夏至后第一个甲子日起一白入中推算,直到大雪后癸亥日九紫入中为止。

时紫白:

子午卯酉日冬至后从子时起一白入中顺行,夏至后从子时起九紫入中逆行;辰戌丑未日冬至后从子时起七赤入中顺行,夏至后从子时起三碧入中逆顺行;寅申巳亥日冬至后从子时起四绿入中顺行,夏至后从子时起六白入中逆行,见"表十三"。

表十一

日＼九星入中 节	一白	二黑	三碧	四绿	五黄	六白	七赤	八白	九紫
冬至	甲子	乙丑	丙寅	丁卯	戊辰	己巳	庚午	辛未	壬申
	癸酉	甲戌	乙亥	丙子	丁丑	戊寅	己卯	庚辰	辛巳
	壬午	癸未	甲申	乙酉	丙戌	丁亥	戊子	己丑	庚寅
到	辛卯	壬辰	癸巳	甲午	乙未	丙申	丁酉	戊戌	己亥
	庚子	辛丑	壬寅	癸卯	甲辰	乙巳	丙午	丁未	戊申
立春	己酉	庚戌	辛亥	壬子	癸丑	甲寅	乙卯	丙辰	丁巳
	戊午	己未	庚申	辛酉	壬戌	癸亥			
							甲子	乙丑	丙寅
雨水	丁卯	戊辰	己巳	庚午	辛未	壬申	癸酉	甲戌	乙亥
	丙子	丁丑	戊寅	己卯	庚辰	辛巳	壬午	癸未	甲申
到	乙酉	丙戌	丁亥	戊子	己丑	庚寅	辛卯	壬辰	癸巳
	甲午	乙未	丙申	丁酉	戊戌	己亥	庚子	辛丑	壬寅
	癸卯	甲辰	乙巳	丙午	丁未	戊申	己酉	庚戌	辛亥
清明	壬子	癸丑	甲寅	乙卯	丙辰	丁巳	戊午	己未	庚申
	辛酉	壬戌	癸亥						
谷雨				甲子	乙丑	丙寅	丁卯	戊辰	己巳
	庚午	辛未	壬申	癸酉	甲戌	乙亥	丙子	丁丑	戊寅
	己卯	庚辰	辛巳	壬午	癸未	甲申	乙酉	丙戌	丁亥
到	戊子	己丑	庚寅	辛卯	壬辰	癸巳	甲午	乙未	丙申
	丁酉	戊戌	己亥	庚子	辛丑	壬寅	癸卯	甲辰	乙巳
芒种	丙午	丁未	戊申	己酉	庚戌	辛亥	壬子	癸丑	甲寅
	乙卯	丙辰	丁巳	戊午	己未	庚申	辛酉	壬戌	癸亥

三元紫白九星本是风水家选择阴阳宅和择吉家用以选择吉日良辰的，但被木匠工师巧妙地引用到建筑学中，不仅增加了建筑学的神秘性，也保障了木匠工师自身利益。紫白法有“尺白”和“寸白”之分，还有因坐山不同而第一尺所起

之处也不同,同时在选择尺寸时还要注意相互五行是相生还是相克的问题，其运用非常繁琐,可采用的尺寸数量范围太小,限制较大,所以后来则不论房屋坐山朝向如何,便直接取一白、六白、八白、九紫所对应的一、六、八、九四个数值即可,

表十二

九星入中 / 日节	九紫	八白	七赤	六白	五黄	四绿	三碧	二黑	一白
夏至	甲子	乙丑	丙寅	丁卯	戊辰	己巳	庚午	辛未	壬申
	癸酉	甲戌	乙亥	丙子	丁丑	戊寅	己卯	庚辰	辛巳
	壬午	癸未	甲申	乙酉	丙戌	丁亥	戊子	己丑	庚寅
到	辛卯	壬辰	癸巳	甲午	乙未	丙申	丁酉	戊戌	己亥
	庚子	辛丑	壬寅	癸卯	甲辰	乙巳	丙午	丁未	戊申
立秋	己酉	庚戌	辛亥	壬子	癸丑	甲寅	乙卯	丙辰	丁巳
	戊午	己未	庚申	辛酉	壬戌	癸亥			
处暑							甲子	乙丑	丙寅
	丁卯	戊辰	己巳	庚午	辛未	壬申	癸酉	甲戌	乙亥
	丙子	丁丑	戊寅	己卯	庚辰	辛巳	壬午	癸未	甲申
到	乙酉	丙戌	丁亥	戊子	己丑	庚寅	辛卯	壬辰	癸巳
	甲午	乙未	丙申	丁酉	戊戌	己亥	庚子	辛丑	壬寅
寒露	癸卯	甲辰	乙巳	丙午	丁未	戊申	己酉	庚戌	辛亥
	壬子	癸丑	甲寅	乙卯	丙辰	丁巳	戊午	己未	庚申
霜降	辛酉	壬戌	癸亥	甲子	乙丑	丙寅	丁卯	戊辰	己巳
	庚午	辛未	壬申	癸酉	甲戌	乙亥	丙子	丁丑	戊寅
	己卯	庚辰	辛巳	壬午	癸未	甲申	乙酉	丙戌	丁亥
到	戊子	己丑	庚寅	辛卯	壬辰	癸巳	甲午	乙未	丙申
	丁酉	戊戌	己亥	庚子	辛丑	壬寅	癸卯	甲辰	乙巳
大雪	丙午	丁未	戊申	己酉	庚戌	辛亥	壬子	癸丑	甲寅
	乙卯	丙辰	丁巳	戊午	己未	庚申	辛酉	壬戌	癸亥

如山西永济永乐宫三清殿。紫白九星不仅在民间广泛运用，且直接影响了皇家建筑，如有名的北京天安门。

表十三

顺局	冬至后			一白	二黑	三碧	四绿	五黄	六白	七赤	八白	九紫
逆局	夏至后			九紫	八白	七赤	六白	五黄	四绿	三碧	二黑	一白
日支	子午卯酉日	寅申巳亥日	辰戌丑未日									
各时到方	子酉	卯	未	中	乾	兑	艮	离	坎	坤	震	巽
	丑戌	辰	申	巽	中	乾	兑	艮	离	坎	坤	震
	寅亥	巳	子酉	震	巽	中	乾	兑	艮	离	坎	坤
	卯	午	戌丑	坤	震	巽	中	乾	兑	艮	离	坎
	辰	未	寅亥	坎	坤	震	巽	中	乾	兑	艮	离
	巳	申	卯	离	坎	坤	震	巽	中	乾	兑	艮
	午	子酉	辰	艮	离	坎	坤	震	巽	中	乾	兑
	未	戌丑	巳	兑	艮	离	坎	坤	震	巽	中	乾
	申	寅亥	午	乾	兑	艮	离	坎	坤	震	巽	中

从永乐宫三清殿和天安门图中尺寸可以看出，二者虽与紫白相吻合，但永乐宫三清殿则是处处与一、六、八三白相合，而天安门则多是九紫与五黄，因九五两数暗合九五之尊，是至高无上之意，这就是民间建筑与皇家建筑的不同之处。

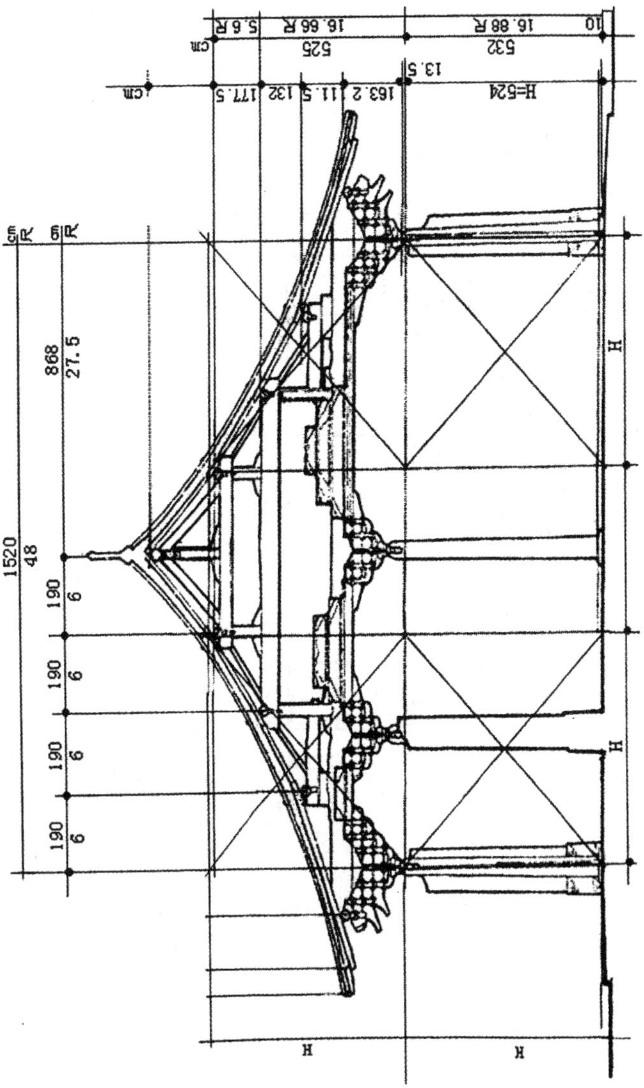

H=檐柱平柱高　1尺=31.5cm　引自《文物》1963年8期

永济永乐宫三清殿横剖面图

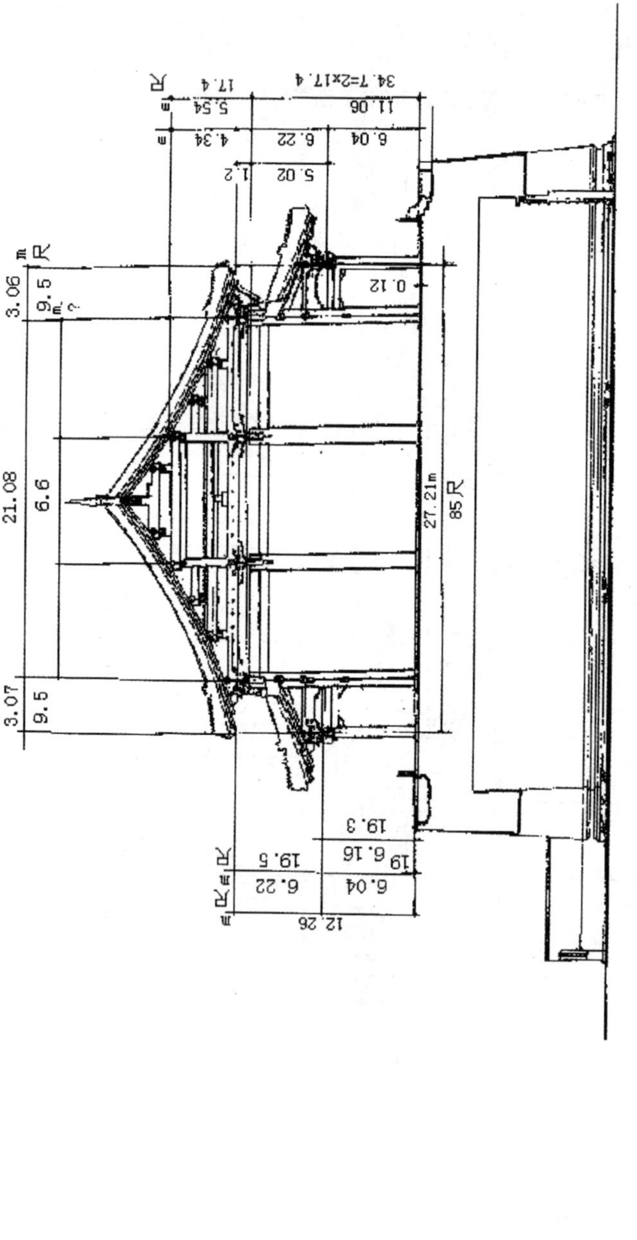

北京天安门横剖面图 据1942年3月实测图 1尺=31.84cm

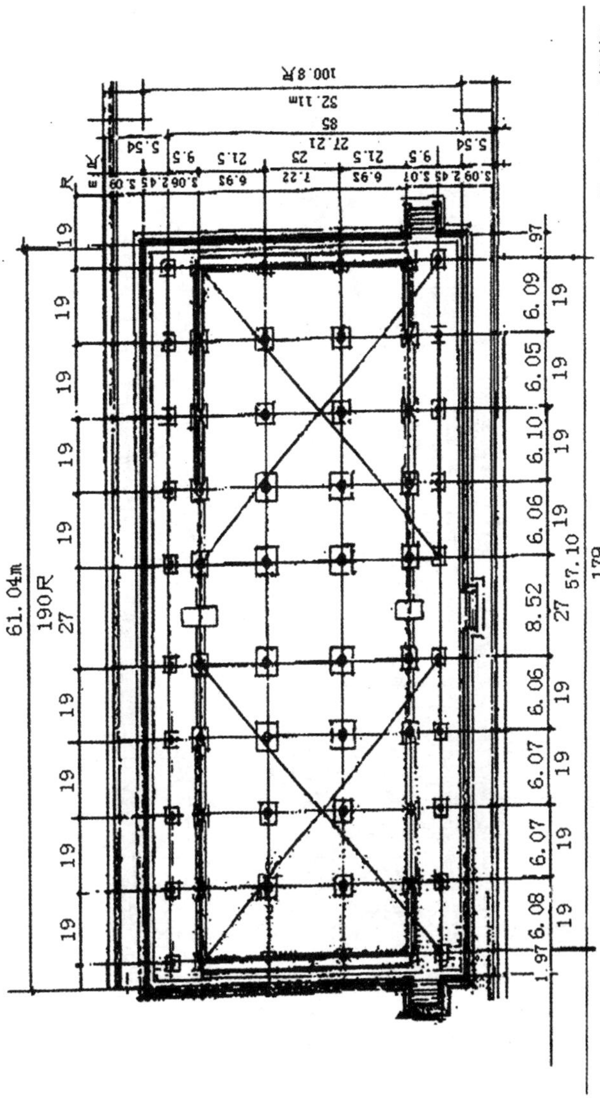

墩台面积=369尺 x 100尺　　门楼台基面积=190尺 x 100尺

1尺=31.84cm(门楼)　　1尺=31.73cm(墩台)

北京明、清皇城天安门平面图

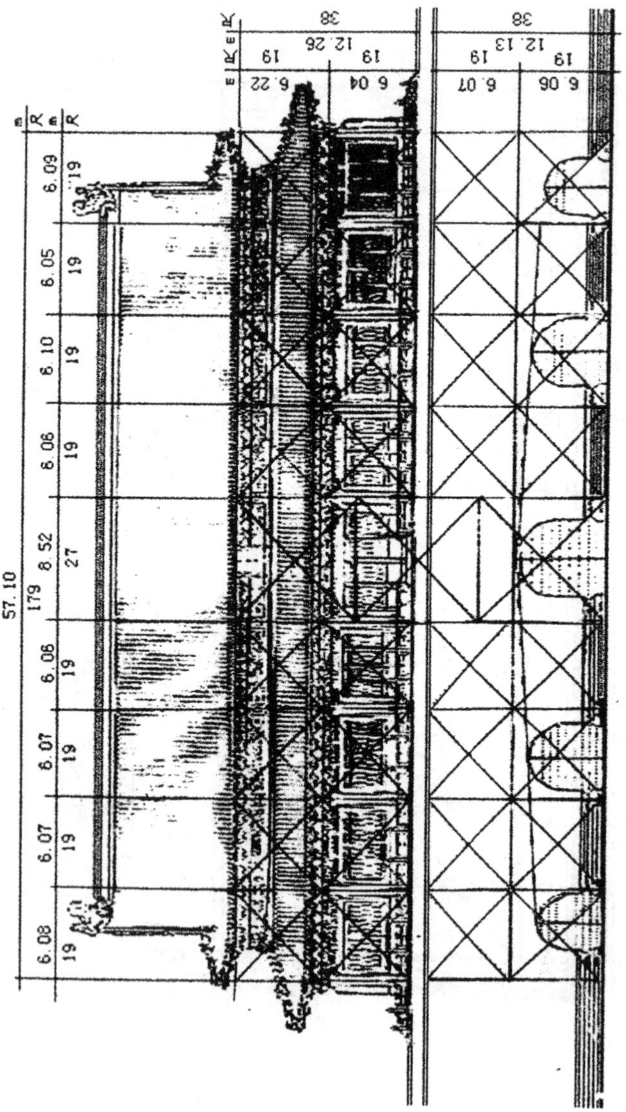

1尺=31.84cm

北京天安门正立面分析图

推起造何首合白吉星

【原文】鲁般经营:凡人造宅门,门一须用准与不准,及起造室院条缉车箭,须用准合阴阳,然后使尺寸量度,用合财吉星及三白星方为吉,其白外但则九紫为小吉。人要合鲁般尺与曲尺上下相同为好,用克定神、人运、宅及其年、向首大利。

【注解】门光尺以"财官义吉"四字为吉,营造尺(曲尺)是以"一白、六白、八白、九紫"为吉,如果做门时,既符门光尺,又合紫白,方为大吉,见"表十四"。

表十四

营造尺	紫白	门光尺	尺尾数	八字
2.8	八白	15.56	7.56	吉
3.6	六白	20.00	4.00	义
7.1	一白	39.44	7.44	吉
7.8	八白	43.33	3.33	义
8.8	八白	48.89	0.89	财
10.1	一白	56.11	0.11	财

上表数字摘自《事林广记》

其年向首:即太岁对冲之方。如其年在子,向首即午。午既为太岁对冲之方,又名三杀,为最凶之处,故宜所选紫白克制。如子年向首在午,午属火,宜选一白尺寸之门,用一白水克制午火,与制三杀义同,故吉。

【原文】按九天玄女装门路,以玄女尺算之,每尺止得九寸有零,却分财病离义官劫害本八位,其尺寸长短不齐,惟本门与财门相接最吉。义门惟寺观学舍,义聚之所可装。官门惟官府可装,其余民俗只装本门与财门相接最吉。大抵尺法,各随匠人所传,术者当依鲁般经尺度为法。

【注解】九天玄女:道教中神仙名。《云笈七签》一书中有《九天玄女传》,可参看。

【原文】论开门步数:宜单不宜双。行惟一步、三步、五步、七步、十一步吉,余凶。每步计四尺五寸,于屋檐滴水处起步,量至立门处,得单步合前财义官本门,方为吉也。

【注解】四尺五寸一步,名叫官步。不仅从立门处到屋檐滴水处用此步计量,就是天井、阳埕等露天空间进深,也以此步计量。步喜单数,不喜双数,有歌云:"一步青龙多吉庆,二步朱雀起官灾,三步端正招吉事,四步灾祸动瘟疫,五步贪狼金贵吉,六步灾祸动相当,七步金堂多福禄,八步瘟痨是伤残,九步兴旺主富贵,十步冷落损财丁,十一步大旺田蚕发,十二步又是两重丧……"

步数的具体测量,还应注意"步宜初交,不宜尽步"。何谓初交,即四尺半算一步,若四尺八寸八,刚过一步就算二步,谓之初交。如某宅天井进深是一丈八尺六寸,折合步数是四步零六寸,虽跨入五步范围仅六寸,也称为五步,或云初交五步。如果其天井深为二丈二尺五寸,则恰是五步,但又界于与六步之间,已至不吉之步,故不用尽步。

须要注意的是,有些屋宅台阶较高,其台阶之数一阶为一步,也喜单不喜双,作用与官步同。

以上官步之法,《宅谱指要》一书中用法却不同。该书《宅门合步数》一节云:"宅之宽合步者,自左山脚至右山脚,步数不犯满平收闭;宅之长合步者,自后壁脚至前壁脚,数须按除定执开。门之层层合步者,自堂前滴水直印至前壁中安门限处,尺寸以黄道为准。如内屏门中式矣,再从此加到厅门中式矣,再从此加到大门,逐层各门之散数会合,诸门之总数悉归一致为天合。每层门之散数通横、通直悉归一致为地合。盖以宅属静而门属动，必体用兼备，显微无间，方合先后天一家之义，荫化育可得全美，若有一犯凶星，难免驳杂忧虑。”

其法：“四尺五寸为一步，九尺为二步。一步起建，二步值除，仿此推之。五步逢定，六步逢执，八步逢危，十一步逢开，十四步逢除，十七步逢定，十八步逢执，二十步逢危，二十三步开，二十六步除。建为元吉，除为明堂，满为天刑，平为卷舌，定为金匮，执为天德，破为冲煞，危为玉堂，成为三合，收为贼劫，开为生气，闭为灾祸。居宅门合除定执危开建者，立生贵子，骤生财禄；衙门合除定危开执建者，加官爵，五福骈臻；学宫合除定危开执建者科第蝉联，翰院学士。书房、会馆、贡院、祠堂、廊庙皆同。”其例：

一丈三尺五寸满三步，一丈八尺平四步，
二丈二尺五寸定五步，二丈七尺执六步，
三丈一尺五寸破七步，三丈六尺危八步，
四丈零五寸成九步，四丈五尺收十步，
四丈九尺五寸开十一步，五丈四尺闭十二步，
五丈八尺五寸建十三步，六丈三尺除十四步……

从上步数可以看出“除、执、危”三者为阴步，此云吉，鲁班经则云凶；而“满、破、成”三者，此云凶，而鲁班经言吉，彼此抵触，各执一说，不知何者合易之大理。

定盘真尺

【原文】凡创造屋宇，先须用坦平地基，然后随大小阔狭安磉平正。平者，稳也。次用一件木料，长一丈四五尺，有营（此字不识——整理者）长短在人。用大四寸，厚二寸，中立表。长短在四五尺内实用，压曲尺端正两边，安八字，射中心。上系一线，重

下吊石坠，则为平正直也，有实据可验。

诗曰：世间万物得其平，全仗权衡及准绳，
创造先量基阔狭，均分内外两相停。
石磉切须安得正，地盘先宜镇中心，
定将真尺分平正，良匠当依此法真。

推造宅舍吉凶论

【原文】造屋基，浅在市井中人魁（此字不识——整理者）之处，或外阔内狭为，或内阔外狭穿，只得随地基所作。若内阔外狭乃名为獬穴屋，则衣食自丰也。其外阔则名为槛口屋，不为奇也。造屋切不可前三直、后二直，则为穿心栟，不吉。如或新起栟不可与旧屋栋齐过，俗云：新屋插旧栋，不久便相送。须用放低于旧屋，则日“次栋”，又不可直栋穿中门，云穿心栋。

【注解】前宽后狭，前狭后宽，是言宅之外形。《阳宅十书》将其列为第一要义，云：“人之居处，宜以大地山河为主，其来脉气势最大，关系人祸福最为切要。若大形不善，总内形得法，终不全吉，故论宅外形第一。”并专立《阳宅外形吉凶图说》一节，专论外形之要，其中第九、第十两幅图即本书所云“前后宽狭之图”，特摘于下：

前狭后宽，气束而聚，故吉；前宽后狭，俗称“簸箕形”，气泄而散，故凶。

古人不仅对阳宅前后的阔狭非常讲究，对八个方位宅形的凹凸也十分注意，其吉凶也各有所主。如下页图。

穿心栋：次栋与旧栋中门相对者是。

前狭后宽居之稳， 富贵平安旺子孙， 资财广有人口吉， 金珠财宝满家门。	前宽后狭似官形， 住宅四时不安宁， 资财破尽人口死， 金珠财宝满家门。

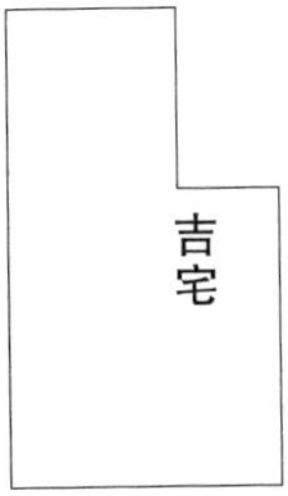		
此宅右短左边长， 假令左短有何妨。 后边齐整方圆吉， 庶人居之出贤良。	左短右长却安然， 后面夹稍前面宽。 此地修造人口吉， 子孙兴旺胜田蚕。	右短左长不堪居， 生财不旺人口虚。 住宅必定子孙愚， 先有田蚕后也无。

三架屋后车三架法

【原文】造此小屋者,切不可高大。凡步柱只可高一丈零一寸,栋柱高一丈二尺一寸,段深五尺六寸,间阔一丈一尺一寸,次间一丈零一寸,此法则相称也。

诗曰:

凡人创造三架屋,般尺须寻吉上量。
阔狭高低依此法,后来必出好儿郎。

【注解】建筑虽小,却处处合紫白之法,见下表:

名称	步柱	栋柱	段深	间阔	次间
尺寸	一丈零一寸	一丈二尺一寸	五尺六寸	一丈一尺一寸	一丈零一寸
紫白	一白吉	一白吉	六白吉	一白吉	一白吉

五架房子格

【原文】正五架三间拖后一,柱步用一丈零八寸,中高一丈二尺八寸,栋高一丈五尺一寸,每段四尺六寸,中间一丈三尺六寸,次阔一丈二尺一寸,地基阔狭,则在人加减,此皆压白之法也。

诗曰: 三间五架屋偏奇,按白量材实利宜,
住坐安然多吉庆,横财入宅不拘时。

【注解】所有尺寸,皆合压白,见下表:

名称	柱步	中高	栋高	每段	中间	次间
尺寸	一丈零一寸	一丈二尺八寸	一丈五尺一寸	四尺六寸	一丈三尺六寸	一丈二尺一寸
紫白	八白吉	八白吉	一白吉	六白吉	六白吉	一白吉

三架屋后车三架法

三架屋后车三架法

五架房子格

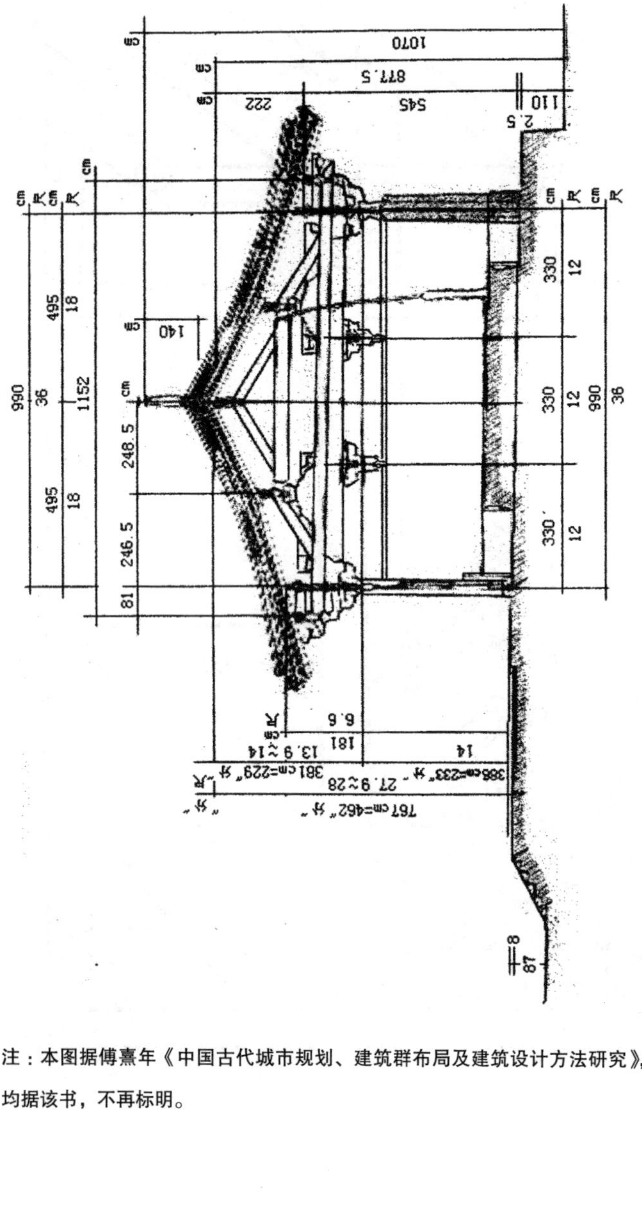

五台县南禅寺大殿剖面图

1"分"=1.66cm　1尺=27.5cm

注：本图据傅熹年《中国古代城市规划、建筑群布局及建筑设计方法研究》，后此类图均据该书，不再标明。

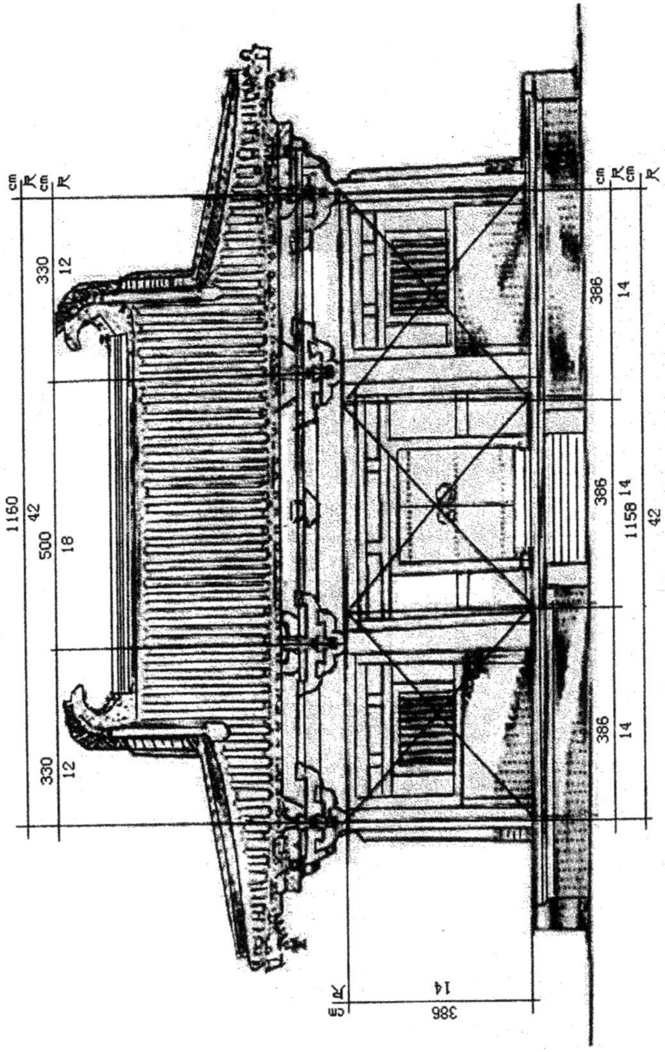

五台县南禅寺大殿立面分析图

1尺=27.5cm

五架房不仅民间如此处处压白，佛寺官殿庙宇也处处压白。如山西省五台县南禅寺大殿（见图），从平面至中檩上高27.9尺，合九紫吉；进深三丈六尺，合六白吉；正间一丈八尺，合八白吉；次间一丈二尺，合二黑。该殿建于唐德宗建中三年（782），以证唐时压白之法已为工匠广泛使用。

正七架三间格

【原文】七架堂屋：大凡架造，合用前后柱高一丈二尺六寸，栋高一丈零六寸，中间用阔一丈四尺三寸，次阔一丈三尺六寸，段四尺八寸，地基阔窄、高低、深浅，随人意加减则为之。

诗曰：　经营此屋好华堂，并是工师巧主张，
　　　　富贵本由绳尺得，也须合用按阴阳。

【注解】所有尺寸，皆基本合压白，见下表：

名称	前后柱	栋高	中间	次间	段
尺寸	一丈二尺六寸	一丈零六寸	一丈四尺三寸	一丈三尺六寸	四尺八寸
紫白	六白吉	六白吉	三碧凶	六白吉	八白吉

正九架五间堂屋格

【原文】凡造此屋，步柱用高一丈三尺六寸，栋柱或地基广阔，宜一丈四尺八寸，段浅者四尺三寸，成十分深，高二丈二尺栋为妙。

诗曰：　阴阳两字最宜先，　鼎创兴工好向前，
　　　　九架五间堂九天，　万年千载福绵绵。
　　　　谨按先师真尺寸，　管教富贵足庄田，
　　　　时人若不依仙法，　致使人家两不然。

【注解】如山西省朔州市建于金皇统三年（1143年）的崇福

正七架三间格

正九架五间堂屋格

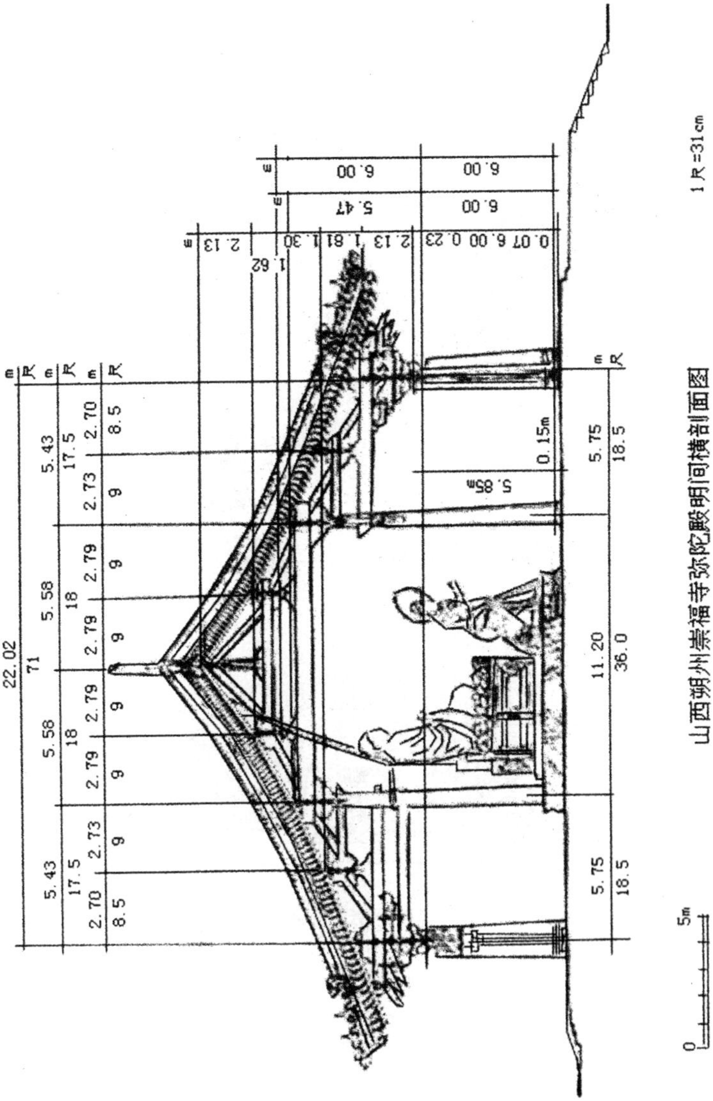

1尺=31cm

山西朔州崇福寺弥陀殿明间横剖面图

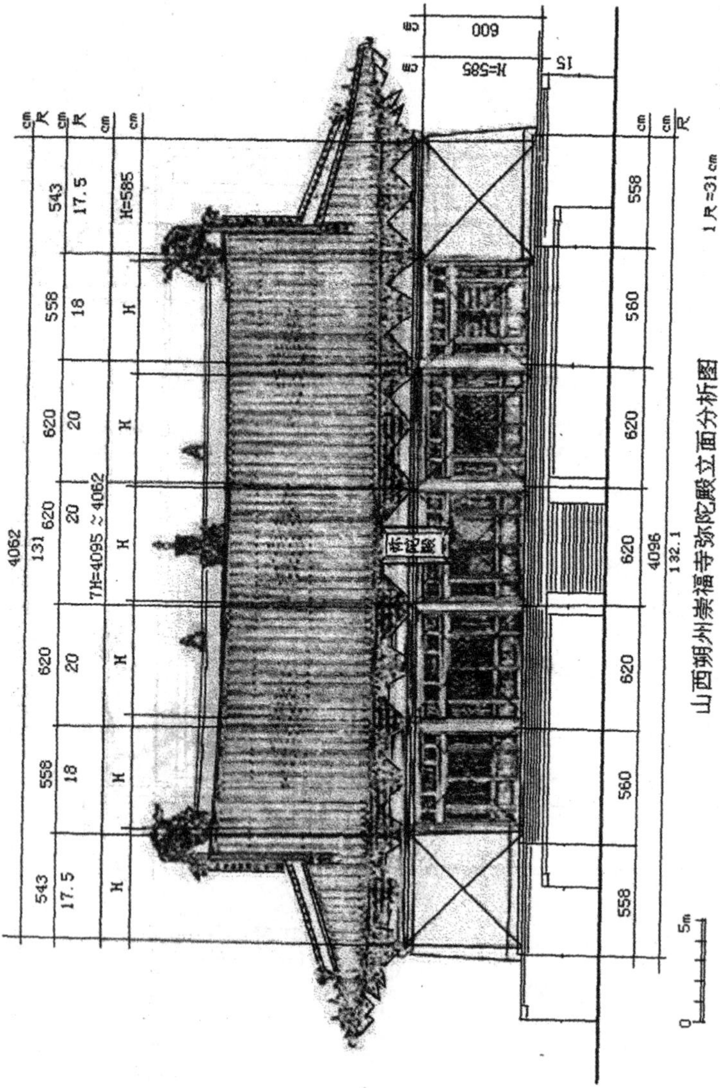

山西朔州崇福寺弥陀殿立面分析图

寺弥陀殿(见图)。由图中可以看到其殿柱高、进深、面阔及开间的主要尺寸,均合紫白。

秋千架

【原文】秋千架:今人偷栋栟为之吉,人以如此造,其中创闲要坐起处,则可依此格尽好。

小门式

【原文】凡造小门者,乃是冢墓之前所作。两柱前重在屋,皮上出入不可十分长露出杀,伤其家子媳,不用使木作,门蹄二边使四只将军柱,不宜太高也。

搜焦亭

【原文】造此亭者,四柱落地,上三超四结果,使平盘方中,使福海顶、藏心柱十分要耸,瓦盖用暗镫钉住,则无脱落,四方可观之。

诗曰: 枷梢门屋有两般,方直尖斜一样言,
家有奸偷夜行子,须防横祸及道官。

诗曰: 此屋分明端正奇,暗中为祸少人知。
只因匠者多藏素,也是时师不细详。
使得家门长退落,缘他屋主大限衰。
从今若要儿孙好,除是从头改过为。

造作门楼

【原文】新创屋宇开门之法:一自外正大门而入次二重较门,则就东畔开吉门,须要屈曲,则不宜太直。内门不可较大外门,用依此例也。大凡人家外大门,千万不可被人家屋脊对射,则不祥

秋千架

小门式

搜焦亭

之兆也。

【注解】新创屋宇开门,要注意三件事。一、大门至二门处不宜太直,要屈曲;二、大门宜大,二门宜小于大门,房门则犹宜小于二门;三、门不可被人家屋脊冲射。

论起厅堂门例

【原文】或起大厅屋,起门须用好筹头向。或作槽门之时,须用放高,与第二重门同,第三重却就栿柁起,或作如意门,或作古钱门与方胜门,在主人意爱(而为之。如不作槽门,只作都门、胡字门亦佳矣。

诗曰:　　大门安者莫在东,不按仙贤法一同。

　　　　更被别人屋栋射,须教祸事又重重。

上户门计六尺六寸,中户门计三尺三寸,小户门计三尺一寸。州县寺观门高一丈一尺八寸,阔六尺八寸;庶人门高五尺七寸,阔四尺八寸;房门高四尺七寸,阔二尺三寸。

春不作东门,夏不作南门,秋不作西门,冬不作北门。)

【注解】按:括号中文字原书无,此据其它版本补。

以上尺寸基本与鲁班门尺相符,见“表十五”。

表十五

门类	上户门	中户门	小户门	寺观门	庶人们	房门
尺寸	六尺六寸	三尺三寸	三尺一寸	六尺八寸	四尺八寸	二尺三寸
门尺	4.58	2.29	2.15	4.72	3.33	1.6
合八字	官字	离	离	官	义	病
紫白	六白	三碧	一白	八白	八白	三碧

春不作东门者,春季木旺,若作东门,犯其旺气,不吉,夏秋冬义同。

【原文】红嘴朱雀凶日:庚午、己卯、戊子、丁酉、丙午、乙卯。

【注解】歌曰:"红嘴朱雀丈二长,眼似流星耀红光,等闲无事伤人命,午里飞来会过江。但从震宫起甲子,巽宫甲戌顺行数,行到中宫莫归火,乾宫一辰莫安床,艮宫莫作僧道室,离宫大门君莫犯,坎宫水沟天难当,坤宫嫁娶损宅长,震宫修厨新妇亡,巽宫一位管山野,入山伐木定遭殃。"从此诗可以看出,红嘴朱雀是以方位判定,六十花甲中干支只要居其方位,就是犯了红嘴朱雀。本书所举六日,是离宫红嘴朱雀,最忌作门。其法从震三起甲子、乙丑巽、丙寅中、丁卯乾、戊辰兑、己巳艮、庚午离(安门红嘴朱雀方)、辛未坎、壬申坤、癸酉震、甲戌巽、乙亥中、丙子乾、丁亥兑、戊寅艮、己卯离(安门红嘴朱雀)。依此推完六旬,庚午、己卯、戊子、丁酉、丙午、乙卯六日均居离方,故为安门红嘴朱雀。仍照此法,甲子旬乙丑居巽,甲戌旬甲戌居巽,甲申旬癸未居巽,甲午旬壬辰居巽,甲辰巽辛丑居巽,甲寅巽己未居巽,此六日忌入山伐木,所以为入山伐木的红嘴朱雀日,余安床、作僧道室、嫁娶等均依此法推。

修门杂忌

【原文】九良星年:丁亥,癸巳占大门;壬寅、庚申占门;丁巳占前门;丁卯、己卯占后门。

【注解】九良星分布六十甲子,每年在一处,见"表十六"。

从此表十六看出,占后门年还应有一癸酉,本书漏。

《钦定协纪辨方书》在奏请皇帝审阅时云:"九良星按年周游于井厨门路庭堂寺观之间,全无义理,《通书》总论内载元朝奏罢等语,今《选择》虽不用而年局仍然开载……应删去。"可见此杀早应在删去之列,勿拘泥。亦有以月取者,诗云:"正二良星占在阶,三四厨房不用猜,五六东方及八路,七八丙兮九巳午,秋季十月入门神,仲冬十二占冬庭。"年年如此,亦无义理。

表十六

甲子	乙丑	丙寅	丁卯	戊辰	己巳
社庙	厨	天	后门 寅艮方	寺观 寅辰方	寺观申方
庚午	辛未	壬申	癸酉	甲戌	乙亥
天	天	正厅	后门艮寅 卯午方	神庙	寺观
丙子	丁丑	戊寅	己卯	庚辰	辛巳
中厅	寅方厨井	东北	后门寺观	寺观	天
壬午	癸未	甲申	乙酉	丙戌	丁亥
神庙	水井	正厅中庭	天	天	巳方大门
戊子	己丑	庚寅	辛卯	壬辰	癸巳
爵烛	寅方厨舍	午方	天	天	大门 僧寺
甲午	乙未	丙申	丁酉	戊戌	己亥
戌亥方	亥方水井	天	寺观	僧堂社庙	寺观
庚子	辛丑	壬寅	癸卯	甲辰	乙巳
中庭厅	天	东北午厨 井桥门路	天	僧堂 社庙	天
丙午	丁未	戊申	己酉	庚戌	辛亥
天	僧堂城隍 社庙	中庭厅	寺观社庙	社庙	寺观
壬子	癸丑	甲寅	乙卯	丙辰	丁巳
天	僧堂社庙	丑方	天	寅辰方	前门
戊午	己未	庚申	辛酉	壬戌	癸亥
戌亥方 厨灶	井	桥井门路	午方	寺观	巳方船

【原文】丘公杀:甲己年占九月,乙庚占十一月,丙辛年占正月,丁壬年占三月,戊癸年占五月。

【注解】丘公:即唐末丘延翰,师范越凤。《人子须知》云:"《通书》诸神杀又多出于《元经》之外,各家杜撰,巧立异名,使人畏恐。如云李广箭,则广汉武时人;丘公杀,丘公唐人;杨公忌,杨公唐时人,是汉唐之前无其杀。"故此杀不必拘泥。

逐月修造门吉日

【原文】正月癸酉,外丁酉。二月甲寅。三月庚子,外乙巳。四月甲子、庚子,外庚午。五月甲寅,外丙寅。六月甲申、甲寅,外丙申、庚申。七月丙辰。八月乙亥。九月庚午、丙午。十月甲子、乙未、壬午、庚子、辛未,外庚午。十一月甲寅。十二月戊寅、甲寅、甲子、甲申、庚子,外庚申、丙寅、丙申。

右上吉日不犯朱雀、天牢、天火、独火、九空、死气、月破、小耗、天贼、地贼、天瘟、受死、冰消瓦陷、阴阳错、月建、转杀、四耗、正四废、九土鬼、伏断、火星、九丑、灭门、离窠、次地火、四忌、五穷、耗绝、庚寅门、大夫死日、白虎、炙退、三杀、六甲胎神占门,并债木星为忌。

【注解】朱雀黑道。诗云:正七兔中走,二八蛇当头,三九羊归栈,四十鸡栖藏,五十一猪圈,六十二牛栏。即正月在卯,二月在巳,三月在未,四月在酉,五月在亥,六月在丑,七月复在卯,顺行六阴支,周而复始。

天牢黑道。诗曰:正七是申二八戌,三九值子四十寅,五十一月寻辰地,六十二月午上明。即正月起申,二月在戌,三月在子,四月在寅,五月在辰,六月在午,七月在申,顺行六阳支,周而复始。

天火。诗曰:正五九月打鼠子,二六十月赴兔儿,三七十一骑马走,四八十二归鸡啼。其法正月在子,二月在卯,三月在午,四月在酉,五月在子,顺行四仲,周而复始。

独火。《协纪辨方书》载:“子午在艮,丑寅午在震,卯年在坎,辰巳年在巽,午年在兑,未申年在离,酉年在坤,戌亥年在乾。”《象吉通书》载:“正月在戌,二月在辰,三月在亥,四月在巳,五月在子,六月在午,七月在丑,八月在未,九月在寅,十月在申,十一月在卯,十二月在酉。”二者不同。《协纪辨方书》认为,独火之理取当年太岁对宫下一爻变化之方。如太岁在子,对宫为离,离卦下一爻变则为艮,故艮为独火。丑年、寅年为艮方,对宫为坤,坤卦下一爻变则为震,所以丑年、寅年在震,余年皆同此。如果该年天干丙丁正飞临独火之方,方以凶论,若无丙丁临之,并无妨。其论较合义理。

九空。《协纪辨方书》载:“正月在辰,二月在丑,三月在戌,四月在未,五月在辰,周而复始。”《象吉通书》载:“正月在辰,二月在丑,三月在戌,四月在未,五月在卯,六月在子,七月在酉,八月在午,九月在寅,十月在亥,十一月在申,十二月在巳。”二者从五月始,各异。曹振圭曰:“九空者,墓库破散之神也,库破则空,冲则散。假今寅午戌月火库在戌,辰能冲散也。亥卯未月木墓在未,丑能冲散也。申子辰月水墓在辰,戌能冲散也。巳酉丑月金墓在丑,未能冲散也。今历家所传与九坎,九焦同行者非,盖所传有误。”显然,《协记辨方书》所载合义理。

死气:正月起午,二月在未,三月在申,四月在酉,五月在戌,六月在亥,七月在子,八月在丑,九月在寅,十月在卯,十一月在辰,十二月在巳。

月破,即月令对冲之方。正月在申,二月在酉,三月在戌,四月在亥,五月在子,六月在丑,七月在寅,八月在卯,九月在辰,十月在巳,十一月在午,十二月在未。

小耗:有年小耗和月小耗两种。年小耗子年在巳,丑年在午,寅年在未,卯年在申,辰年在酉,巳年在戌,午年在亥,未年在子,申年在丑,酉年在寅,戌年在卯,亥年在辰。月小耗与年小耗同,只是年支作为月支,即正月起未,顺行十二支。因其方为太岁或月建气绝之方,故名之。如寅卯辰为木,病巳、死午、墓未、绝申,故其方为小耗。

地贼:正月、二月在子,三月在亥,四月在戌,五月在酉,六月、七月、八月在午,九月在巳,十月在辰,十一月在卯,十二月在子。

受死:正月在戌,二月在辰,三月在亥,四月在巳,五月在子,六月在午,七月在丑,八月在未,九月在寅,十月在申,十一月在卯,十二月在酉。

冰消瓦陷。诗例:正巳二子三月丑,四申五卯六戌求,七亥八午九未逢,十寅十一酉宫游,十二月中辰日忌,瓦陷冰消似水流。即正月在巳,二月在子,三月在丑,四月在申,五月在卯,六月在戌,七月在亥,八月在午,九月在未,十月在寅,十一月在酉,十二月在辰。

阴错:正月庚戌,二月辛酉,三月庚申,四月丁未、己未,七月丁巳、己巳,八月甲辰,九月乙卯,十月甲寅,十一月癸丑,十二月癸亥。

阳错:正月甲寅,二月乙卯,三月甲辰,四月丁巳、己巳,七月丁未、己未,八月庚申,九月辛酉,十月庚戌,十一月癸亥,十二月癸丑。

月建转杀:一云“春卯、夏午、秋酉、冬子”。一云“春壬子、夏乙卯、秋戊午、冬辛酉”。

四耗:春壬子、夏乙卯、秋戊午、冬辛酉。

正四废:春庚申、辛酉,夏壬子、癸亥,秋甲寅、乙卯,冬丙午、丁巳。

四忌:春甲子、夏丙子、秋庚子、冬壬子。

四穷:春乙亥、夏丁亥、秋辛亥、冬癸亥。按:原书为“五穷”,但诸《通书》不见“五穷”,疑为“四穷”之误,故以四穷注之。

九土鬼:丁巳、甲午、戊午、乙酉、庚戌。

伏断:寅在室、卯在女、辰在箕、巳在角、午在房、未在张、申在鬼、酉在觜、戌在胃、亥在壁、子在虚、丑在斗。

火星。寅申巳亥月:乙丑、甲戌、癸未、壬辰、辛丑、庚戌、己未。子午卯酉月:甲子、癸酉、壬午、辛卯、庚子、己酉、戊午。辰戌丑未月:壬申、辛巳、庚寅、己亥、戊申、丁巳。

九丑:戊子、戊午、壬子、壬午、乙卯、己卯、辛卯、乙酉、己酉、辛酉、十日为九丑日。九丑时则以节气论,见“表十七”。

离窠:丁卯、戊辰、己巳、戊寅、辛巳、戊子、己丑、戊戌、己亥、戊午、辛丑、壬戌、癸亥、辛亥、壬午、壬申、戊申。

次地火:正月起巳,二月在午,三月在未,四月在申,五月在酉,六月在戌,七月在亥,八月在子,九月在丑,十月在寅,十一月在卯,十二月在辰。

耗绝:庚辰、辛巳、丙戌、丁亥、庚戌、辛亥、丙辰、丁巳八日是。

白虎:子年起申,丑年在酉,寅年在戌,卯年在亥,辰年在子,巳年在丑,午年在寅,未年在卯,申年在辰,酉年在巳,戌年在午,亥年在未。(按:此与黄道十二神中白虎不同。)

炙退:子年在卯,丑年在子,寅年在酉,卯年在午,辰年在卯,巳年在子,午年在酉,未年在午,申年在卯,酉年在子,戌年在酉,亥年在午。

六甲胎神:正月占床房,二月占窗户,三月占门堂,四月占土仓,五月占身床,六月占床仓,七月占碓磨,八月占窗户,九月占门

表十七

时 日 节气	戊子	戊午	壬子	壬午	乙卯	己卯	辛卯	乙酉	己酉	辛酉
雨水	子	午	子	午	酉	酉	酉	卯	卯	卯
春分	亥	巳	亥	巳	申	申	申	寅	寅	寅
谷雨	戌	辰	戌	辰	未	未	未	丑	丑	丑
小满	酉	卯	酉	卯	午	午	午	子	子	子
夏至	申	寅	申	寅	巳	巳	巳	亥	亥	亥
大暑	未	丑	未	丑	辰	辰	辰	戌	戌	戌
处暑	午	子	午	子	卯	卯	卯	酉	酉	酉
秋分	巳	亥	巳	亥	寅	寅	寅	申	申	申
霜降	辰	戌	辰	戌	丑	丑	丑	未	未	未
小雪	卯	酉	卯	酉	子	子	子	午	午	午
冬至	寅	申	寅	申	亥	亥	亥	巳	巳	巳
大寒	丑	未	丑	未	戌	戌	戌	辰	辰	辰

房，十月占房床，十一月占灯窠，十二月占床。从上看出，六甲胎神三月和九月占据门上，故此两月不宜作门。又一说，甲己之日占在门，乙庚碓磨休移动，丙辛厨灶莫相干，丁壬仓库忌修弄。戊癸房床若移整，犯之孕妇堕孩童。

债木星。债木星逐年占方位：戊癸年占坤方（有云坤庚方），甲己年占辰，乙庚年占坎，丙辛年占午，丁壬年占乾，逢之不宜作门安门。见“表十八”。

表十八：灭门

年 日 月	甲己年	乙庚年	丙辛年	丁壬年	戊癸年
正月	己巳	辛巳	癸己	乙巳	丁巳
二月	丙子	戊子	庚子	壬子	甲子
三月	辛未	癸未	乙未	丁未	己未
四月	丙寅	戊寅	庚寅	壬寅	庚寅
五月	癸酉	乙酉	丁酉	己酉	辛酉
六月	戊辰	庚辰	壬辰	甲辰	丙辰
七月	乙亥	丁亥	己亥	辛亥	癸亥
八月	庚午	壬午	甲午	丙午	戊午
九月	丁丑	己丑	辛丑	癸丑	乙丑
十月	壬申	甲申	丙申	戊申	庚申
十一月	丁卯	乙卯	辛卯	癸卯	己卯
十二月	甲戌	丙戌	戊戌	庚戌	壬戌

债木星占日：大月初三、十一、十九、二十七（按：别本多初六、十四、二十二）。小月初二、初十、十八、二十六（按：别本多初二、初七、十五、二十三）。逢之不宜作门安门。

门光星

【原文】大月从下（右）数上（左），小月从上（左）数下（右）。白圈者吉，人字损人，丫字损畜。

【注解】《阳宅十书》论门光星起例中有三十个字"添添消，昨夜雨淋漓，雨过长沙满洞庭，倒在江湖流不尽，得澄清处，是亦

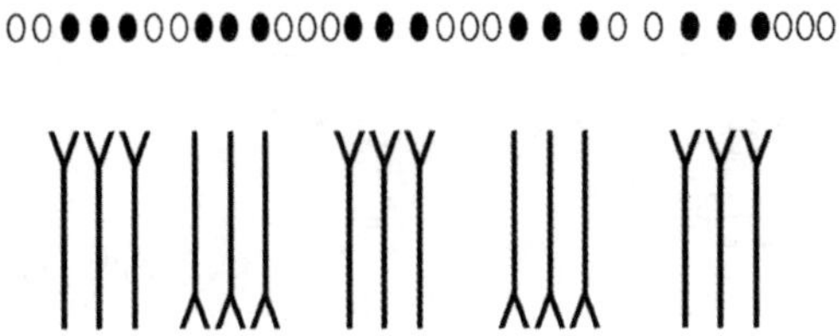

门光星（原图）

澄清。”与门光星吉凶图相对应。大月用全三十个字，小月则除去“消”字，用二十九个字。

门光星吉日定局

【原文】大月：初一、初二、初三、初七、初八、十二、十三、十四、十八、十九、二十、廿四、廿五、廿九、三十日。

小月：初一、初二、初六、初七、十一、十二、十三、十七、十八、十九、廿三、廿四、廿八、廿九日。

总 论

【原文】论门楼不可专主门楼经、王辇经，误人不浅，故不编入。门向须避直冲尖射砂水、路道、恶石、山坳、崩破、孤峰、枯木、神庙之类，谓之乘杀入门，凶。宜迎水、迎山，避水斜割、悲声。经云：以水为朱雀者，忌夫湍。

【注解】《玉辇经》安门吉凶见“表十九”。

《玉辇经》论门楼定局吉凶见“表二十”。

从此两表可以看出，《玉辇经》作门、造门楼吉凶表中，虽有各别略合五行冲合生克之理，但绝大部分毫无义理，本书视为弃物，是有道理的。

阳宅大门前的一片旷地，风水学中称为外明堂，风水家与建筑家对此特别重视，认为此处有玉带水、屈曲路等主吉。若砂水路直冲尖射，或有恶石、枯树等，均为不吉。

表十九

方位坐山 吉凶	坎癸申辰巽辛	艮丙	震庚亥未	离壬寅戌	坤乙	兑丁巳丑	乾甲
福德吉	申	亥	寅	丁	坎	酉	巳
瘟疫凶	庚	壬	甲	未	癸	辛	丙
进财吉	酉	子	卯	坤	丑	戌	午
长病凶	辛	癸	乙	申	艮	乾	丁
词讼凶	戌	丑	辰	庚	寅	亥	未
官爵吉	乾	艮	巽	酉	甲	壬	坤
官贵吉	亥	寅	巳	辛	卯	子	申
自吊凶	壬	甲	丙	戌	乙	癸	庚
旺庄吉	子	卯	午	乾	辰	丑	酉
兴福吉	癸	乙	丁	亥	巽	艮	辛
法场凶	丑	辰	未	壬	巳	寅	戌
颠狂凶	艮	巽	坤	子	丙	甲	乾
口舌凶	寅	巳	申	癸	午	卯	亥
旺蚕吉	甲	丙	庚	丑	丁	乙	壬
进田吉	卯	午	酉	艮	未	辰	子
哭泣凶	乙	丁	辛	寅	坤	巽	癸
孤寡凶	辰	未	戌	甲	申	巳	丑
荣昌吉	巽	坤	乾	卯	庚	丙	艮
少亡凶	巳	申	亥	乙	酉	午	寅
娼淫凶	丙	庚	壬	辰	辛	丁	甲

续表十九

坐山 方位 吉凶	坎癸申 辰巽辛	艮丙	震庚 亥未	离壬 寅戌	坤乙	兑丁 巳丑	乾甲
亲姻吉	午	酉	子	巽	戌	未	卯
欢乐吉	丁	辛	癸	巳	乾	坤	乙
绝败凶	未	戌	丑	丙	亥	申	辰
旺财吉	坤	乾	艮	午	壬	庚	巽

表二十

坐山 方位 吉凶		乾亥壬 子癸丑	艮寅 甲辰	卯乙 巽午	巳丙 庚酉	坤申 辛戌	丁未
质库	质库	巳	申	戌	亥	寅	辰
	赭衣	丙	庚	乾	壬	甲	巽
绝体	绝嗣	午	酉	亥	子	卯	巳
	宪纲	丁	辛	壬	癸	乙	丙
横财	横财	未	戌	子	丑	辰	午
	殖产	坤	乾	癸	艮	巽	丁
刑狱	刑徒	申	亥	丑	寅	巳	未
	失爵	庚	壬	艮	甲	丙	坤
囚禁	遭官	酉	子	寅	卯	午	申
	勇宝	辛	癸	甲	乙	丁	庚
进田	进田	戌	丑	卯	辰	未	酉
	衡名	乾	艮	乙	巽	坤	辛
食益	食益	亥	寅	辰	巳	申	戌
	捕员	壬	甲	巽	丙	庚	乾

续表二十

坐山 方位 吉凶		乾亥壬 子癸丑	艮寅 甲辰	卯乙 巽午	巳丙 庚酉	坤申 辛戌	丁未
五龙	进龙	子	卯	巳	午	酉	亥
	温饱	癸	乙	丙	丁	辛	壬
科门	科门	丑	辰	午	未	戌	子
	家虚	艮	巽	丁	坤	乾	癸
欠债	欠债	寅	巳	未	申	亥	丑
	金赢	甲	丙	坤	庚	壬	艮
饭罗	饭罗	卯	午	申	酉	子	寅
	天孤	乙	丁	庚	辛	癸	甲
大耗	大耗	辰	未	酉	戌	丑	卯
	昌贵	巽	坤	辛	乾	艮	乙

《阳宅十书》对此一一绘图解释，特摘数幅以说明：

面前凶砂若有此，
左火冲来兄必死，
右火冲来弟必亡，
当面尖射中此是。

空心大树在门前，
妇人痨病叫皇天，
万般吃药皆无效，
除了之时祸根断。

肿头之树人难辨，
破军方位不可见，
生离外死不思归，
寡母泪湿香腮面。

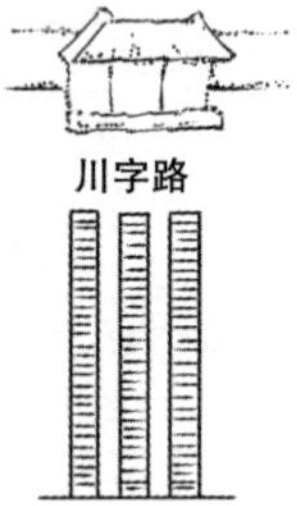		
门前有路川字行， 破财年年官事兴， 若然直射见明堂， 三箭三男死却身。	前面水路及反飞， 定主退妾又离妻， 瘸跛孤儿随母嫁， 顺水淫乱主生离。	门前有路是火字， 两边有塘年少死， 断就其家连泪哭， 岁杀如临灾祸至。
	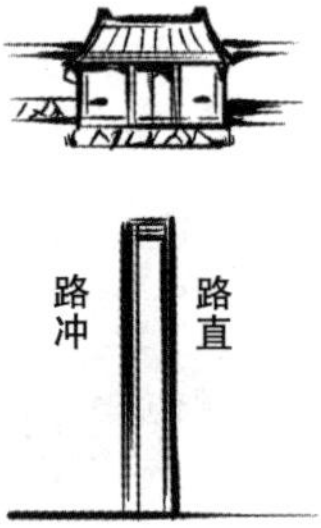	
门前若见此尖砂， 投军作贼夜行家， 出人眼疾忤逆有， 兄弟分居饿死爷。	此屋若有大路冲， 定主家中无老公， 残疾之人真是有， 名为暗箭射人凶。	门前若有玉带水， 高官必定容易起， 出人代代读书声， 荣显富贵耀门间。

【原文】论黄泉门路。天机诀云:“庚丁坤上是黄泉,乙丙须防巽水先,甲癸向中休见艮,辛壬水路怕当乾。”犯正枉死少丁,杀家长,长病忤逆。

【注解】要知道什么叫黄泉,首先要知道甲乙丙丁庚辛壬癸生死墓绝之处,见“表二十一。”

表二十一

十二处 天干 十二支	甲	乙	丙	丁	庚	辛	壬	癸
子	沐浴	病	胎	绝	死	生	旺	临
丑	冠带	衰	养	墓	墓	养	衰	冠
寅	临官	帝旺	长生	死	绝	胎	病	沐
卯	帝旺	临官	沐	病	胎	绝	死	生
辰	衰	冠带	冠	衰	养	墓	墓	养
巳	病	沐浴	临	旺	生	死	绝	胎
午	死	长生	旺	临	沐	病	胎	绝
未	墓	养	衰	冠	冠	衰	养	墓
申	绝	胎	病	沐	临	旺	生	死
酉	胎	绝	死	生	旺	临	沐	病
戌	养	墓	墓	养	衰	冠	冠	衰
亥	长生	死	绝	胎	病	沐	临	旺

从表二十一上就可以清楚地看出,甲癸同墓于未,未为坤,坤的对冲方是艮,艮就是甲癸之黄泉;乙丙同墓于戌,戌为乾,乾的

对冲方是巽，巽就是乙丙之黄泉；庚丁同墓于丑，丑为艮，艮的对冲方是坤，坤就是丁庚之黄泉；辛壬同墓于辰，辰为巽，巽的对冲方是乾，乾就是辛王之黄泉。为何取墓之对冲方？因墓逢冲则开，名叫墓门开，开则危，所以为凶。

【原文】庚向忌安单坤向门路水步，丙向忌安单坤向门路水步，乙向忌安单巽向门路水步，丙向忌安单巽向门路水步，甲向癸向忌安单艮向门路水步，辛壬向忌安单乾向门路水步。其法乃死绝处，朝对宫为黄泉是也。

【注解】黄泉杀是以朝向论，庚丁向忌坤方安门、放水、行路；乙丙向忌巽方安门、放水、行路；甲癸向忌艮方安门、放水、行路；辛壬向忌乾方安门、放水、行路，皆为黄泉。

【原文】诗曰：

两栋檐水流相射，大小常相骂。
此屋名为暗箭山，人口不平安。

【注解】檐水流射是指房与房相接之间归水槽的大檐，并非每一沟瓦的滴水小檐。

【原文】据仙贤云：屋前不可作栏杆，上不可使直钉，名为暗箭，当忌之。

郭璞相宅诗三首

【原文】屋前致栏杆，名曰纸钱山，
家必多丧祸，哭泣不曾闲。

【注解】屋前有栏杆，阻拦其气，使气堵塞，不能流通，故不吉。

【原文】诗云：门高胜于厅，后代绝人丁。
门高过于壁，其家多哭泣。
门扇两枋欺，夫妇不相宜，

家财当耗散,真是不为量。

【注解】门为外,厅为内,门高于厅,是外高于内,主外人欺主,故凶。

五架屋诸式图

【原文】五架梁栟或使方梁者,又有使界板者,及又槽搭楸斗磉之类,在主人之所为也。

五架后拖两架

【原文】五架屋后添两架,此正按古格,乃佳也。今时人唤做前浅后深之说,乃生生笑隐,上吉也。如造正五架者,必是其基地如此。别有实格式,学者可验之也。

正七架格式

【原文】正七架梁,指及七架屋、川牌栟,使斗磉或柱义桁并,由人造作,后有图式可佳。

【注解】如山西永济永乐宫重阳殿(见图)。

王府宫殿

【原文】凡做此殿,皇帝殿九丈五尺高,五府七丈高,飞檐裁角,不必再白。重拖五架,前拖三架,上截升拱天花板,及地量至天花板,有五丈零三尺高。殿上柱头七七四十九根,余外不必再记,随在加减。中心两柱八角为之天梁,辅佐后无门,俱大厚板片。进金上前无门,俱挂朱帘,左边立五宫,右边十二院,此与民间房屋同式,直出明律。门有七重,俱有殿名,不必载之。

【注解】九为数之最大,五为数之中,故九五为皇宫建筑最宜之数。如北京紫禁城太和殿(见图)。

五架屋诸式图

五架后拖两架

正七架格式

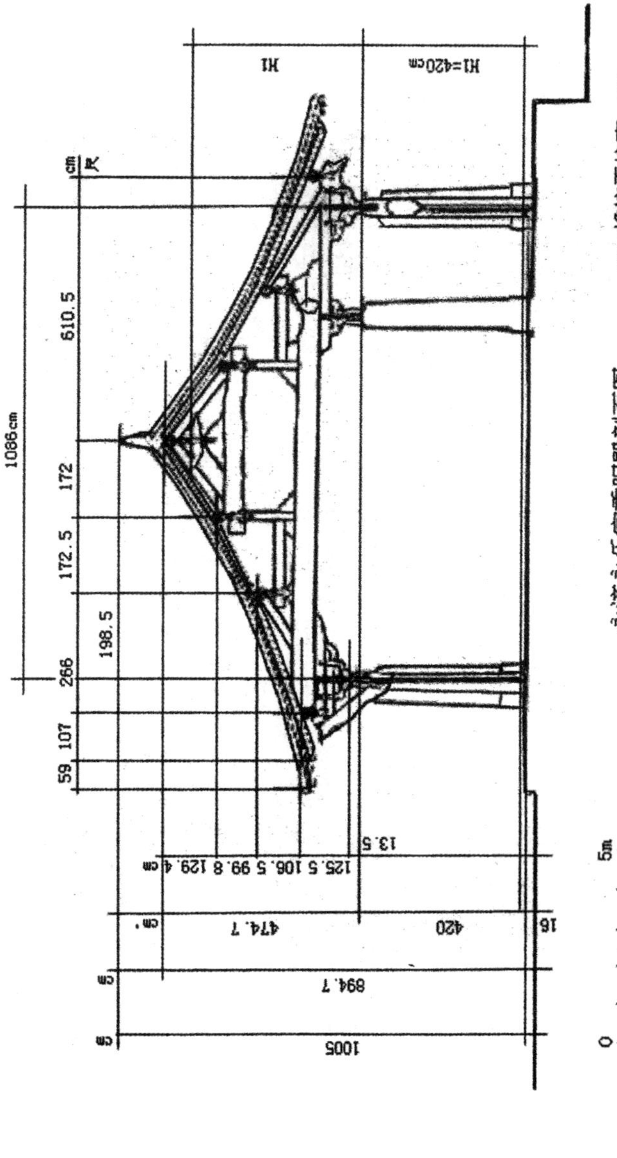

H1=檐柱平柱高=420cm

永济永乐宫重阳殿剖面图

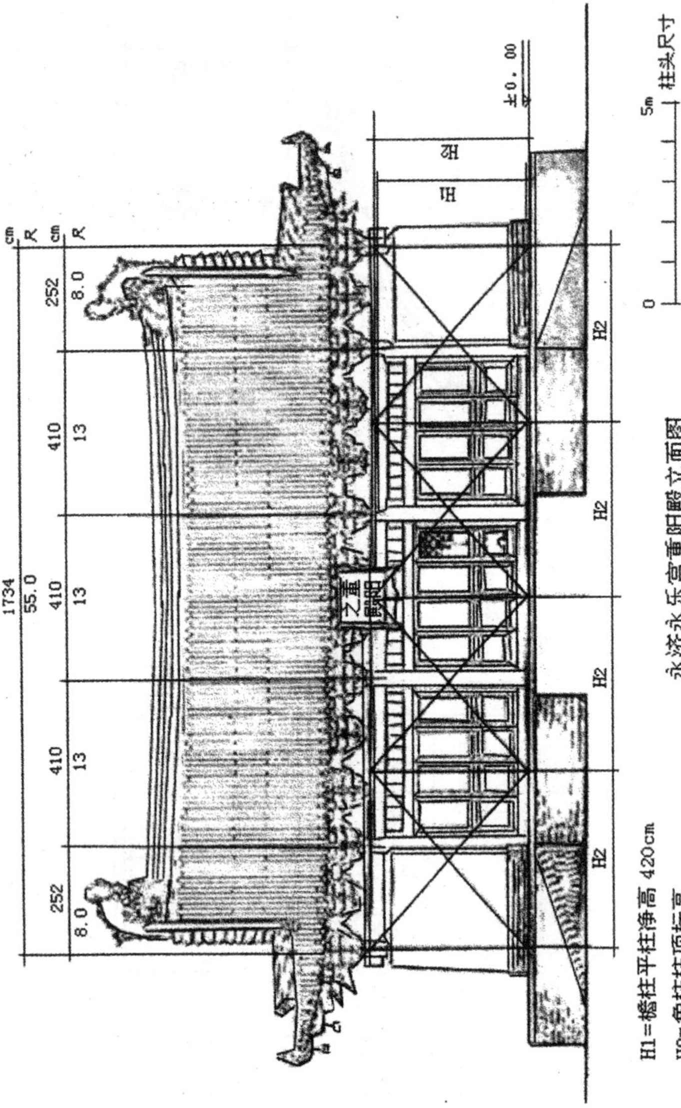

H1=檐柱平柱净高 420cm
H2=角柱柱顶标高

永济永乐宫重阳殿立面图

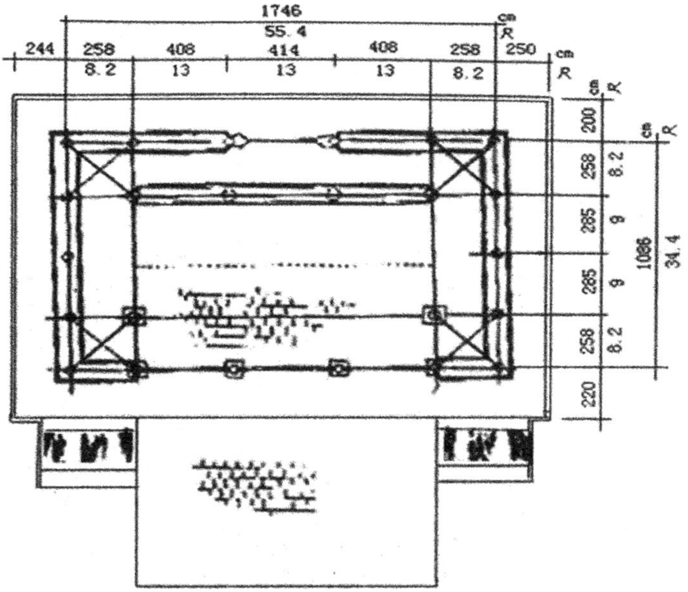

永济永乐宫重阳殿平面图　　1尺=31.5cm

营建王府宫殿，不仅尺寸讲究，动土修建日期也须选择。《协纪辨方书》中有御用六十七事，分别记载了“营建宫室”和“修宫室”宜忌，特摘于下：

一、营建宫室

宜天德、月德、天德合、月德合、天赦、天愿。

忌月建、土府、月破、平日、收日、闭日、劫煞、灾煞、月煞、月刑、月厌、大时、天吏、四废、五墓、土符、地囊、土王用事后。

二、修宫室

宜月恩、四相、时德、三合、福德、开日。

忌月建、土府、月破、平日、收日、闭日、劫煞、灾煞、月煞、月

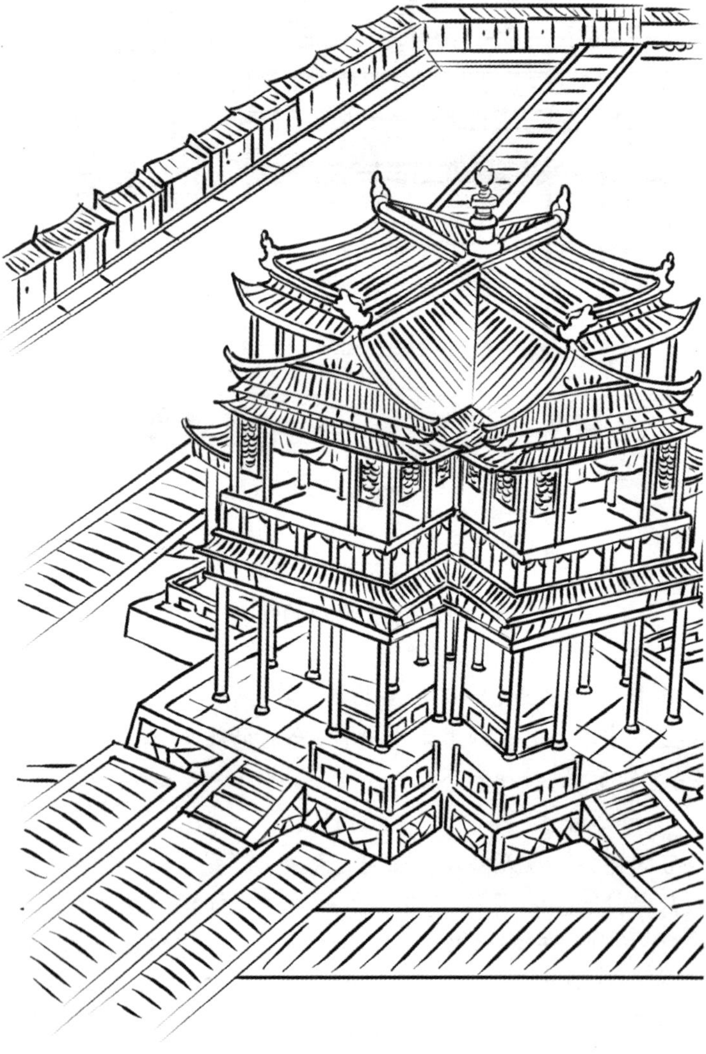

王府宫殿

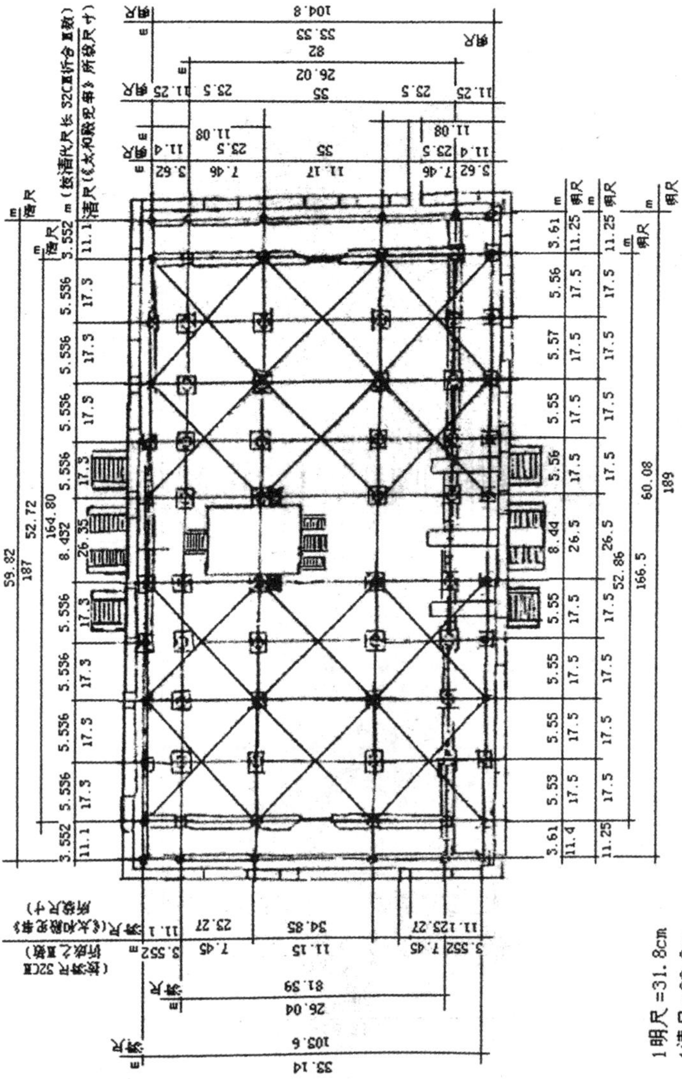

北京紫禁城太和殿平面图

1明尺=31.8cm
1清尺=32.0cm

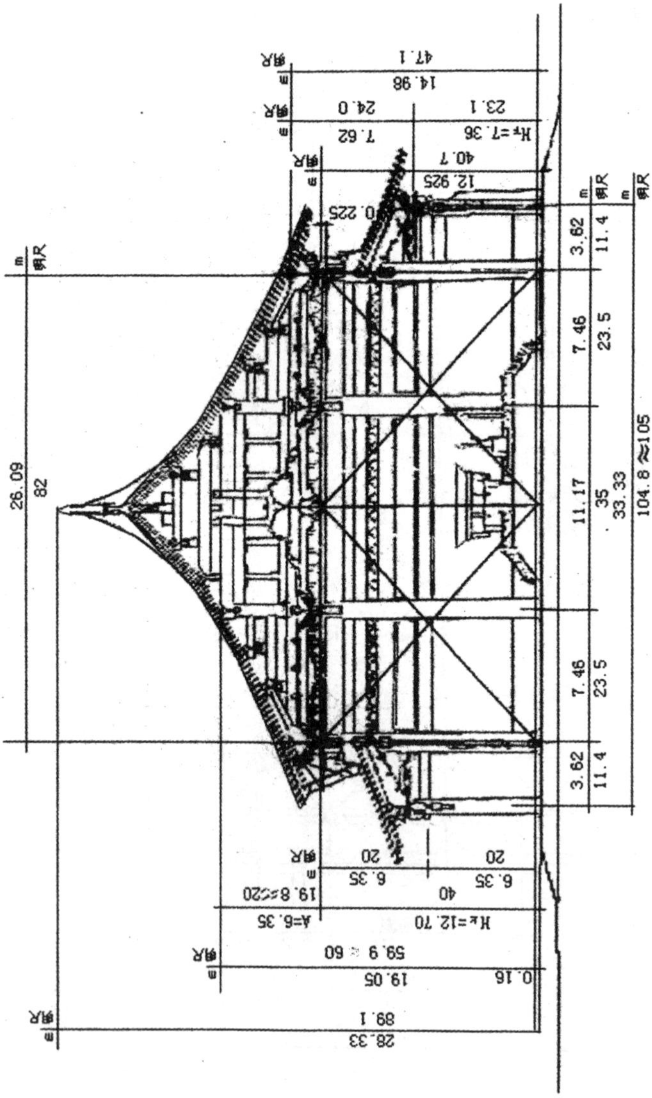

北京紫禁城太和殿横剖面图　1明尺=31.84cm

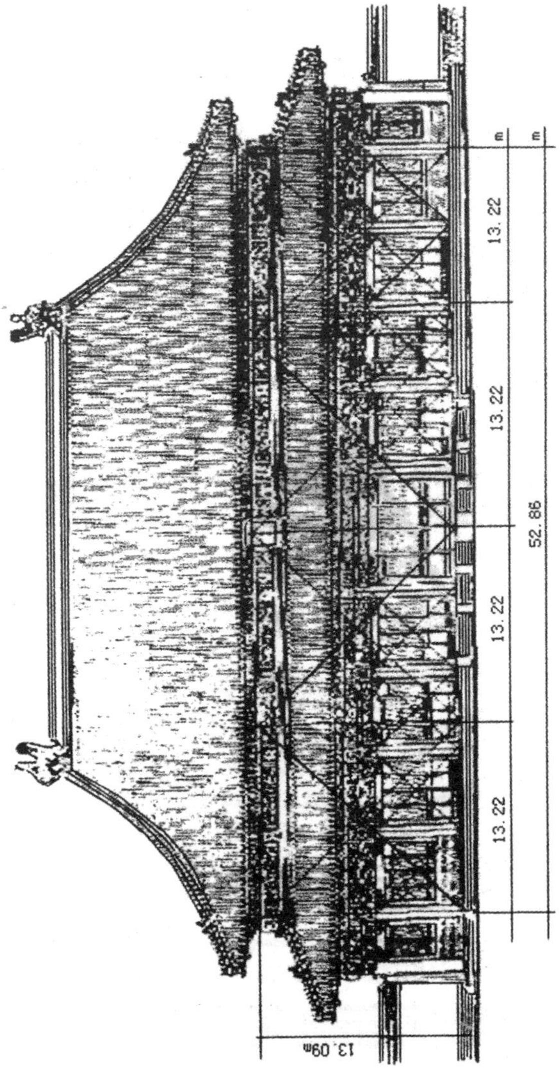

北京紫禁城太和殿正立面图

刑、月厌、大时、天吏、四废、五墓、土符、地囊、土王用事后。

司天台式

【原文】此台在钦天监。左下层土砖石之类，周围八八六十四丈阔，高三十三丈，下一十八层，上分三十三层，此应上观天文，下察地利。至上屋周围俱是冲天栏杆，其木里方外圆，东西南北及中央立起五处旗杆，又按天牌二十八面，写定二十八宿星主，上有天盘流转，各位星宿吉凶乾象。台上又有冲天一直平盘，阔方圆一丈三尺，高七尺，下四平脚穿枋串进，中立圆木一根。斗上平盘者，盘能转，钦天监官每看天文立于此处。

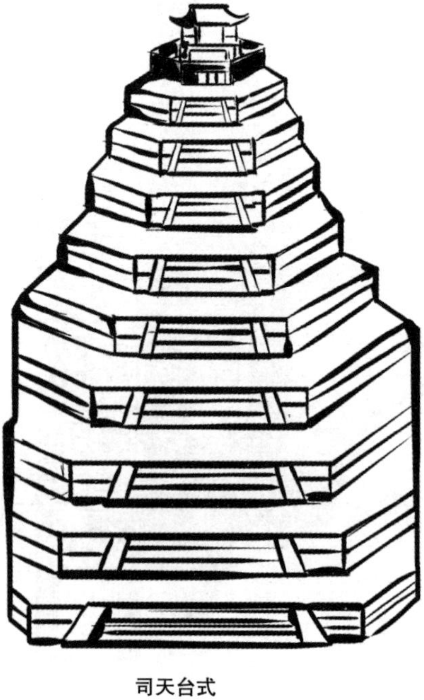

司天台式

【**注解**】钦天监：官署名，掌管天文、历法等事。从周以来，历代多有设置，但名称不同。周为太史，秦汉为太史令，随设太史监，唐初设太史局，中唐以后改为司天台，宋称司天监，明清时称钦天监。

周围八八六十四丈：易有八八六十四卦，分布八方，取其对应之数。

高三十三丈：梵语“忉利天”译作三十三天，为欲界的第六天，在须弥山顶上。中央为帝释天所住之处，四方有四峰，每峰有八天，合称三十三天。由此，古人认为天共有三十三层，三十三丈即其对应之数，借此以观天。

下一十八层：古人认为，人死后要入地狱，地狱共有十八层。司天台下部层数与其相应，取可察十八层地狱之意。

里方外圆：古人认为天圆地方，里方外圆即象征天地之意。

二十八宿：东方苍龙七星：角木蛟，名邓禹，吉；亢金龙，名吴汉，凶；氐土貉，名贾复，凶；心月狐，名寇恂，凶；房日兔，名耿弇，吉；尾火虎，名彭岭，吉；箕水豹，名冯异，吉。北方玄武七星：斗木獬，名朱佑，吉；牛金牛，名祭遵，凶；女土蝠，名景丹，凶；虚日鼠，名盖延，凶；危月燕，名坚铎，凶；室火猪，名耿纯，吉；壁水貐，名臧宫，吉。西方白虎七星：奎木狼，名马武，凶；娄金狗，名刘隆，吉；胃土雉，名乌成，吉；昴日鸡，名王良，凶；毕月乌，名陈俊，吉；觜火猴，名傅俊，凶；参水猿，名杜茂，凶。南方朱雀七星：井木犴，名姚期，吉；鬼金羊，名王霸，凶；柳土獐，名任先，凶；星日马，名李忠，凶；张月鹿，名万修，吉；翌火蛇，名邳仝，凶；轸水蚓，名刘直，吉。

高七尺，下四平脚：明南京钦天监监副贝琳缉编第七卷言，回回历元时传入我国，明洪武十五年，翰林李羽中、伯吴宗等奉旨翻译而后流传，即用七政四余推算法。高七尺，下四平脚即与

河南登封告成镇周公测景台

此相应。

【原文】装修正厅:左右二边,四大孔水椹板,先量每孔多少高,带磉至一穿枋下有多少尺寸,可分为上下一半,下水椹带腰枋,每矮九寸零三分,其腰枋只做九寸三分。大抱柱线,平面九分,窄上五分,上起荷叶线,下起棋盘线,腰枋上面亦然。九分下起一寸四分,窄面五分,下贴地袱,贴仔一寸三分厚,与地栿盘厚中间分三孔或四孔,椅枋仔方圆一寸六分,斗尖一寸四分长。前楣后楣比厅心每要高七寸三分,房间光显冲栏二尺四寸五分,大厅心门框一寸四分厚,二寸二分大,或下四片,或下六片,尺寸要有零,子舍箱间与厅心一同尺寸,切忌两样尺寸,人家不和。厅上前眉两孔,做门上截亮格,下截上行板,门框起聪管线,一寸四分大,一寸八分厚。

正堂装修与正厅一同上框门尺寸无二,但腰枋带下水椹,比

登封告成镇古观象台

厅上尺寸每矮一寸八分。若做一抹光水椹,如上框门,做上截起棋盘线或荷叶线,平七分,窄面五分,上合角贴仔一寸二分厚,其别雷同。

【注解】如上图。

寺观庵堂庙宇式

【原文】架学造寺观等,行人门身带斧器,从后正龙而入,立在乾位,见本家人出方动手。左手执六尺,右手拿斧,先量正柱,次首左边转身柱,再量直出山门外止。叫伙同人,起手右边上一抱柱,次后不论。大殿中间,无水椹或栏杆斜格,必用粗大,每算正数,不可有零。前栏杆三尺六寸高,以应天星。或门及抱柱,各样要算七十二地星。庵堂庙宇中间水椹板,比人家水椹每矮一寸八分,起线抱柱尺寸一同,已载在前,不白。或做门,或亮格,尺寸俱矮一寸八分。厅上宝桌三尺六寸高,每与转身柱一般

寺观庵堂庙宇式

长,深四尺面,前叠方三层,每退墨一寸八分,荷叶线下两层花板,每孔要分成双下脚,或雕狮象拖脚,或做贴梢,用二寸半厚,记此。

【注解】三尺六寸高:道家认为北斗星共有三十六神,称为三十六天罡,每一神占一星,每神一名。《水浒传》中洪太尉从地洞中放出的一百零八员猛将中,前三十六位就是三十六天罡星。寺观庙堂乃供神煞之地,所以其尺寸与三十六天罡相应。七十二地星即七十二地煞星。每算整数,不可有零,是言寺观庙堂建筑时的深、阔、高尺寸,如河北省曲阳县北岳庙德宁殿(见图),其各种尺寸大多均系整数。

古时各地神庙关系着当地一村或一方的吉凶,所以非常讲究,不仅进深宽狭高低之尺寸要处处合吉,且动土、入庙时间也有一系列的严格要求。

修神庙忌年,九良星甲子、丁卯、甲戌、壬午、戊戌、甲辰、丁未、己酉、庚戌、癸丑、庚申十一年占庙。九良杀子午卯酉年占神庙,七月占庙。

造庙忌日:己卯庚申是破群,甲寅庚寅两个寅,壬辰戊辰两辰日,犯之人户畜难成。

拆庙神不在吉日:丙寅、乙巳、庚午、乙亥、丙子、戊寅、辛巳、癸卯、壬子、庚寅、壬辰、癸巳、戊戌、己亥、庚子、辛丑、壬寅、甲辰、辛亥、壬子、癸丑、甲寅、庚申、壬戌。

庙中白虎神:子年丑午日,丑年寅日,寅年申巳日,亥卯年酉日,辰年戌日,巳年酉亥日,午年子日,戌年辰日,酉年卯巳寅日,亥年巳日,申年巳亥日。

破碎歌:寅犯地主大难当,观首逢申命不长,辰犯大王无灵对,乡村逢戌起瘟疫。巳犯时师难射闪,崭头逢亥见阎王。

众保官符:子年在卯,丑年在子,寅年在酉,卯年在午,辰年在

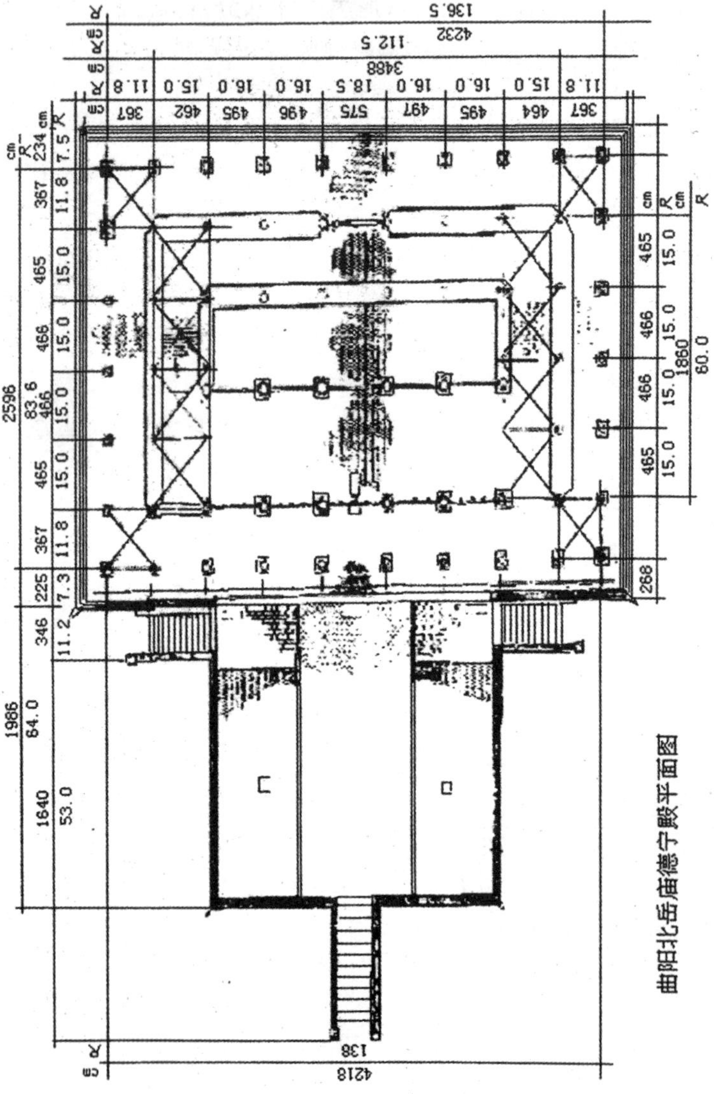

曲阳北岳庙德宁殿平面图

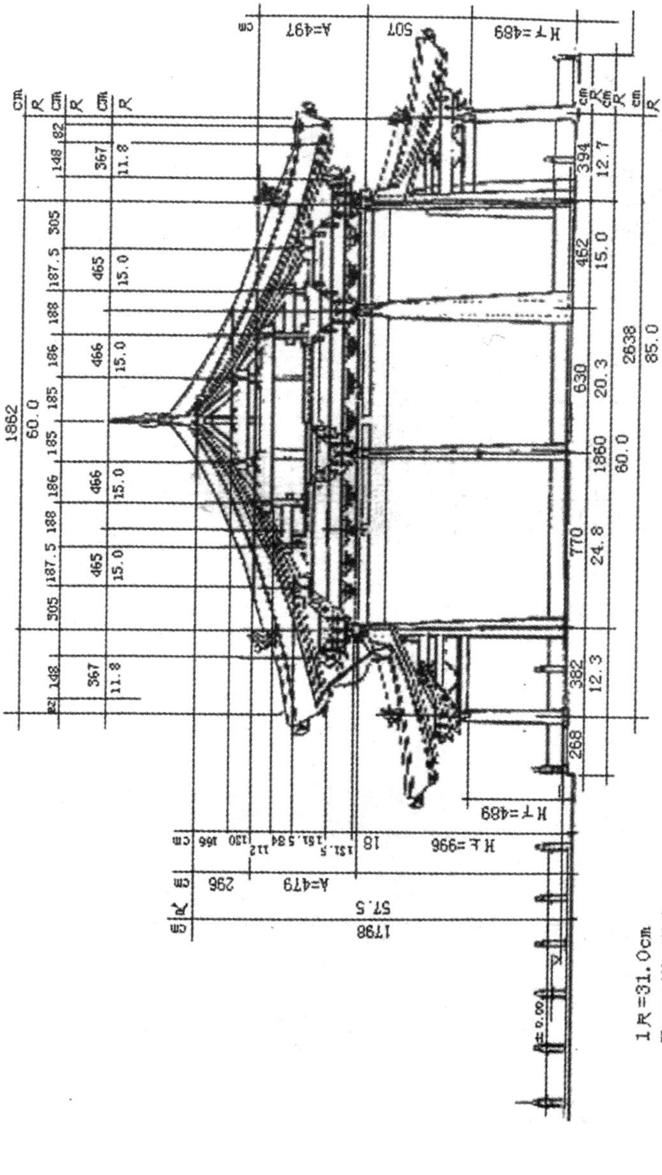

1尺=31.0cm
H下=下檐平柱高=489cm
H上=上檐平柱高=996cm

曲阳北岳庙德宁殿横剖面图

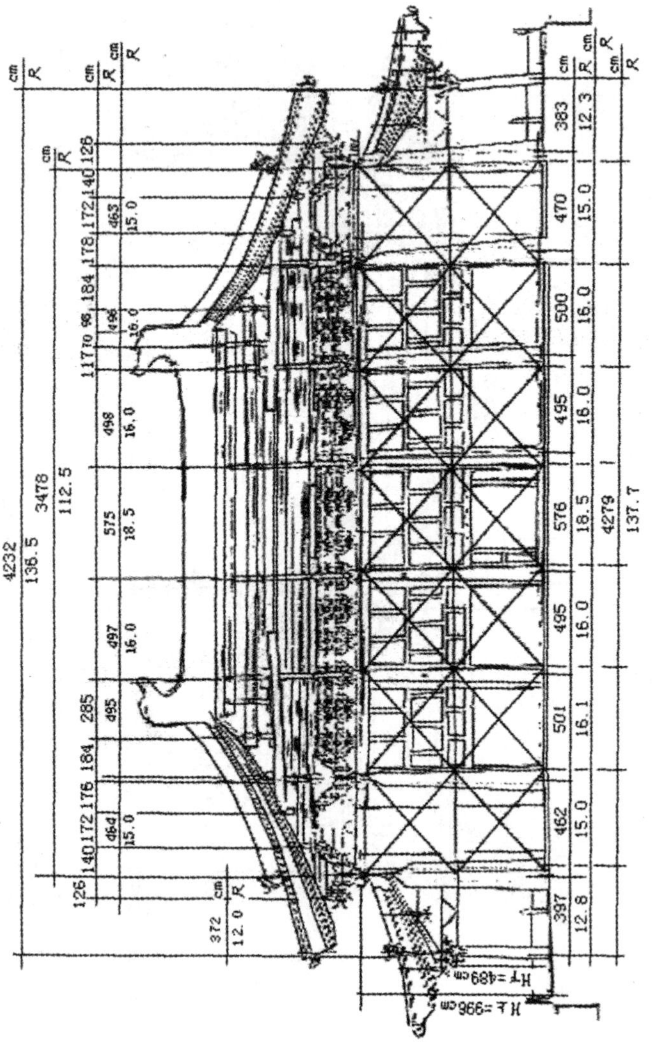

曲阳北岳庙德宁殿纵剖面图

卯，巳年在子，午年在酉，未年在午，申年在卯，酉年在子，戌年在酉，亥年在午。

倒村杀方：甲己年在申酉方，乙庚年在午未方，丙辛年在辰巳方，丁壬年在寅卯方，戊癸年在子丑方。

神哭鬼号日：正月戌未日，二月亥戌日，三月子辰日，四月丑寅日，五月寅午日，六月卯子日，七月辰酉日，八月巳申日，九月午巳日，十月未亥日，十一月申酉日，十二月酉卯日。此神虽建庙修庙忌，却宜安香火。

神归殿日：正丙、二丁、三庚、四己、五戊、六辛、七壬、八癸、九庚、十乙、十一甲、十二辛。

入庙吉日：月下除日好除邪，闭日掩恶劝善家，寅卯定日并执日，月建太岁可避遮。

入庙凶日：日时属木损首，日时属金匠人当，日时属火损大者，日时属水损客商。

另还有金华经日，大王回庙忌局等，不一一细举。

装修祠堂式

【原文】凡做祠宇为之家庙，前三门次东西走马，廊又次之。大厅厅之后明楼茶亭，亭之后即寝堂。若装修自三门做起，至内堂止。中门开四尺六寸二分阔，一丈三尺三分高，阔合得长天尺方在义官位上。有等说官字上不好安门，此是祠堂，起不得官义二字，用此二字，子孙方有发达荣耀。两边耳门三尺六寸四分阔，九尺七寸高大，吉财二字上，此合天星吉地德星，况中门两边，俱合格式。家庙不比寻常人家，子弟贤否，都在此处种秀。又且寝堂及厅两廊至三门，只可步步高，儿孙方有尊卑，毋小欺大之故，做者深详记之。

装修三门，水椹城板下量起，直至一穿上平分上下一半，两边

装修祠堂式

演开八字,水椹亦然。如是大门二寸三分厚,每片用三个暗串,其门笋要圆,门斗要扁,此开门方向为吉。两廊不用装架,厅中心四大孔,水椹上下平分,下截每矮七寸,正抱柱三寸六分大,上截起荷叶线,下或一抹光,或斗尖的,此尺寸在前可观。厅心门不可做四片,要做六片吉。两边房间及耳房,可做大孔田字格或窗齿可合式,其门后楣要留,进退有式。明楼不须架修,其寝堂中心不用做门,下做水椹带地栿,三尺五高,上分五孔,做田字格,此要做活的,内奉神主祖先,春秋祭祀,拿得下来。两边水椹,前有尺寸,不必再白。又前眉做亮格门,抱柱下马蹄抱柱,此亦用活的,后学观此,谨宜详察,不可有误。

【注解】中门、耳门尺寸合八字吉凶见"表二十二"。

从表二十二上尺寸看,除中门阔合义字为吉外,其余高阔却在"病、离、害"三字上,非吉。若书中尺寸为门光尺,则中门阔在"官"字,耳门阔在"义"字,中门高则在"劫"字,耳门高在"病"字,均非吉庆,但门重在"阔","高"次之。

表二十二

类别	中门		耳门	
	阔	高	阔	高
尺寸	4.62 尺	13.03 尺	3.64 尺	9.97 尺
门光尺	3.21 尺	9.05 尺	2.53 尺	6.74 尺
合八字	义字	病字	离字	害字

古时祠堂为祖宗灵位所处之地,事关整个族人的吉凶祸福,子孙后代的贤愚贵贱,故非常重视。若为皇家贵族,则更为考究。如北京明清太庙(见图),不仅规模宏大,且进深、阔、高、分间,处处均合整数,足证《鲁班经》一书直接影响了皇室建筑。其庙正

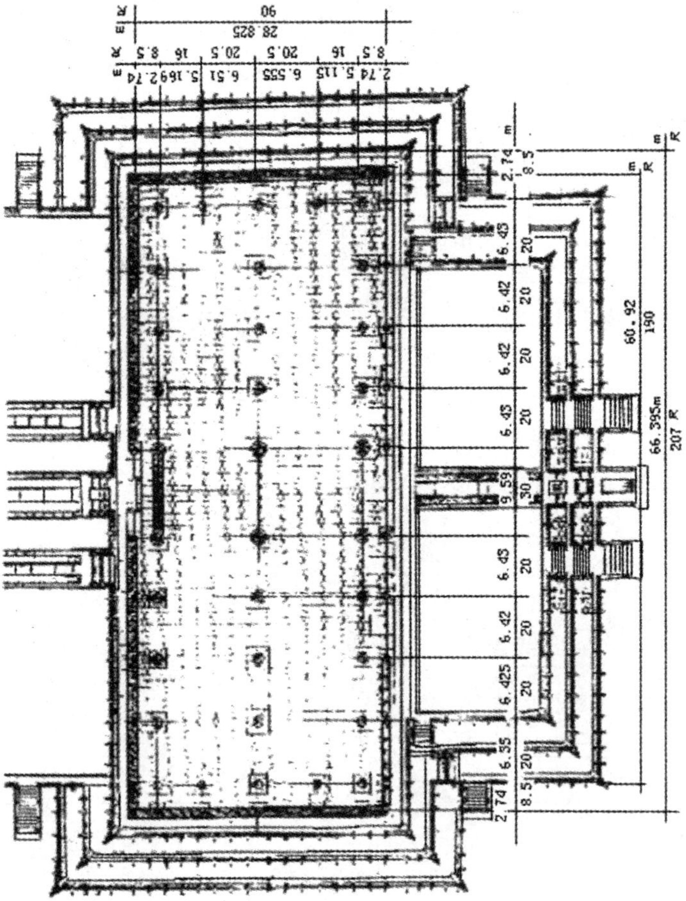

1尺=31.87cm

北京太庙前殿平面图

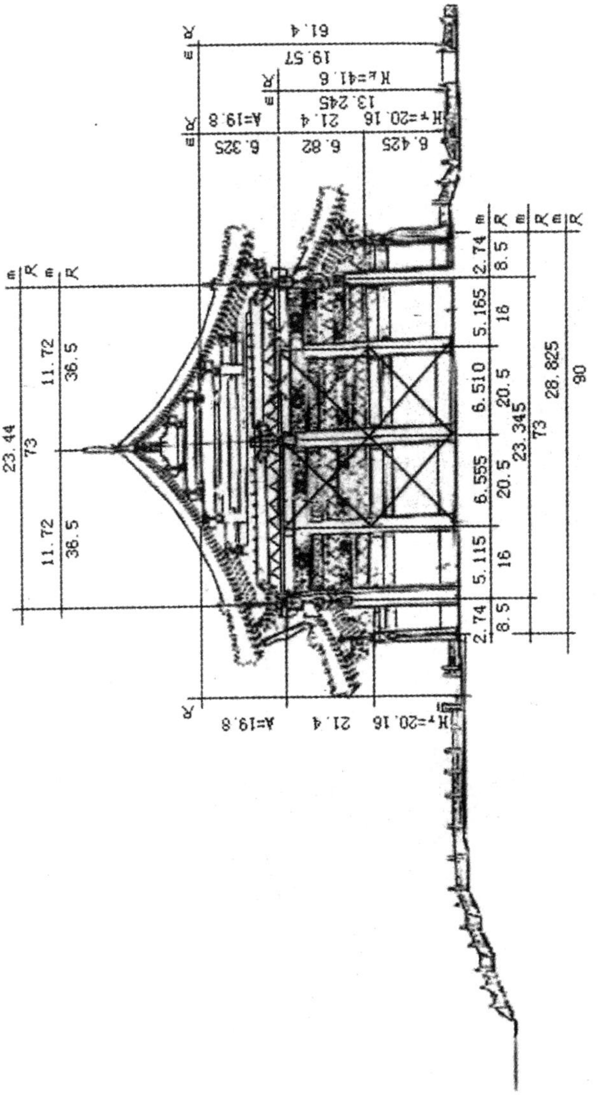

北京太庙前殿横剖面图

1R=31.87cm

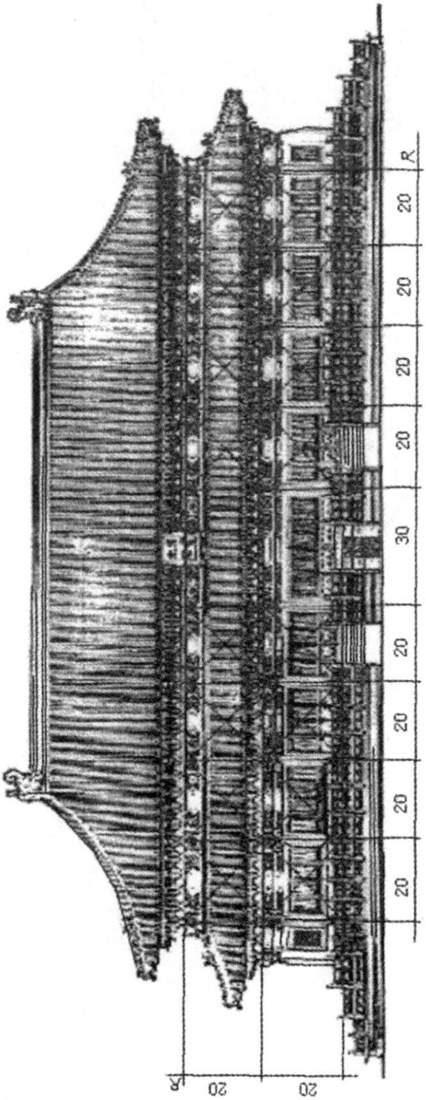

北京太庙前殿正立面图

1尺=31.87cm

中九间，建于明嘉靖二十四年（1545），每间面阔 20 尺，中间一间面阔 30 尺，共 190 尺，旁边两小间为乾隆增建。若中间一间为门，则是门光尺 20.8 尺，正好在“官”字上，亦吉。

神厨搽式

【原文】下层三尺三寸，高四尺，脚每一片三寸三分大，一寸四分厚，下锁脚方一寸四分大，一寸三分厚，要留出笋。上盘仔二尺二寸深，三尺三寸阔，其框二寸五分大，一寸三分厚，中下两串，两头合角与框一般大，吉。角止佐半合角，好开柱。脚相二个，五寸高，四分厚，中下土厨只做九寸，深一尺。窗齿栏杆，止好下五根步步高。上层柱四尺二寸高，带岭在内，柱子方圆一寸四分大，其下六根，中两根，系交进的里半做一尺二寸深，外空一尺，内中或做二层，或做三层，步步退墨。上层下散柱二个，分三孔，耳孔只做六寸五分阔，余留中上。拱梁二寸大，拱梁上方梁一尺八大，下层下欢眉勒水。前柱磉一寸四分高，二寸二分大，雕播荷叶。前楣带岭八寸九分大，切忌大了不威势。上或下火焰屏，可分为三截，中五寸高，两边三寸九分高，余或主家用大用小，可依此尺寸退墨，无错。

营寨格式

【原文】立寨之日，先下垒杆，次看罗经，再看地势山形生绝之处，方令木匠伐木，踃定里外营垒。内营方用厅者，其木不俱大小，止前选定二根，下定前门，中五直木，九丈为中央主旗杆，内分间架，里外相串。次看外营周围，叠分金木水火土，中立二十八宿，下例“休生伤杜景死惊开”此行文，外伐木交架而下周建。鹿角旗枪之势，并不用木作之工。但里营要刨砍找接下门之劳，其余不必木匠。

神厨搽式

营寨格式

【注解】休、生、伤、杜、景、死、惊、开：奇门遁甲中的八门，各依五行分居八方，具体是：休门属水，居坎方，数一，为吉；生门属土，居东北，数八，属吉；伤门属木，居正东，数三，为凶；杜门属木，居东南，数四，为凶；景门属火，居正南，数九，小吉或中平；死门属土，居西南，数二，为凶；惊门属金，居正西，数七，为凶；开门属金，居西北，数六，为吉。其位虽死，但八门亦随着飞星不断变化方位，有年家奇门，日家奇门，时家奇门之分，其方位则根据当时飞星情况而定。

凉亭水阁式

【原文】装修四围栏杆，靠背下一尺五寸五分高，坐板一尺三寸大，二寸厚。坐板下或横下板片，或十字挂栏杆上。靠背一尺四寸高，此上靠背尺寸在前不白，余四寸二分方好坐。上至一穿枋做遮阳，或做亮格门。若下遮阳，上油一穿下，离一尺六寸五分是遮阳。穿枋三寸大，一寸九分厚，中下二根斜的，好开光窗。

凉亭

水阁

第二卷

仓敖式

仓敖式

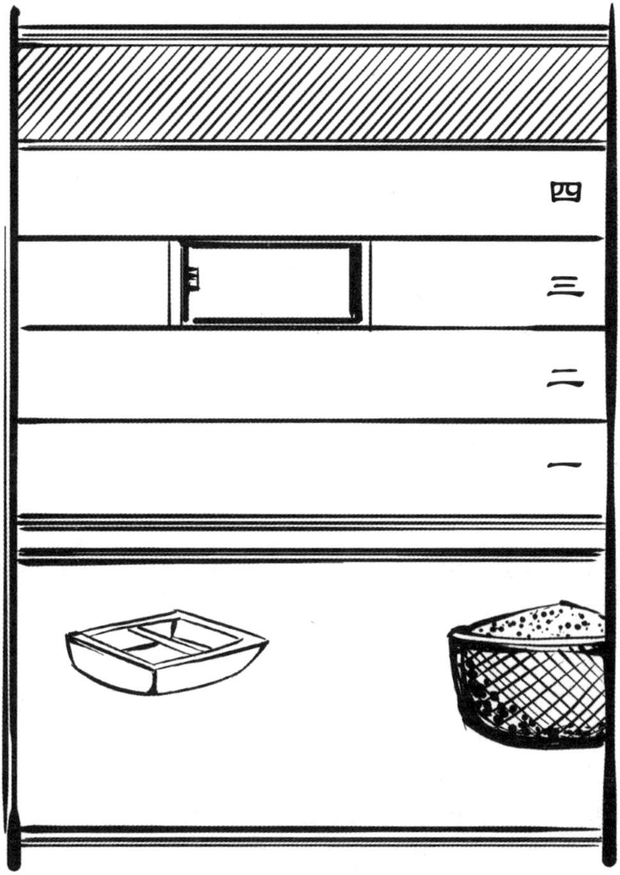

【原文】依祖格九尺六寸高,七尺七分阔,九尺六寸深,枋每下四片,前立二柱,开门只一尺五寸七分阔,下做一尺六寸高,至一穿要留五尺二寸高,上楣枋枪门要成对,切忌成单,不吉。开之日不可内中饮食,又不可用墨斗曲尺,又不可柱枋上留字留墨,学者记之,切忌。

【注解】造仓禁忌:造仓期间,多有禁忌。造作场上,切忌将墨斗签在口中衔,又忌在造作场之上吃诸物。其仓成后安门,匠人不可著草鞋入内,只宜赤脚进去修造。后匠者凡依此例,无不吉庆丰盈。凡动用寻追向之年方大吉利,有进益。如果背田、破田之年,非特退气,又主荒却田园,乃禾稻无收也。

论逐月修作仓库吉日:正月丙寅、庚寅。二月丙寅、己亥、庚寅、癸未、辛未。三月己巳、乙巳、丙子、壬子。四月丁卯、庚午、己卯。五月己未。六月庚申、甲寅,外甲申。七月丙子、壬子。八月己丑、癸丑、己亥、乙亥。九月庚午、壬午、丙午、庚戌。十月庚午、辛未、乙未、戊申。十一月庚寅、甲寅、丙寅、壬寅。十二月丙寅、甲寅、壬寅、甲申、庚申。

按:以上注解,其他版本有,本书无,特补。

桥梁式

【原文】凡桥无装修,或有神厨做,或有栏杆者,若从双日而起,自下而上;若单日而起,自西而东,看屋几高几阔,栏杆二尺五寸高,坐橙一尺五寸高。

郡殿角式

【原文】凡殿角之式,垂昂插序,则规横深奥,用升斗拱相称。深浅阔狭,用合尺寸,或地基阔二丈,柱用高一丈,不可走祖,此为大略,言不尽意,宜细详之。

桥梁式

郡殿角式

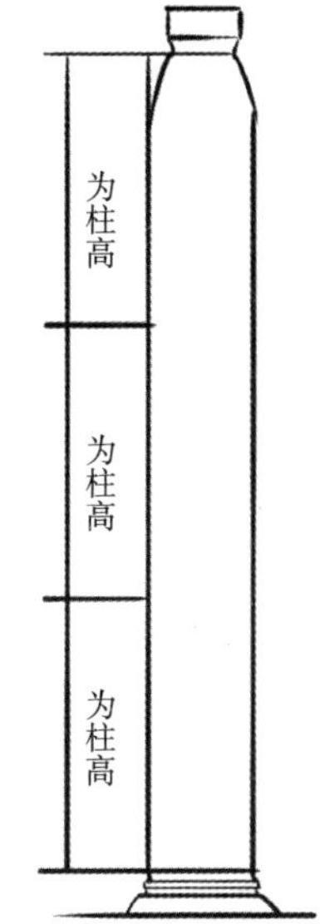

梭 柱

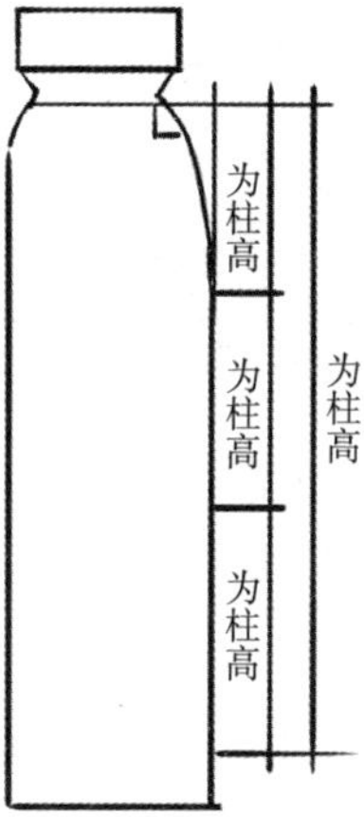

梭 柱 柱 头

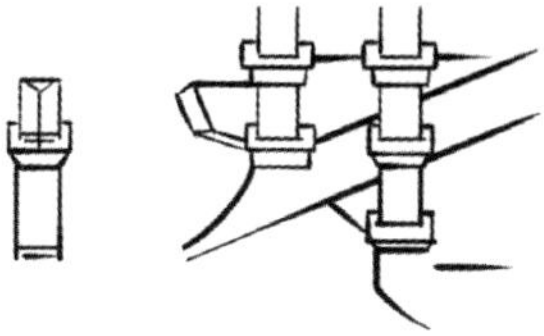
昂尖及耍头

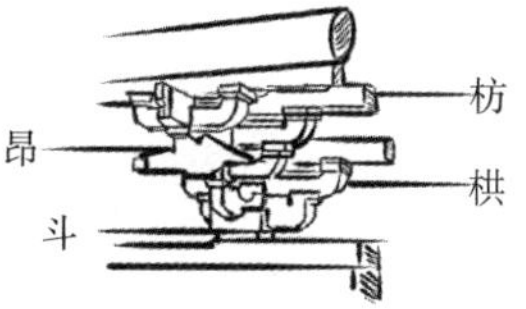

斗 栱

正 面

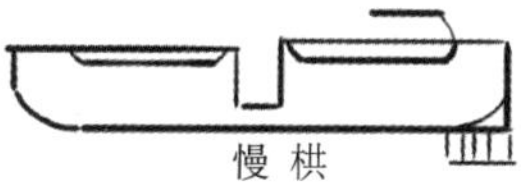
慢 栱

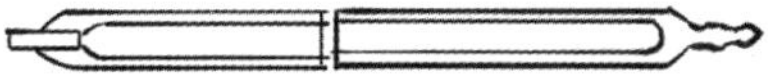
平面月梁

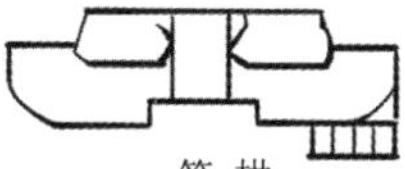
笔 栱

【**注解**】斗拱:建房时在立柱和横梁交接处加的弓形承重结构叫栱;垫在栱与栱之间的斗形木块叫斗(见图)。

建钟楼格式

【**原文**】凡起造钟楼,用风字脚,四柱并用浑成梗木,宜高大相称,散水不可太低,低则掩钟声,不响于四方。更不宜在右畔,

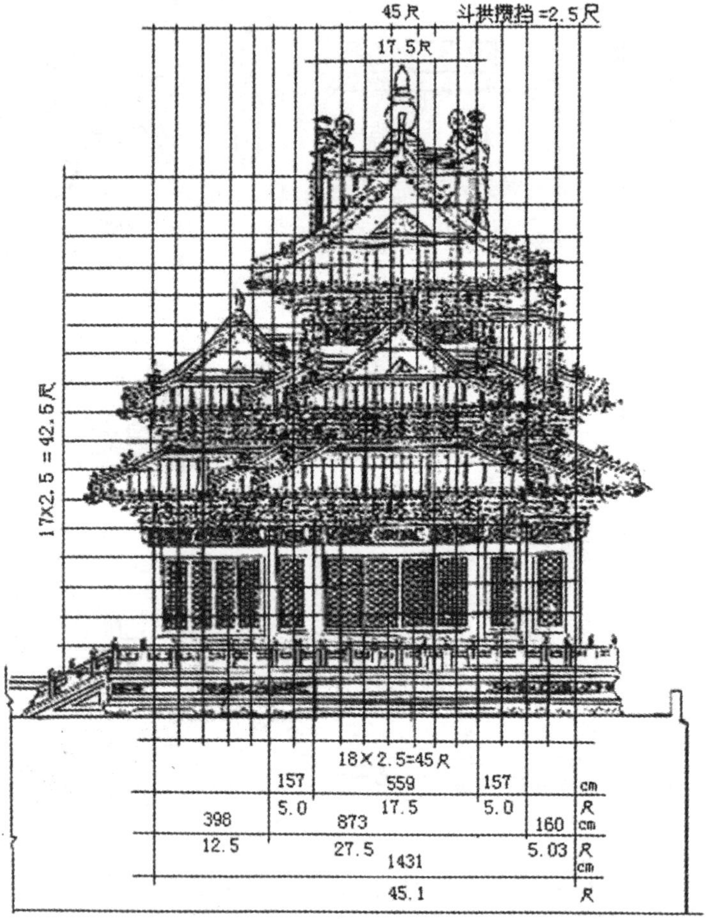

1尺=31.73cm　　北京明清紫禁城角楼立面图

合在左边寺廊之下,或有就楼盘,下作佛堂,上作平基,盘顶结中间楼,盘心透上直见钟。作六角栏杆,则风送钟声,远出于百里之外,则为吉也。

建钟楼格式

【注解】建于明万历十年（1582 年）上部为木结构的西安钟楼，建于乾隆十二年（1747 年）上部为砖栱券结构的北京钟楼（见图）。

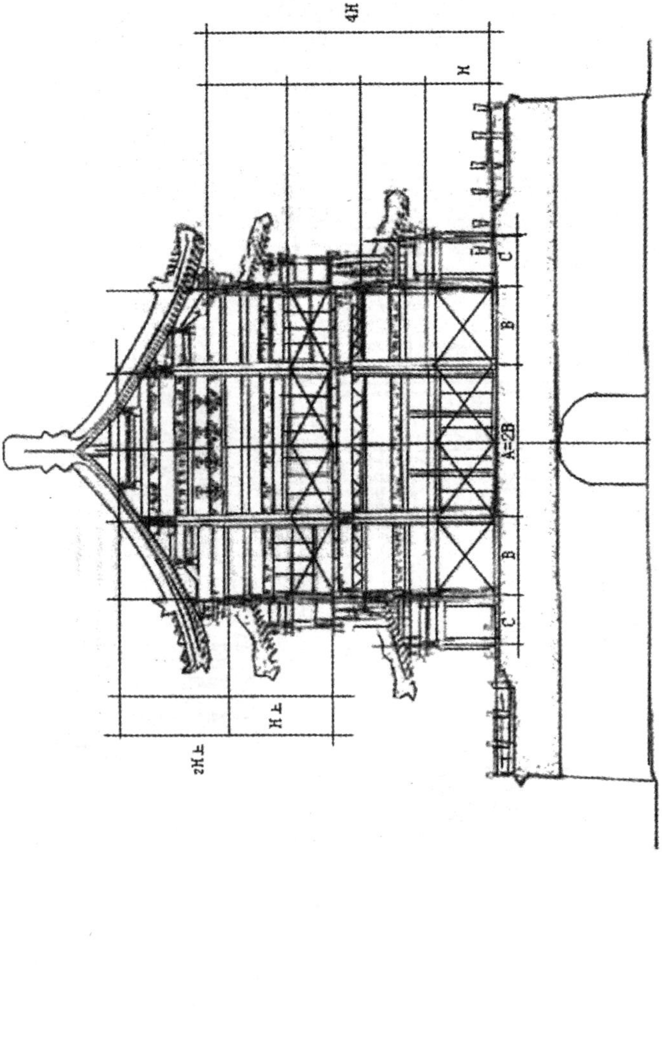

西安钟楼剖面图

$H_{下}$=下檐柱高　$H_{上}$=上檐柱高

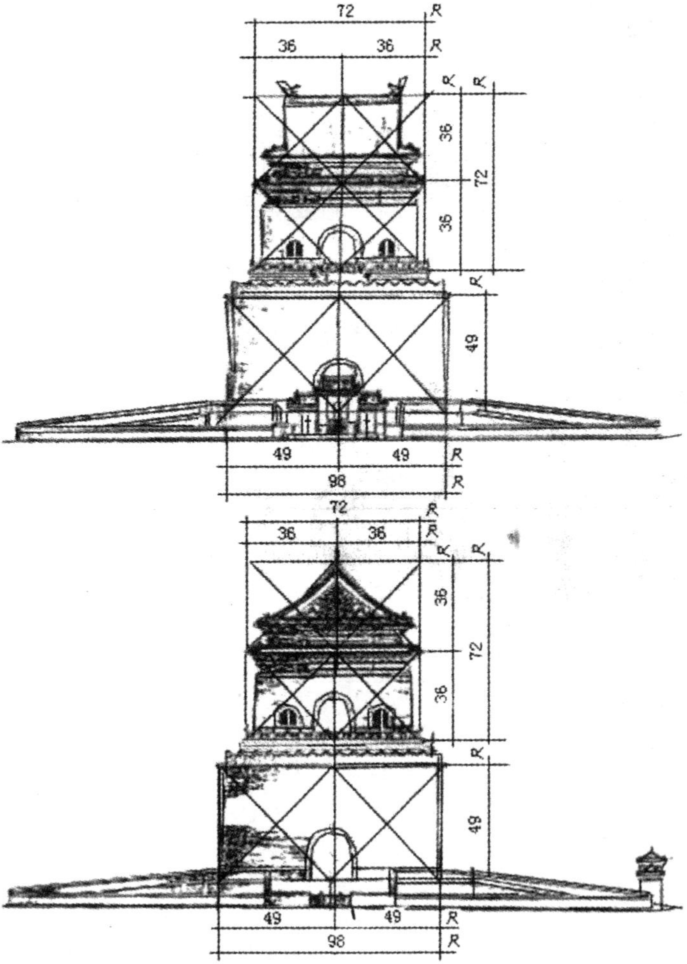

北京钟楼正立面及侧立面图 1尺=31.93cm

建造禾仓格

【原文】凡造仓敖,并要用名术之士,选择吉日良时,兴工匠人,可先将一好木为柱,安向北方。(其匠人却归左边立,执斧向内斫入则吉也。或大小长短阔狭,皆用按二黑,虽然留下十寸、八白,则各有用处。其宅者合白,仓敖不同,此用二黑,则鼠耗不侵,此为正例也。)

【注解】按:括号中文字原书无,上据其他版本补。

利田、建田、背田、空田:人起造建仓、值利田、建田年月进田增仓;值背田、空田年月失财退粮。

其取法见“表一”。

表一

年月＼名称 生命	背田	空田	利田	建田
申子辰命	巳午未	申酉戌	亥子丑	寅卯辰
寅午戌命	亥子丑	寅卯辰	巳午未	申酉戌
巳酉丑命	寅卯辰	巳午未	申酉戌	亥子丑
亥卯未命	申酉戌	亥子丑	寅卯辰	巳午未

造仓吉日:春己巳、丁未。夏甲午。秋乙亥、壬午。冬辛未、庚寅、壬辰、乙未、己亥、丙辰、壬戌。宜满、成、开、天仓、天财、月财日吉。

起仓吉日:乙丑、己巳、庚午、丙子、己卯、壬午、庚寅、壬辰、甲午、乙未、庚子、壬寅、丁未、甲寅、戊午、壬戌,宜满、成、开日吉;忌灭没、十大空亡日。

盖仓吉日:甲子、乙丑、辛未、乙未、庚子、丁酉、甲申、辛卯、乙

建造禾仓格

未、己亥、乙巳、癸丑，宜成、开日。

泥仓吉日：宜己巳、乙亥、庚辰、乙酉、庚寅、壬辰、甲午、乙未、乙卯，建日、闭日吉。

修仓吉日：宜甲子、乙丑、丙寅、丁卯、壬午、甲午、乙未、甲辰日吉。

《象吉通书》云：“修仓库宜用甲庚丙壬四向，吉。又要坐虚向实，不可与屋向对，凶。仓前放水，不可流破财禄方。”

财禄方：甲向禄在寅，财在辰；丙向禄在巳，财在未；庚向禄在申，财在戌；壬向禄在亥，财在丑。此方水入吉，水去凶。

人仓吉方：申子辰年在丑方，寅午戌年在未方，巳酉丑年在戌方，亥卯未年在辰方。

地仓吉方：正九月午，二月申，三月亥，四、八、十一月辰，五月壬，六月寅，七月、十月巳，十二月戌。又一说，正月起亥，二月子，三月丑，四月寅，五月卯，六月辰，七月巳，八月午，九月未，十月申，十一月酉，十二月戌。

月财星：正、七月丙午丁，六月甲卯乙，三、九月辰巽巳，四、十月未坤申，五、十一月庚酉辛，六、十二月戌乾亥。又一说，正月在午，二月在乙，三月在巳，四月在未，五月在酉，六月在亥，七月在午，八月在乙，九月在巳，十月在未，十一月在酉，十二月在亥。

另还有修仓塞鼠穴，除白蚁吉日及财离九空，河魁勾绞、大耗、小耗等禁忌，不一一再举。

五音造牛栏法

【原文】夫牛者本姓李，元是大力菩萨，切见凡间人力不及，特降天牛来助人力。凡造牛栏者，先须用术人拣择吉方，切不可犯倒栏杀，牛黄杀，可用左畔是坑，右畔是田王，牛犊必得长寿也。

【注解】五音:即指"宫、商、角、徵、羽"。旧时,把所有的姓氏分为五种,各属一音,一音为一种五行,角音姓属木,徵音姓属火,商音姓属金,宫音姓属土,羽音姓属水,具体分法如下:

宫音姓共有61个:孙、冯、沈、严、魏、陶、水、范、彭、任、郭、鲍、岑、倪、殷、明、计、谈、宋、屈、闵、童、林、丘、应、冀、夏、耿、冠、阙、阴、官、景、幸、司、蓟、满、屠、冉、于、贯、郁、封、糜、桂、牛、匀、敖、融、简、沙、游、权、桓、居。

复姓:公孙、公冶、东方、仲孙、闻丘、太叔。

商音姓共有97个:王、蒋、韩、何、张、戚、章、谢、奚、葛、潘、昌、方、花、柳、汤、雷、邬、贺、傅、常、康、元、洪、平、姚、邵、狄、汪、伏、成、项、茅、梁、杜、祝、阮、席、麻、路、余、贾、江、顾、徐、骆、万、樊、柯、卢、莫、房、解、寿、尚、温、紫、习、向、匡、文、欧、伊、叶、白、鄂、党、杭、程、刑、羊、巫、牧、申、金、班、桑、关、蒯、查、益、靳、南、过、杨、安、郭、俞。

复姓:上官、令狐、鲜于、濮阳、长孙、夏侯、万俟、轩辕、公羊。

角音姓共有37个:赵、周、曹、孔、金、华、敬、廉、乐、肖、虞、裘、文、弘、国、狄、高、邱、乔、洪、雀、陆、焦、车、侯、晁、荆、曲、岳、刘、邹。

徵音姓共有78个:钱、李、郑、陈、秦、龙、施、姜、宝、云、史、唐、薛、滕、毕、罗、郝、时、皮、齐、尹、祁、米、代、纪、舒、盛、季、刁、娄、田、钟、葵、管、边、庄、瞿、万、闻、旬、池、赖、历、奕、宁、师、东、那、冷、戈、潭、劳、姬。

复姓:尉迟、司空、司马、司徒、申屠、诸葛。

羽音姓共有51个:朱、吴、褚、卫、许、吕、喻、苏、鲁、韦、马、苗、袁、于、费、卞、伍、余、卜、孟、顾、毛、穆、禹、贝、盛、梅、夏、故、霍、凌、缪、燕、古、越、武、祖、詹、龙、宗、龚、翁、须、楚、来、步、浦。

复姓:慕容、宇文、皇甫、单于。

其法以生本姓之音及与本姓之音比和为吉,以克本姓之音为凶。如赵为角姓,五行属木,则宜纳音是水,或是木之年月日或方建造牛栏,如果用纳音金年月日或方造牛栏,则为克我,主损牛,不吉。

又有五音造牛栏诗曰:宫音庚癸地为吉,商音庚亥利无比,丁亥方道角音好,甲庚地上徵音求,惟有未庚羽音吉,外无凶占旺千秋。

五音原属于堪舆风水,唐吕才认为周时即有,盛行于宋代,而后慢慢被遗弃。

造栏用木尺寸法度

【原文】用寻向阳木一根,作栋柱用,近在人屋之畔,牛性怕寒,使牛温暖。其柱长短尺寸用压白,不可犯在黑上。舍下作栏者,用东方采株木一根,作左边角柱用,高六尺一寸,或是二间四间,不得作单间也。人家各别椽子用,合四只则按春夏秋冬阴阳四气,则大吉也。不可犯五尺五寸,乃为五黄,不祥也。千万不可使损坏的为牛栏开门,用合二尺六寸大,高四尺六寸,乃为六白,按六畜为好也。若八寸系八白,则为八败,不可使之,恐损群队也。

【注解】不得做单间:牛为十二属生肖的第二位,为阴,用双间合其性,用单间则反其性,故凶。

五黄:紫白飞星的第五颗星叫五黄,因其居中宫,所以五行属土。但又属廉贞星,五行属火。故九宫飞星,五黄居于中宫时,五行为土。若飞出中宫,不论居于何方,均以火论。《河洛生克吉凶断》云:“五黄土为戊己大煞,不论生克俱凶。宜安静,不宜动作。年神并临,即损人丁,轻则灾病,重则连丧到五数止。季子昏迷痴呆,孟仲官讼淫乱。”《玉镜》云:“八山最怕五黄来,纵有生气绝资财。凶中又遇堆黄(五黄重叠)到,弥深灾祸哭声哀。”《安宅定论》云:“五黄所在宜安静,不宜动作,主瘟病、横灾,应五数人。以五黄为瘟病之主,定数五也。”《探微》云:“五黄中央戊己土,飞出外方是恶火。”所以五黄之杀其性最烈,其祸最酷,其方绝不宜动。由此看出,五黄是风水学和择吉学中非常忌讳的凶星。《鲁班经》则将其引用到建筑学中,以其所应尺寸论吉凶,故尾数为五,则是犯了五黄大杀,主大凶。

但是三元九运之中,五黄又居正中,谓之“皇极”,如果其星生旺,是非常尊贵的,不仅福寿全备,且居临正位,至大至尊,以制八方。所以皇宫建筑尺寸又以五数为美,故宜区别。

诗 曰

【原文】鲁般法度创牛栏,　先用推寻吉上安,
必使工师求好木,　次将尺寸细详看。
但须不可当人屋,　实要相宜对草岗,
时师依此规模作,　致使牛牲食禄宽。

合音指诗

【原文】不堪巨石在栏前,　必主牛遭虎咬遭,
切忌栏前大水窟,　主牛难使鼻难穿。

又诗

【原文】牛栏休在污沟边,　定堕牛胎损子连,
栏后不堪有行路,　主牛必损烂蹄肩。

牛黄诗

【原文】牛黄一十起于坤,　二十还归震巽门,
四十宫中归乾位,　此是神仙妙诀根。

【注解】一说,牛黄八月入栏,不可修牛栏。至次年三月出栏,方可修。又一说,牛黄煞子丑寅卯日占仓位,辰巳午未日藏于廨中,申酉戌亥日方入栏房,所以申酉戌亥此四日忌修牛栏。

定牛入栏刀砧诗

【原文】春天大忌亥子位，　夏月须在寅卯方，

秋日休逢在巳午，　冬时申酉不可装。

【注解】此煞以泄日之气论。春天木旺，泄水之气，故忌亥子位；夏天火旺，泄木之气，故忌寅卯方；秋天金旺，泄火之气（金长生于巳），故忌巳午方；冬天水旺，泄金之气，故忌申酉方。因其方气已尽泄，故凶。

起栏日辰

【原文】起栏不得犯空亡，　犯着之时牛必亡。

癸日不堪行起造，　牛瘟必定两相妨。

【注解】空亡之杀甚多，有浮天空亡，头白空亡，截路空亡，天空亡，地空亡等。这里所指的空亡应是“六甲空亡”，其法用十天干配十二地支，每旬中没有天干的两个地支就是空亡。如甲子旬中天干从甲到癸，十干配地支，从子到酉十支，戌亥两支没有天干，戌亥就是甲子旬中的空亡，其方就是空亡方。六甲空亡如下：（年月日时同）

甲子旬中戌亥空亡，　甲戌旬中申酉空亡，

甲申旬中午未空亡，　甲午旬中辰巳空亡，

甲辰旬中寅卯空亡，　甲寅旬中子丑空亡。

占牛神出入

【原文】三月初一日，牛神出栏。九月初一日，牛神归栏。宜修造，大吉也。牛黄八月入栏，至次年三月方出，并不可修造，大凶也。

【注解】又有岁牛神，子年在震巽方，丑年在巽艮方，寅年在艮乾方，卯年在酉巽方，辰年在离艮方，巳年在栏乾方，午年在震巽方，未年在卯艮方，申年在巽乾方，酉年在坤巽方，戌年在艮离方，亥年在坤乾方。

造牛栏样式

【原文】凡做牛栏,主家中心用罗线踃看,做在奇罗星上吉。门要向东,切忌向北。此用杂木五根为柱,七尺七寸高,看地基宽窄而佐不可取,方圆依古式,八尺二寸深,六尺八寸阔,下中上下枋用圆木,不可使扁枋为吉。

生门对牛栏,羊栈一同看,年年官事至,牢狱出应难。

【注解】奇罗星:此郭景纯“六畜金镜”定局中神杀,以坐山为主,坤乙兑丁巳丑艮丙震庚亥未十二山奇罗星在乾巽方;乾甲申子辰巽辛寅午戌壬癸十二山奇罗星在坤艮方。

生门:即东北方。生门本为吉方,但牛属丑,居艮,若正对牛栏是犯伏吟,故凶。羊属木,居坤方,与丑方正好对冲,若正对羊栏,是犯了反吟,亦凶。

论逐月造作牛栏吉日

【原文】正月庚寅。二月戊寅。三月己巳。四月庚午、壬午。五月己巳、壬辰、丙辰、乙未。六月庚申、甲申、乙未。七月戊申、庚申。八月乙丑。九月甲戌。十月甲子、庚子、壬子、丙子。十一月乙亥、庚寅。十二月乙丑、丙寅、戊寅、甲寅。

右不犯魁罡、勾绞、牛火、血忌、牛飞廉、牛腹胀、牛刀砧、天瘟、九空、受死、大小耗、土鬼、四废。

【注解】魁罡:辰为天罡,戌为河魁。

勾绞:太岁前三辰为勾,后三辰为绞。还有天罡勾绞,河魁勾绞,牛勾绞等神杀,这里应是指牛勾绞:春季在申酉,夏季在亥子,秋季在寅卯,冬季在巳午。此取五行绝处,合义理。

牛火、血忌:正月在丑,二月在未,三月在寅,四月在申,五月在卯,六月在酉,七月在辰,八月在戌,九月在巳,十月在亥,十一月在午,十二月在子。

牛飞廉:正月、二月在午,三月、四月在申,五月、六月在戌,七

造牛栏样式

月、八月在子，九月、十月在寅，十一月、十二月在辰。

牛腹胀：春季在戌，夏季在丑，秋季在辰，冬季在未。

大耗：正月起申，二月在酉，三月在戌，四月在亥，五月在子，六月在丑，七月在寅，八月在卯，九月在辰，十月在巳，十一月在午，十二月在未。

小耗：正月起未，二月在申，三月在酉，四月在戌，五月在亥，六月在子，七月在丑，八月在寅，九月在卯，十月在辰，十一月在巳，十二月在午。

牛为农家最珍贵的牲畜，春种秋收一切运作均要靠牛来完成，所以古时对盖牛棚，作牛栏，甚至穿鼻、调教、铲蹄等都非常注意，一定要择取吉日，下面予以介绍。

逐月穿牛鼻吉日：正月乙卯，外戊午。二月乙卯、戊寅，外戊午。三月己巳、乙巳，外己未、辛未。四月乙酉，外甲戌、戊午、庚午、壬午。五月戊辰、己巳、辛未、乙巳、己未，外甲戌、乙酉、戊午。六月戊辰、辛未，外甲戌、己未。七月辛未、乙酉、乙亥、戊子、己未。八月乙丑、乙酉、乙亥、辛丑，外戊子。九月辛未、甲申、乙酉，外乙丑。十月乙卯，外戊辰、戊子。十一月外戊辰、乙巳、戊子。十二月戊辰、辛丑，外乙丑、乙巳。

逐月教牛吉日。

正月、二月：庚午、壬午、庚子、壬子、辛亥、甲寅。

三月、九月：庚午、壬午、庚子、壬子。

四月：庚午、壬子、庚子、甲寅。

五月、六月：庚午、壬午、辛亥、甲寅。

七月、八月、十月：庚午、壬午、庚子、壬子、辛亥。

十一月、十二月：庚子、壬子、辛亥、甲寅。

以上吉日若犯牛勾绞、正四废、九土鬼、破日、受死等凶杀，则不可用。

造作牛屋动土吉日:宜甲子、丙子、丙寅、丁卯、癸酉、庚辰、甲申、乙酉、甲辰、丙午、丁未、壬子、甲寅、乙卯、庚申、辛酉。忌土瘟日,天贼日及瘟星入日。

纳牛吉日:宜丙寅、壬寅、乙巳、辛亥、戊午。忌血支、血忌,刀砧、受死。

纳牛凶日:乙丑、壬申、己卯、庚寅、癸丑、甲寅、庚申。

另还有李淳风牛栏放水图,八山入水吉神定局等,不一一细举。

五音造羊栈格式

【原文】按《图经》云:羊本姓朱,凡人家养羊作栈者,用选未生果子,如棹树之类为好,四柱乃象四时。四季生花结子长青之木为美,最切忌不可使枯木。柱子用八条,乃按八节。椽子用二十四根,乃按二十四气。前高四尺一寸,下三尺六寸,门阔一尺六寸,中间作羊枡并用,就地三尺四寸高,主生羊子绵绵不绝,长远成群,吉。不可不信,实为大验也。

紫气上宜安四柱,三尺五寸高,深六尺六寸,阔四尺另二寸,柱子方圆三寸三分,大长枋二十六根,短枋共四根,中直下尊齿,每孔分一寸八分,空齿孔二寸二分,大门开向西方吉。底上只用小竹穿进,要疏些,不用密。

逐月作羊栈吉日:

正月:丁卯、戊寅、己卯、甲寅、丙寅。二月:戊寅、庚寅。三月:己卯、丁卯、甲申、己巳。四月:庚子、癸丑、庚午、丙子、丙午。五月:壬辰、癸丑、乙丑、丙辰。六月:甲申、壬辰、庚申、辛酉、辛亥。七月:庚子、壬子、甲午、庚申、戊申。八月:壬辰、壬子、癸丑、甲戌、丙辰。九月:癸丑、辛酉、丙戌。十月:庚子、壬子、甲午、庚子。十一月:戊寅、庚戌、壬辰、甲寅、丙辰。十二月:戊寅、癸丑、甲寅、

羊栈格式

甲子、乙丑。

以上吉日，不犯天瘟、天贼、九空、受死、飞廉、血忌、刀砧、小耗、大耗、土鬼、正四废、凶败。

【注解】本节文字及标题原书无，仅有羊栈图，上文据其他版本补。

羊者，火畜也。其性瘟恶湿，利居高燥作棚，栈宜高，常作粪秽巳时放之，未时收之，若食露水则生疮。凡羊种以腊月、正月生羔为种者吉，十一月、二月生者次之。

马厩式

【原文】此亦看罗经，一德星在何方，做在一德星上吉。门向东，用一色杉木，忌杂木。立六根柱子，中用小圆梁二根扛过，好下夜间挂马索。四围下高水椹板，每边用模方四根才坚固。马多者隔断几间，每间三尺三寸阔深，马槽下向门左边吉。

马槽样式

【原文】前脚二尺四寸，后脚三尺五寸高，长三尺，阔一尺四寸，柱子方圆三寸大，四围横下板片，下脚空一尺高。

马鞍架

【原文】前二脚高三尺三寸，后二只二尺七寸高，中下半柱，每高三寸四分，其脚方圆一寸三分大，阔八寸二分，上三根直枋，下中腰每边一根横，每头二根，前二脚与后正脚取平，但前每上高五寸，上下搭头，好放马铃。

逐月作马枋吉日

【原文】正月丁卯、己卯、庚午。二月辛未、丁未、己未。三月丁卯、己卯、甲申、乙巳。四月甲子、戊子、庚子、庚午。五月辛未、壬辰、丙辰。六月辛未、乙亥、甲申、庚申。七月甲子、戊子、丙子、庚子、壬子、辛未。八月壬辰、乙丑、甲戌、丙辰。九月辛酉。十

马厩式

月甲子、辛未、庚子、壬午、庚午、乙未。十一月辛未、壬辰、乙亥。十二月甲子、戊子、庚子、丙寅、甲寅。

【注解】造马枋忌日:戊寅、庚寅、戊午日,天贼、正四废、受死、瘟星入日,天地争雄日,地贼、凶败日。

修马枋吉日:宜戊子、己丑、甲辰、己巳。

买马吉日:宜乙亥、乙酉、戊子、壬辰、乙巳、壬子、己未等日及成、收日。忌戊寅、戊申、甲寅日。

逐月教马驹吉日:

正月、七月、十月无吉日。

二月:甲戌、乙亥、丁丑、壬午、丙戌、戊子、丁未、乙未、甲寅、丙辰。

三月:己巳、乙亥、壬子、戊子、甲寅、丙辰、壬寅、辛酉。

四月:乙巳、甲戌、丁丑、壬午、丙戌、乙未、甲寅、辛酉。

五月:己巳、甲戌、丁丑、壬午、丙戌、乙未、甲寅、辛酉。

六月:己巳、乙未、壬午、甲寅、丙辰、辛酉、己酉。

八月:己巳、甲戌、乙亥、丁丑、壬子、丙戌、乙未、丙辰、辛酉。

九月:己巳、甲戌、丁丑、壬午、丙戌、戊子、乙未、己酉、辛酉。

十一月:甲子、乙亥、丁丑、丙子、戊子、乙未、甲寅、丙辰、辛未、己酉。

十二月:甲戌、乙亥、丁丑、丙戌、戊子、甲寅、辛酉、壬寅。

骟马、针灸马凶日:血支、血忌、刀砧、受死、荒芜、月厌、天瘟、午日及大风雨、阴晦,皆不得针灸。

猪栏样式

【原文】此亦要看三台星居何方,做在三台星上方吉。四柱二尺六寸高,方圆七尺,横下穿枋,中直下大粗窗,齿用杂方坚固。猪要向西北,良工者识之,初学切忌乱为。

【注解】三台星:此神亦出自郭景纯"六畜金镜"定局。以坐山论,坤乙兑丁巳丑艮丙震庚亥未十二山,三台星居辰戌方;乾坤申子辰癸巽辛寅午戌壬十二山,三台星居丑未方。

逐月作猪栏吉日

【原文】正月丁卯、戊寅。二月乙未、戊寅、癸未、己未。三月辛卯、丁卯、己巳。四月甲子、戊子、庚子、甲午、丁丑、癸丑。五月甲戌、乙未、丙辰。六月甲申。七月甲子、戊子、庚子、壬子、戊申。八月甲戌、乙丑、癸丑。九月甲戌、辛酉。十月甲子、乙未、庚子、壬午、庚午、辛未。十一月丙辰。十二月甲子、庚子、壬子、戊寅。

【注解】猪栏门高二尺,阔二尺五寸。

修猪栏吉日:宜用申子辰,切忌正四废、飞廉、刀砧、天贼日。

安猪槽吉日:宜禄旺在亥,及合神、三合日,主合龙德,天月合日。

造猪牢法:猪宜宫音,大墓辰,小墓戌,大凡五音使用之。第一放寅申水大旺,辰戌客猪自为来,巳水瘦死,午水自食子,未兼鸡鸣主瘦死,申水旺盛,酉水因猪遭官,戌水一头,亥水绝种,子水无踪。

猪牢放水歌诀:

猪牢水流寅,不食自然肥,放去不曾失,猛兽不可欺。
水流申地好,放去终不走,猪足生货币,入钱常自有。
戌亥若低悬,其牢不可安,当防外灾死,何曾卖得钱。
戌亥若长高,其猪得满牢,豚子未经久,肚里油似膏。
辰巳有泥污,其猪走满路,鸣呼不肯归,山上觅宿处。
辰巳错回盘,其猪自满栏,寅上杀百恶,虎狼不敢欺。
水流放于乾,此牢不堪然,牢边十步地,无猪有空栏。
辰巳有高峰,其猪大如龙,子亥山长大,牢内贮不容。

辰戌山肥满，猪子不闹栏，其位怕低垂，猪瘦只有皮。

水流入巽巳，一个也须死。

开门辰巳向，虎狼并盗贼，门向引于酉，水流走更远。

纵若有其猪，皮骨相连时，乾坤若不足，辰巳无势时。

但存济乌经，吕才同此用，术者仔细详，拣择要相当。

按：猪为亥之属肖，亥水长生于申，亥与寅相合，所以寅申之水大旺。与巳相冲，墓于辰，故辰巳水凶。

六畜肥日

【原文】春申子辰、夏亥卯未、秋寅午戌、冬巳酉丑日。

【注解】六畜：马、牛、羊、猪、犬、鸡。

六畜瘦日：春巳酉丑，夏寅午戌，秋亥卯未，冬申子辰。

六畜破群日：甲寅、庚寅、壬辰、戊辰、己卯、庚申。

郭景纯六畜金镜定局（修造宜忌）见“表二、表三”。

表二

占方 坐山 神杀	坤乙兑丁巳丑艮丙震庚亥未
刀砧	凶　占壬丙　子午方
紫气	吉　占癸丁方
一德	吉　占丑未方
虎豹	凶　占坤艮方
狐狸	凶　占寅申方
贪狼	吉　占甲庚方
太阳	吉　占卯酉方

续表二

占方 坐山 神杀	坤乙兑丁巳丑艮丙震庚亥未
豺狼	凶　占乙辛方
三台	吉　占辰戌方
奇罗	吉　占乾巽方
血刃	凶　占巳亥方

表三

占方 坐山 神杀	乾坤申子辰癸巽辛寅午戌
刀砧	凶　占甲庚　卯酉方
紫气	吉　占乙辛方
一德	吉　占辰戌方
虎豹	凶　占乾巽方
狐狸	凶　占巳亥方
贪狼	吉　占丙壬方
太阳	吉　占子午方
豺狼	凶　占丁癸方
三台	吉　占丑未方
奇罗	吉　占坤艮方
血刃	凶　占寅申方

诗云：　　一德宫中宜养马，三台位上定猪方。
　　　　　牛屋奇罗为上吉，羊逢紫气定高强。
　　　　　贪狼位上安鸡鸭，太阳六畜最宜良。
　　　　　虎豹狐狸最不吉，更兼血刃大难当。
　　　　　刀兵连及刀砧杀，六畜必定见灭亡。
　　　　　只此便为金镜位，世上畜养自商量。

修造六畜栏枋，还有许多古怪禁忌杀星，见“表四～表七”。

表四（从年取）

方位＼年 神杀	子	丑	寅	卯	辰	巳	午	未	申	酉	戌	亥
牛飞廉方	辰	辰	午	午	申	申	戌	戌	子	子	寅	寅
大耗	午	未	申	酉	戌	亥	子	丑	寅	卯	辰	巳
小耗	巳	午	未	申	酉	戌	亥	子	丑	寅	卯	辰

表五（从年取）

凶方＼月 神杀	正	二	三	四	五	六	七	八	九	十	十一	十二
净栏	未	申	酉	戌	亥	子	丑	寅	卯	辰	巳	午
畜官	午	未	申	酉	戌	亥	子	丑	寅	卯	辰	巳
流财	甲庚	丁癸	甲庚	丁癸	乙辛	丙壬	乙辛	丁癸	丙壬	甲庚	乙辛	丙壬
牛胎 （无胎不忌）	磨堂	栏	门仓	门厕	厨仓	场堂	磨碓	栏厅	门仓	门厕	灶仓	灶厨
牛皇杀 （牛栏忌）	栏	沟路	廨碓	灶	井炉	囷仓	井	炉焙	仓	灶	门	路沟

续表五

凶方神杀＼月	正	二	三	四	五	六	七	八	九	十	十一	十二
马胎	门	枋	户	仓	枋	枋	厨	枋	仓	井	门碓	厨
马皇杀（马栏忌）	枋	枋槽	仓碓	庭门碓	枋仓	碓枋	枋堂	枋	堂仓	枋门	中厅仓	灶枋厨
羊胎（羊栈忌）	栈	卯沟	门身	沟法	碓法	仓栈	厅	卯碓	门仓	井灶沟	灶门	水路碓
猪胎（猪栏忌）	身周	身周	门灶	门	井	井灶	灶	灶壁	篱壁	篱壁	门周	周

表六（日月同取）

凶方神杀＼日月	正	二	三	四	五	六	七	八	九	十	十一	十二
畜官日（修造吉）	巳	午	未	申	酉	戌	亥	子	丑	寅	卯	辰
牛勾绞	申酉	申酉	申酉	亥子	亥子	亥子	寅卯	寅卯	寅卯	巳午	巳午	巳午
飞廉大杀	戌	巳	午	未	寅	卯	辰	亥	子	丑	申	酉
地贼	子	子	亥	戌	酉	午	午	午	巳	辰	卯	子
瘟星入日	初六	初五	初三	二十五	二十四	二十三	二十	二十七	十七	十三	十二	十一

续表六

凶方神杀 \ 日月	正	二	三	四	五	六	七	八	九	十	十一	十二
杨公凶忌	十三	十一	初九	初七	初五	初二	初一十九	二十七	二十一	二十三	二十一	二十九
千金杀方	春巽　夏坤　秋乾　冬艮											
惊走日	大月:初五、十七、二十九　小月:初八、二十											
天狗食畜日	春子　夏卯　秋午　冬酉											

表七（倒栏煞定局）

凶日神杀 \ 年	甲已年	乙庚年	丙辛年	丁壬年	戊癸年
猪倒栏	乙巳丁巳辛卯癸卯	乙巳丁巳辛巳癸巳	乙巳丁巳辛未癸未	乙巳丁巳辛酉癸酉	乙巳丁巳辛亥癸亥
牛倒栏	乙巳丁巳辛巳癸巳	乙巳丁巳辛未癸未	乙巳丁巳辛酉癸酉	乙巳丁巳辛亥癸亥	乙巳丁巳辛丑癸丑
马倒栏	甲戌丙戌戊戌庚戌壬戌	甲子丙子戊子庚子壬子	甲寅丙寅戊寅庚寅壬寅	甲辰丙辰戊辰庚辰壬辰	甲午丙午戊午庚午壬午
羊倒栏	乙亥丁亥己亥辛亥癸亥	乙丑丁丑己丑辛丑癸丑	乙卯丁卯己卯辛卯癸卯	乙巳丁巳己巳辛巳癸巳	乙未丁未己未辛未癸未

续表七

凶神杀 日 年	甲己年	乙庚年	丙辛年	丁壬年	戊癸年
鸡倒栏	乙丑丁丑 己丑辛丑 癸丑	乙卯丁卯 己卯辛卯 癸卯	乙卯丁卯 己卯辛卯 癸巳	乙未丁未 辛未己未 癸未	乙酉丁酉 己酉辛酉 癸酉

诗曰：　年干五虎遁甲子，遁见甲干把支安。
将支来跨虎顺走，遇亥名为倒猪栏。
丑牛午马鸡逢酉，未土须知羊倒栏。

如甲己年五虎遁甲至戌，便将戌加寅上顺数至亥，亥下是卯，则卯是猪倒栏。子下是辰，丑下是巳，巳为牛倒栏。寅下是午，卯下是未，辰下是申，巳下是酉，午下是戌，戌便是马倒栏。未下是亥，亥便是羊倒栏。申下是子，酉下是丑，丑便是鸡倒栏。

鹅鸭鸡栖式

【原文】此看禽大小而做，安贪狼方。鹅栖二尺七寸高，深四尺六寸，阔二尺七寸四分，周围下小窗齿，每孔分一寸阔。鸡鸭椆二尺高，三尺三寸深，二尺三寸阔，柱子方圆二寸半，此亦看主家禽鸟多少而做，学者亦用，自思之。

鸡栖样式

【原文】两柱高二尺四寸，大一寸二分，厚一寸。梁大二寸五分，一寸二分。大窗高一尺三寸，阔一尺二寸六分，下车脚二寸大，八分厚，中下齿仔五分大，八分厚，上做滔环二寸四大，两边桨腿与下层窗仔一般高，每边四寸大。

【注解】逐月造鸡鹅鸭栖吉日：

正月癸酉、庚寅、丁酉，外壬午。二月乙未、庚寅，外丁未、己

鸡栖样式

未、癸未。三月辛卯，外丁卯、己巳。四月庚子，外庚午、丙午、癸丑、壬午。五月乙丑、戊辰、壬辰、乙未、丙辰，外癸未。六月癸酉、丁酉、甲申、乙亥、丁亥、庚申。七月庚午、乙未、丁未、丙子、戊子、壬子。八月乙丑、戊辰、壬辰、丙辰，外辛丑、癸丑、甲戌。九月癸酉、丁酉、己酉，外甲戌、丙戌、辛酉。十月乙未、庚子、甲子、壬子、辛未、丁未。十一月戊辰、庚寅、壬辰、乙未，外癸未。十二月庚子，外乙丑、戊寅、甲寅、壬寅、壬子。

以上吉日，不犯魁罡、勾绞、天瘟、天贼、九空、受死、小耗、大耗、飞廉、血忌、刀砧、九土鬼、正四废、月刑、月害、月杀、瘟星入日、惊走、凶败、灭没日方可用。

狐狸杀：大月建日，小月危日。

郭丁杀：正、六、十月占鸡栖，忌修换。

屏风式

【原文】大者高五尺六寸，带脚在内。阔六尺九寸，琴脚六寸六分大，长二尺，雕日月掩象鼻格，桨腿二尺四寸高，四寸八分大，四框一寸六分大，厚一寸四分。外起改竹圆，内起棋盘线，平面六分，窄面三分，绦环上下俱六寸四分，要分成单，下勒水花分作两孔，雕四寸四分，相屋阔窄，余大小长短依此，长仿此。

【注解】屏风长短高低尺寸，大多尾数在一六八九吉数之上。本书后诸家具样式，亦多压白，不再加注。

围屏式

【原文】每做此行用八片，小者六片，高五尺四寸正，每片大一尺四寸三分零，四框八分大，六分厚，做成五分厚，算定共四寸厚。内较田字格，六分厚，四分大，做者切忌碎框。

屏风式

牙 轿 式

【原文】宦家明轿徛下一尺五寸高,屏一尺二寸高,深一尺四寸,阔一尺八寸,上圆手一寸三分大,斜七分才圆,轿杠方圆一寸五分大,下踃带轿二尺三寸五分深。

衣笼样式

【原文】一尺六寸五分高,二尺二寸长,一尺三寸大,上盖役九分,一寸八分高,盖上板片三分厚,笼板片四分厚,内子口八分大,三分厚,下车脚一寸六分大。或雕三湾,车脚上要下二根横扩仔,此笼尺寸无加。

大 床

【原文】下脚带床方共高二尺二寸二分,正床方七寸七分大,或五寸七分大,上屏四尺五寸二分高,后屏二片,两头二片阔者,四尺零二分,窄者三尺二寸三分,长六尺二寸,正领一寸四分厚,做大小片下,中间要做阴阳相合。前踏板五寸六分高,一尺八寸阔,前楣带顶一尺零一分。下门四片,每片一尺四分大,上脑板八寸,下穿藤一尺八寸零四分,余留下板片。门框一寸四分大,一寸二分厚,下门槛一寸四分三,接里面转芝门,九寸二分或九寸九分,切忌一尺大,后学专用记此。

【注解】考定逐月造床吉日:

正月:丁丑、癸丑、丁卯、己卯、辛卯、乙卯、癸酉、丁酉、壬午、丙午、丁未。

二月:丙寅、戊寅、庚寅、甲寅、己巳、乙巳、丁丑、癸丑。

三月:己巳、乙巳、癸巳。

四月:丁丑、庚午、壬午、己丑、甲午、丙午、戊午、丙子、庚子、

牙轿式

大 床

癸丑。

五月:辛未、癸未、乙亥、己亥、辛亥、丁未、己未。

六月:癸酉、己酉、乙酉、辛酉。

七月:庚辰、甲辰、丙辰、戊辰、乙未、丙子、丁卯。

八月:乙亥、丁亥、己亥、辛亥、癸亥。

九月:乙亥、辛亥、丁亥。

十月:庚子、辛未、乙未、丁未、丙戌、庚子、戊戌。

十一月:丙寅、庚寅、壬寅、甲寅、戊寅、乙巳、乙丑、丁丑、乙亥、己巳、癸巳、辛亥、癸亥。

十二月:丙寅、壬寅、甲寅、戊寅、甲子、甲申。

以上吉日,不犯天罡、河魁(按:其中辰戌日甚多,似矛盾,不知何故)、破败、天火、独火、火星、天贼、受死、木马杀、阴阳杀、天瘟、九空、荒芜、转杀、刀砧、斧头杀,鲁班等杀方可用。

凉床式

【原文】此与藤床无二样,但踏板上下栏杆要下长,柱子四根,每根一寸四分大。上楣八寸大,下栏杆前一片,左右两二万字或十字,挂前二片止作一寸四分大,高二尺二寸五分,横头随踏板大小而做,无误。

藤床式

【原文】下带床方一尺九寸五分高,长五尺七寸零八分,阔三尺一寸五分半。上柱子四尺一寸高,半屏一尺八寸四分高,床岭三尺阔,五尺六寸长,框一寸三分厚。床方五寸二分大,一寸二分厚,起一字线好穿藤。踏板一尺二寸大,四寸高,或上框做一寸二分,后脚二寸六分大,一寸三分厚,半合角记。

逐月安床设帐吉日

【原文】正月:丁酉、癸酉、丁卯、己卯、癸丑。

二月:丙寅、甲寅、辛未、乙未、己未、乙亥、己亥、庚寅。

藤床式

三月:甲子、庚子、丁酉、乙卯、癸酉、乙巳。

四月:丙戌、乙卯、癸卯、庚子、甲子、庚辰。

五月:丙寅、甲寅、辛未、乙未、己未、丙辰、壬辰、庚寅。

六月:丁酉、乙亥、丁亥、癸酉、丙寅、甲寅、乙卯。

七月:甲子、庚子、辛未、乙未、丁未。

八月:乙丑、丁丑、癸丑、乙亥。

九月:庚午、丙午、丙子、辛卯、乙亥。

十月:甲子、丁酉、丙辰、丙戌、庚子。

十一月:甲寅、丁亥、乙亥、丙寅。

十二月:乙丑、丙寅、甲寅、甲子、丙子、庚子。

【注解】安床设帐为入宅之要,古人特别讲究。以上虽列出许多吉日,但若该日恰逢天瘟、天贼、荒芜、受死、卧尸、魁罡勾绞、死气、九空、伏断、红嘴朱雀、死别、火星、胎神等凶煞,仍不可用。

卧尸:正月在子,二月在酉,三月在未,四月在申,五月在巳,六月在辰,七月在卯,八月在寅,九月在丑,十月在午,十一月在戌,十二月在亥。又一法:正月起酉,二月在申,三月在未,四月在午,五月在巳,六月在辰,七月在卯,八月在寅,九月在丑,十月在子,十一月在亥,十二月在戌。

天罡勾绞:正月在巳,二月在子,三月在未,四月在寅,五月在酉,六月在辰,七月在亥,八月在午,九月在丑,十月在申,十一月在卯,十二月在戌。

河魁勾绞:正月在亥. 二月在午,三月在丑,四月在申,五月在卯,六月在戌,七月在巳,八月在子,九月在未,十月在寅,十一月在酉,十二月在辰。

胎神:正、七、十二月占房,五、六、九月占房,戊癸日占房床,巳亥日占床。

移床周堂：共有八字，富吉、疾凶、凶凶、地吉、例凶、安吉、病凶、平吉。大月从平开始富、疾、凶、地、例、安、病顺行；小月从地开始，地、凶、疾、富、平、病、安、例逆行，以所到之字论吉凶。

二十八宿吉凶：忌心、昴、奎、娄、箕、尾、参、危所临日，不安床、不造床，犯之主夫妇不合，儿女夭亡。诗曰：仙人留下一张床，心昴箕娄奎尾参，安床若犯此星宿，十个孩儿九个亡。

病符方：子年在亥，丑年在子，寅年在丑，卯年在寅，辰年在卯，巳年在辰，午年在巳，未年在午，申年在未，酉年在申，戌年在酉，亥年在戌，太岁后一辰是。

神游所在之方：癸巳、甲午、乙未、丙申、丁酉日在房内北方；戊戌、己亥日在房内中央；甲辰、乙巳、丙午、丁未日在房内东方；庚子、辛丑、壬寅日在房内南方；癸卯日在房内西方；戊申日在房内中央；己酉至壬辰日，外出游四十四日。

安床碎金赋：安床条例必先知，有氛乾坤益后宜，禄马贵人挺拱护，官星食神并重施。（按：女命以食神为子息星，男命以官星为子息星。）阴胎阴氛无呻好，朱雀乾宫凤凰期。月破入星与受死，亦怕灭没及卧尸。四离四绝正四废，凶宿凶时两埋儿。呻杀刑刃羸子胎，必主疾病堕胎悲。新床大忌冲嫁日，若塌受胎勿妄移，凤凰和集成佳偶，吉梦同占发桂枝。

安床又忌在流年的丧门、白虎、天狗、死符所占之方，其法见“表八”。

古人认为安床吉凶，不仅会引起人事、世情方面的祸福，且直接关系到子息多少、健夭，故讲究甚多。因《鲁班经》一书重于建筑，其他吉凶宜忌，在阳阴择吉诸书中详注。

表八

神杀 官位 年支	子	丑	寅	卯	辰	巳	午	未	申	酉	戌	亥
子	太岁	太阳	丧门	太阴	五鬼	死符	岁破	龙德	白虎	福德	天狗	病符
丑	病符	太岁	太阳	丧门	太阴	五鬼	死符	岁破	龙德	白虎	福德	天狗
寅	天狗	病符	太岁	太阳	丧门	太阴	五鬼	死符	岁破	龙德	白虎	福德
卯	福德	天狗	病符	太岁	太阳	丧门	太阴	五鬼	死符	岁破	龙德	白虎
辰	白虎	福德	天狗	病符	太岁	太阳	丧门	太阴	五鬼	死符	岁破	龙德
巳	龙德	白虎	福德	天狗	病符	太岁	太阳	丧门	太阴	五鬼	死符	岁破
午	岁破	龙德	白虎	福德	天狗	病符	太岁	太阳	丧门	太阴	五鬼	死符
未	死符	岁破	龙德	白虎	福德	天狗	病符	太岁	太阳	丧门	太阴	五鬼
申	五鬼	死符	岁破	龙德	白虎	福德	天狗	病符	太岁	太阳	丧门	太阴
酉	太阴	五鬼	死符	岁破	龙德	白虎	福德	天狗	病符	太岁	太阳	丧门
戌	丧门	太阴	五鬼	死符	岁破	龙德	白虎	福德	天狗	病符	太岁	太阳
亥	太阳	丧门	太阴	五鬼	死符	岁破	龙德	白虎	福德	天狗	病符	太岁

禅 床 式

【原文】此寺观庵堂,才有这做。在后殿或禅堂两边,长依屋宽窄,但阔五尺,面前高一尺五寸五分,床矮一尺。前平面板八寸八分大,一寸二分厚,起六个柱,每柱三寸方圆。上下一穿,方好挂禅衣及帐帏。前平面板下要下水椹板,地上离二寸下方好盛板片,其板片要密。

禅 椅 式

【原文】一尺六寸三分高,一尺八寸二分深,一尺九寸五分深。上屏二尺高,两力手二尺二寸长,柱子方圆一寸三分大,屏上七寸,下七寸五分,出笋三寸,斗头下盛脚盘子四寸三分高,一尺六寸长,一尺三寸大,长短大小仿此。

镜架式及镜箱式

【原文】镜架及镜箱有大小者。大者一尺零五分深,阔九寸,高八寸零六分,上层下镜架二寸深,中层下抽箱一寸二分,下层抽箱三尺,盖一寸零五分,底四分厚,方圆雕车脚内中下镜架七寸大,九寸高。若雕花者,雕双凤朝阳,中雕古钱,两边睡草花,下佐连花托,此大小依此尺寸退墨无误。

雕花面架式

【原文】后两脚五尺三寸高,前四脚二尺零八分高,每落墨三寸七分大,方能后转,雕刻花草。此用樟木或楠木,中心四脚折进用阴阳笋(榫),共阔一尺五寸二分零。

禅床禅椅式

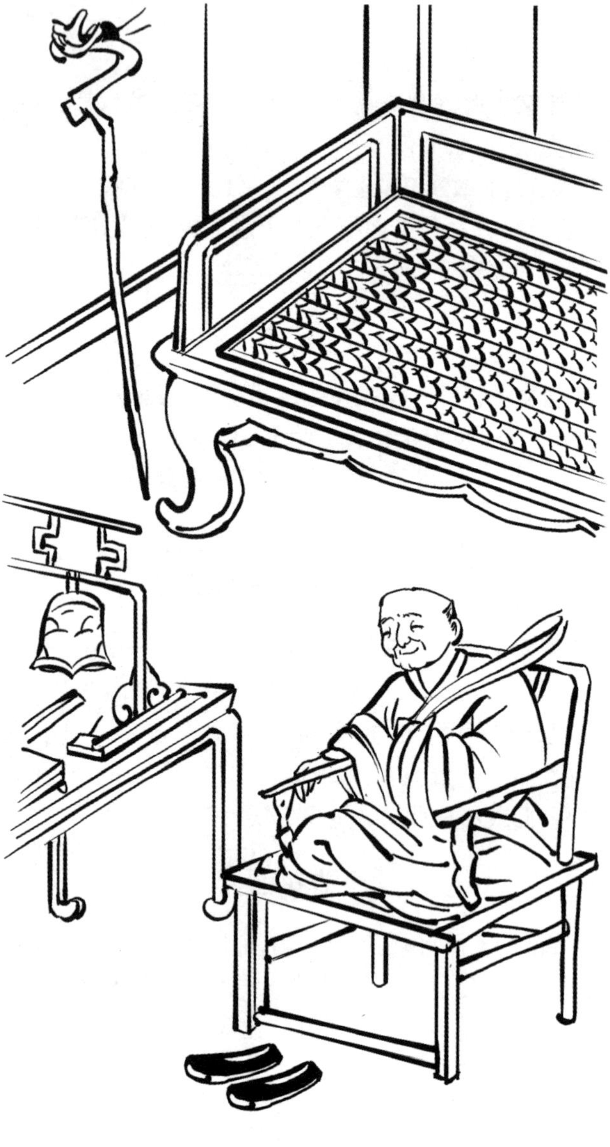

镜架镜箱面架式

大方扛箱样式

【原文】柱高二尺八寸,四层。下一层高八寸,二层高五寸,三层高三寸七分,四层高三寸三分,盖高二寸,空一寸五分,梁一寸五分;上净瓶头共五寸,方层板片四分半厚;内子口三分厚,八分大;两根将军柱,一寸五分大,一寸二分厚;桨腿四只,每只一尺九寸五分高,四寸大;每层二尺六寸五分长,一尺六寸阔,下车脚二寸二分大,一寸二分厚,合角斗进雕虎爪双钩。

案桌式

【原文】高二尺五寸,长短阔狭看按面而做。中分两孔,按面下抽箱或六寸深,或五寸深,或分三孔或两孔。下踏脚方与脚一同大,一寸四分厚,高五寸,其脚方圆一寸六分大,起麻枓线。

搭脚仔凳

【原文】长二尺二寸,高五寸,大四寸五分,大脚一寸二分大,一寸一分厚,面起剑脊线,脚上厅竹圆。

诸样垂鱼正式

【原文】凡作垂鱼者,用按营造之正式。今人又叹作繁针,如用此又用做遮风及偃角者,方可使之。今之匠人又有不使垂鱼者,只使直板作,如意只作雕云样者,亦好,皆在主人之所好也。

驰峰正格

【原文】驰峰之格,亦无正样。或有雕云样,或有做毡笠样,又有做虎爪如意样,又有雕瑞草者,又有雕花头者,有做球捧格,

大方扛箱样式

案桌式

案桌式

搭脚仔凳

诸样垂鱼正式

驰峰正格

又有三蚌。或今之人多只爱使斗立,儿童乃为时格也。

风箱样式

【原文】长三尺,高一尺一寸,阔八寸,板片八分厚,内开风板六寸四分大,九寸四分长,抽风𣏾仔八分大,四分厚,扯手七寸四分长,方圆一寸大。出风眼要取方圆,一寸八分大,平中为主。两头吸风眼,每头一个,阔一寸八分,长二寸二分,四边板片都用上行做准。

衣架雕花式

【原文】雕花者五尺高,三尺七寸阔,上搭头每边长四寸四分,中绦环三片,桨腿二尺三寸五分大,下脚一尺五寸三分高,柱框一寸四分大,一寸二分厚。

素衣架式

【原文】高四尺零一寸,大三尺,下脚一尺二寸,长四寸四分,大柱子一寸二分大,厚一寸,上搭脑出头二寸七分,中下光框一根,下二根窗齿每成双,做一尺三分高,每眼齿仔八分厚,八分大。

面 架 式

【原文】前两柱一尺九寸高,外头二寸三分,后二脚四尺八寸九分,方圆一寸一分大,或三脚者,内要交象眼,除笋画进一寸零四分,斜六分,无误。

鼓 架 式

【原文】二尺二寸七分高,四脚方圆一寸二分大,上雕净瓶头三寸五分高，上层穿枋仔四八根，下层八根，上层雕花板，下层绦环，或做八方者。柱子横圹仔尺寸一样，但画眼上每边要斜三分半，笋是正的，此尺寸不可走分毫，谨记。

铜鼓架式

【原文】高三尺七寸，上搭脑雕衣架头花，方圆一寸五分大，两边柱子俱一般，起棋盘线，中间穿枋仔要三尺高，铜鼓挂起使手好打。下脚雕屏风脚样式，桨腿一尺八寸高，三寸三分大。

花架式

【原文】大者六脚或四脚，或二脚。六脚大者，中下骑箱一尺七寸高，两边四尺高，中高六尺，下枋二根，每根三寸大，直枋二根，三寸大，五尺阔，七尺长，上盛花盆板一寸五分厚，八寸大，此亦看人家天井大小而做，只依此尺寸退墨有准。

凉伞架式

【原文】二尺三寸高，二尺四寸长，中间下伞柱仔二尺三寸高，带琴脚在内算，中柱仔二寸二分大，一寸六分厚，上除三寸三分，做净平头。中心下伞梁一寸三分厚，二寸二分大，下托伞柄亦然而是。两边柱子方圆一寸四分大，窗齿八分大，六分厚，琴脚五寸大，一寸六分厚，一尺五寸长。

校椅式

【原文】做椅先看好光梗木头及节次用，解开要干，枋才下手做。其柱子一寸大，前脚二尺一寸高，后脚二尺九寸三分高，盘子深一尺二寸六分，阔一尺六寸七分，厚一寸一分。屏上五寸大，下六寸大，前花牙一寸五分大，四分厚，大小长短，依此格。

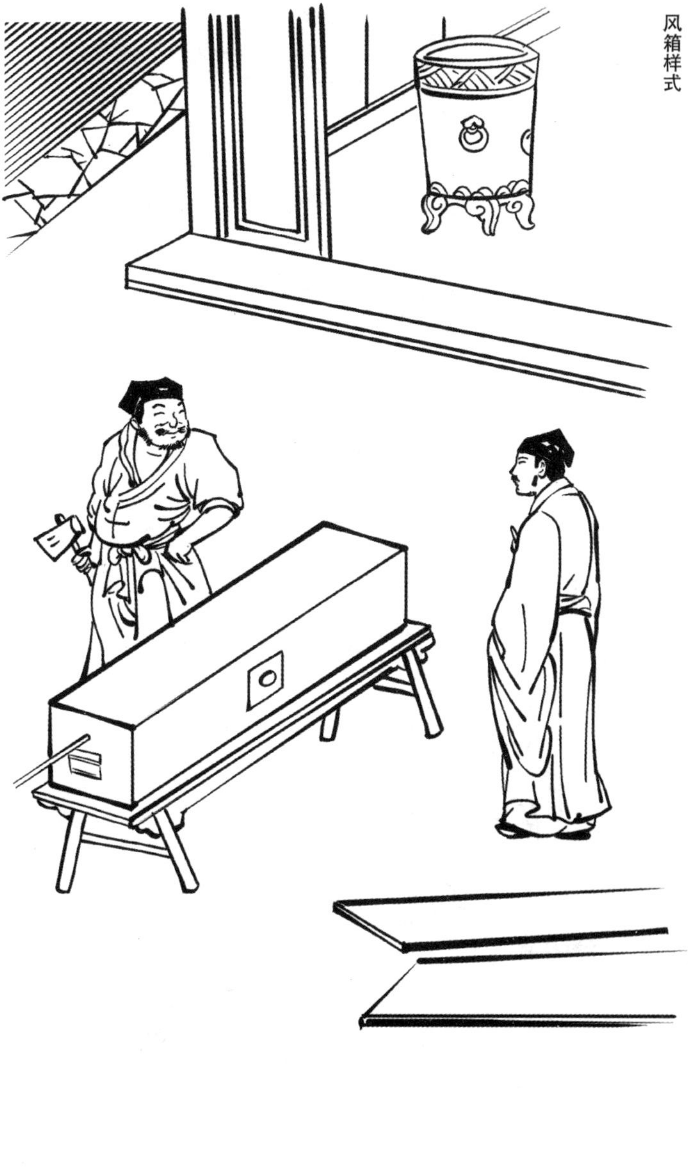
风箱样式

鼓架式

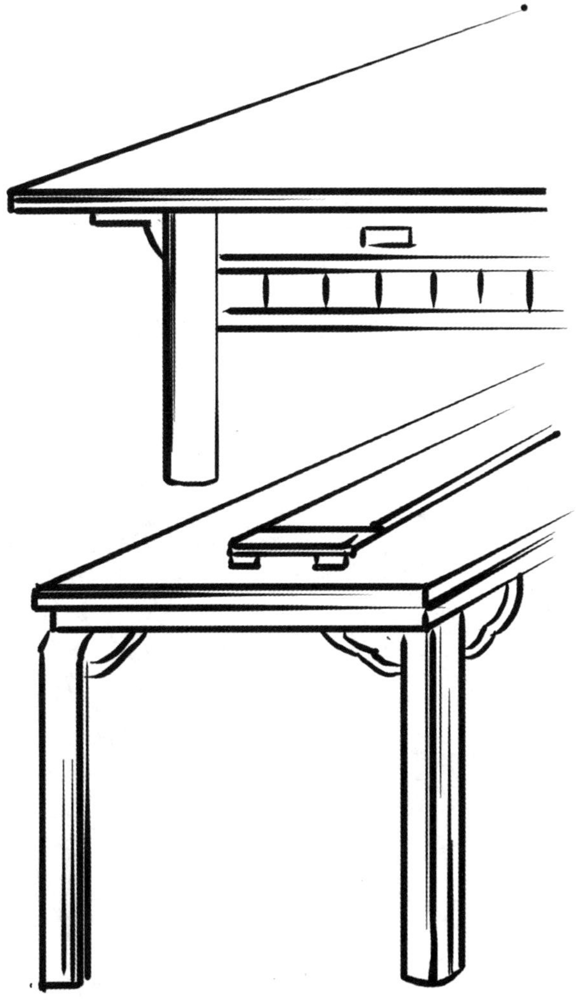

凉伞架式

校椅式

板凳式

【原文】每做一尺六寸高,一寸三分厚,长三尺八寸五分,凳头三寸八分半长,脚一寸四分大,一寸二分厚,花牙勒水三寸七分大,或看凳面长短及粗细,尺寸一同,余仿此。

琴凳式

【原文】大者看厅堂阔狭浅深而做。大者高一尺七寸,面三寸五分厚,或三寸厚,即歃坐不得。长一丈三尺三分,凳面一尺三寸三分大,脚七寸( )分大。雕卷草双钩,花牙四寸五分半,凳头一尺三寸一分长,或脚下做贴仔,只可一寸三分厚,要除矮脚一寸三分才相称。或做靠背凳尺寸一同。但靠背只高一尺四寸,则止栌仔做一寸二分大,一尺五分厚,或起棋盘线,或起剑眷线,雕花亦如之。不下花者同样。余长短宽阔在此尺寸上分,准此。

杌(机)子式

【原文】面一尺二寸长,阔九寸或八寸,高一尺六寸,头空一寸零六分,画眼脚方圆一寸四分大,面上眼斜六分半,下栌仔一寸一分厚,起剑脊线,花牙三寸五分。

桌

【原文】高二尺五寸,长短阔狭看按面而做。中分两孔,按面下抽箱或六寸深,或五寸深,或分三孔,或两孔,或两孔下。踃脚方与脚一同大,一寸四分厚,高五寸,其脚方圆一寸六分大,起麻横线。

琴凳式

机子式

八仙桌

【原文】高二尺五寸,长三尺三寸,大二尺四寸,脚一寸五分大。若下炉盆,下层四寸七分高,中间方圆九寸八分无误。勒木三寸七分大,脚上方圆二分,线桌框二寸四分大,一寸二分厚,时师依此式大小,必无一误。

小琴桌式

【原文】长二尺三寸,大一尺三寸,高二尺三寸,脚一寸八分大,下梢一寸二分大,厚一寸一分,上下琴脚勒木二寸大,斜斗六分。或大者放长尺寸,与一字桌同。

棋盘方桌式

【原文】方圆二尺九寸三分,脚二尺五寸高,方圆一寸五分大,桌框一寸二分厚,二寸四分大,四齿吞头四个(每个七寸长,一寸九分大,中截下绦环脚或人物,起麻出色线。)

【注解】括号中字原书遗漏,此据其他版本补。

衣厨样式

【原文】高五尺零五分,深一尺六寸五分,阔四尺四寸,平分为两柱,每柱一寸六分大,一寸四分厚。下衣栌一寸四分大,一寸三分厚。上岭一寸四分大,一寸二分厚。门框每根一寸四分大,一寸一分厚。其厨上梢一寸二分。

食格样式

【原文】柱二根,高二尺二寸三分,带净平头在内,一寸一分大,八分厚,梁尺分厚二寸九分大,长一尺六寸一分,阔九寸六分。

下层五寸四分高,二层三寸五分高,三层三寸四分高,盖二寸高,板片三分半厚。里子口八分大,三分厚。车脚二寸大,八分厚。桨腿一尺五寸三分高,三寸二分大,余大小依此退墨做。

衣 折 式

【原文】大者三尺九寸长,一寸四分大,内柄五寸,厚六分。小者二尺六寸长,一寸四分大,柄三寸八分,厚五分。此做如剑样。

衣 箱 式

【原文】长一尺九寸二分,大一尺六寸,高一尺三寸,板片只用四分厚,上层盖一寸九分高,子口出五分,或下车脚一寸三分大,五分厚,车脚只是三湾。

烛 台 式

【原文】高四尺,柱子方圆一寸三分大,分上盘仔八寸大,三分倒挂花牙。每一只脚下交进三片,每片高五寸二分,雕转鼻带叶。交脚之时,可拿板片画成,方圆八寸四分,定三方长短,照墨方准。

圆 炉 式

【原文】方圆二尺一寸三分大,带脚及车脚共上盘子一应高六尺五分,正上面盘子一寸三分厚,加盛炉盆贴仔八分厚,做成二寸四分大,豹脚六只,每只二寸大,一寸三分厚,下贴梢一寸厚,中圆九寸五分正。

食格样式　　衣折样式

衣箱式

看 炉 式

【原文】九寸高,方圆二尺四分大,盘仔下绦环二寸框,一寸厚,一寸六分大,分佐亦方。下豹脚脚二寸二分大,一寸六分厚,其豹脚要雕吞头。下贴梢一寸五分厚,一寸六分大,雕三湾勒水。其框合角笋眼要斜八分半方斗得起,中间孔方圆一尺,无误。

方 炉 式

【原文】高五寸五分,圆尺内圆九寸三分,四脚二寸五分大,雕双莲挽双钩。下贴梢一寸厚,二寸大。盘仔一寸二分厚,绦环一寸四分大,雕螳螂肚接豹脚相称。

香炉样式

【原文】细乐者长一尺四寸,阔八寸二分,四框三分厚,高一寸四分,底三分厚,与上样样阔大,框上斜三分,上加水边,三分厚,六分大,起厩竹线。下豹脚,下六只,方圆八分,大一寸二分。大贴梢三分厚,七分大,雕三湾。车脚或粗的不用豹脚,水边寸尺一同。又大小做者尺寸,依此加减。

学士灯挂

【原文】前柱一尺五寸五分高,后柱子二尺七寸高,方圆一寸大。盘子一尺三寸阔,一尺一寸深。框一寸一分厚,二寸二分大,切忌有节树木,无用。

香 几 式

【原文】凡佐香几,要看人家屋大小若何。而大者,上层三寸高，二层三寸五分高，三层脚一尺三寸长，先用六寸大，后做一寸四分大，下层五寸高，下车脚一寸五分厚。合角花牙五寸三分大，上层栏杆仔三寸二分高，方圆做五分大，余看长短大小而行。

招 牌 式

【**原文**】大者六尺五寸高，八寸三分阔；小者三尺二寸高，五寸五分大。

洗浴坐板式

【**原文**】二尺一寸长，三寸大，厚五分，四围起剑眷线。

药 厨

【**原文**】高五尺，大一尺七寸，长六尺，中分两眼，每层五寸，分作七层，每层抽箱两个门，共四片。每边两片脚方圆一寸五分大，门框一寸六分大，一寸一分厚，抽箱板四分厚。

药 箱

【**原文**】二尺高，一尺七寸大，深九寸（寸字妄补），中分三层，内下抽箱只做二寸高，内中方圆交佐几孔如田字格样，好下药，此是杉木板片合进，切忌杂木。

火 斗 式

【**原文**】方圆五寸五分，高四寸七分，板片三分半厚。上柄柱子共高八寸五分，方圆六分大，下或刻车脚上掩。火窗齿仔四分大，五分厚，横二根，直六根或五根。此行灯擎高一尺二寸，下盛板三寸长，一封书做一寸五分厚，上留头一寸三分，照得远近无误。

柜　式

【原文】大柜上框者二尺五寸高，长六尺六寸四分，阔三尺三寸。下脚高七寸，或下转轮斗在脚上可以推动。四柱每柱三寸大，二寸厚，板片下叩框方密小者，板片合进二尺四寸高，二尺八寸阔，长五尺零二寸，板片一寸厚板，此及量斗及星迹，各项谨记。

象棋盘式

【原文】大者一尺四寸长，共大一尺二寸，内中间河路一寸二分大。框七分方圆，内起线三分，方圆横共十路，直共九路，河路笋要内做重贴，方能坚固。

围棋盘式

【原文】方圆一尺四寸六分，框六分厚，七分大，内引六十四路长通路，七十二小断路，板片只用三分厚。

注：以下诸式，原书均无，为使完整，现据其他版本补。

圆 桌 式

【原文】方三尺零八分，高二尺四寸五分，面厚一寸三分。串进两半边做，每边桌脚四只，二只大，二只半边做合进棂一般大，每只一寸八分大，一寸四分厚，四围三湾勒水。余仿此。

一字桌式

【原文】高二尺五寸，长二尺六寸四分，阔一尺六寸，下梢一寸五分，方好合进。做八仙桌勒水，花牙三寸五分大，桌头三寸五分长，柜一寸九分大，一寸二分厚，框下关头八分大，五分厚。

折 桌 式

【原文】框一寸三分厚，二寸二分大。除框脚高二尺三寸七分整，方圆一寸六分大，要下稍去些。豹脚五寸七分长，一寸一分厚，二寸三分大，雕双线，起双沟，每脚上二笋，开豹脚上，方稳不会动。

算 盘 式

【原文】一尺二寸长，四寸二分大，框六分厚，九分大，起碗底线，上二子一寸一分，下五子三寸一分，长短大小，看子而做。

茶盘托盘样式

【原文】大者长一尺五寸五分，阔九寸五分。四框一寸九分高，起边线，三分半厚，底三分厚。或做斜托盘者，板片一盘子大，但斜二分八厘，底是铁钉钉住，大小依此格加减无误。有做八角盘者，每片三寸三分长，一寸六分大，三分厚，共八片，每片做斜二分半，中笋一个，阴阳交进。

手水车式

【原文】此与踏水车式同，但只是小。这个上有七尺长或六尺长水箱，四寸高，带面上梁贴仔高九寸，车头用两片樟木板，二寸半大，斗在车箱上面，轮上关板刺依然八个，二寸长，车子二尺三寸长，余依踏车式尺寸扯短是。

踏水车式

【原文】四人车头梁八尺五寸长，中截方，两头圆。除中心车槽七寸阔,上下车板剌八片,分四人,已阔下千字横仔一尺三寸五分长,横仔之上斗棰仔圆的方的,二寸六分大,三寸二分长;两边车脚五尺五寸高,柱子二寸五分大,下盛盘子长一尺六寸整,一尺大,三寸厚方稳。车桶一丈二尺长,下水桶八寸高,五分厚。贴仔一尺四寸高,共四十八根,方圆七分大;上车面梁一寸六分大,九分厚,与水箱一般长;车底四寸大,八分厚,中一龙舌,与水箱一样长,三寸大,四分厚;下尾上椹水仔圆的方的三寸大,五寸长;剌水板亦然八片,关水板骨八寸长,大一寸零二分,一半四方,一半薄四分,做阴阳笋斗,在拴骨板片五寸七分大,共计四十八片,关水板依此样式尺寸不误。

推车式

【原文】凡做推车,先做推屑,要五尺七寸长,方圆一寸五分大,车辆轨方圆二尺四寸大,车角一尺三寸长,一寸二分大;两边棋枪一尺二寸五分长,每一边三根,一寸厚,九分大;车轨中间横仔一十八根,外轨板片九分厚,里外共一十二片合进;车脚一尺二寸高,锁脚八分大,车上盛罗盘,罗盘六寸二分大,一寸厚,此行俱用硬树的方坚牢固。

牌匾式

【原文】看人家大小屋宇而做。大者八尺长,二尺大,框一寸六分大,一寸二分厚,内起棋盘,中下板片上行下。

第三卷

【原文】

起造房屋类

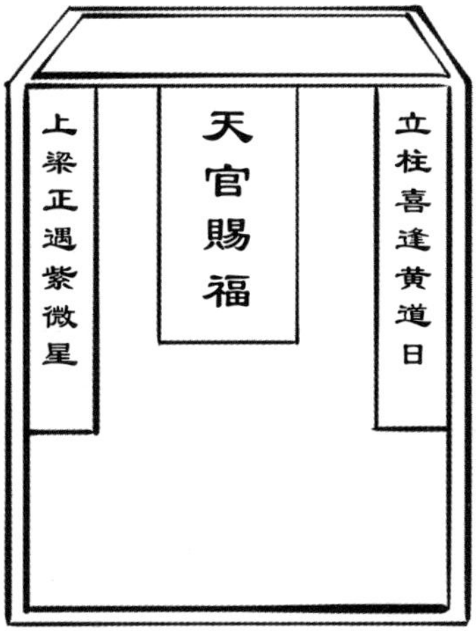

立柱上梁联

【注解】紫微：天上三垣之一，因其中有天皇大帝星，后引申称皇帝也为紫微星。据说，乾隆皇帝一次微服私访到苏州，忽然听见放爆竹之声，乾隆皇帝问乡民，乡民言某家此时正立柱上梁。乾隆皇帝也精通择吉，一推算，查出该天是大凶之日，不知其家为何选择此日，就走过去问个究竟。主家告诉乾隆皇帝："择吉先生说，今天虽是大凶煞日，但紫微星到，诸杀皆避，反为大吉之日。"乾隆皇帝信服地点了点头。从此这副对联便成为立柱、上梁的专用对联了。

【原文】（以下图文均为原书所有）

诗曰:门高胜于厅, 后代绝人丁。 门高胜于壁, 其法多哭泣。	诗曰:门扇或斜欹, 夫妇不相宜。 家财常耗散, 更防人谋散。
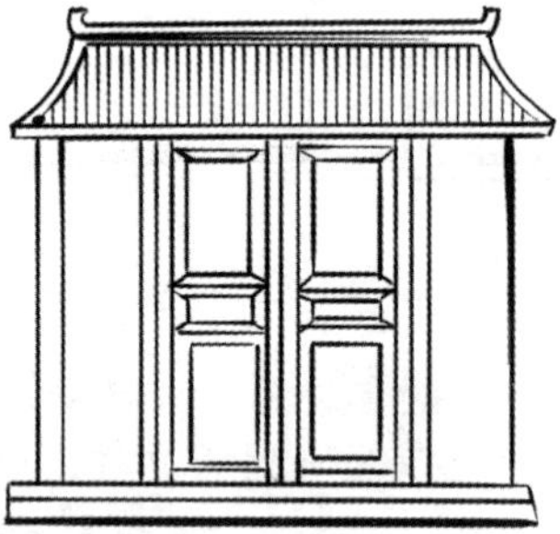	
诗曰:门柱补接主凶灾, 仔细巧安排。 上头目患中痨吐, 下补脚疾苦。	诗曰:门柱不端正, 斜欹多招病。 家退祸频生, 人亡空怨命。

诗曰:门边土壁要一般,
左大换妻更遭官。
右边或大胜左边,
孤寡儿孙常叫天。

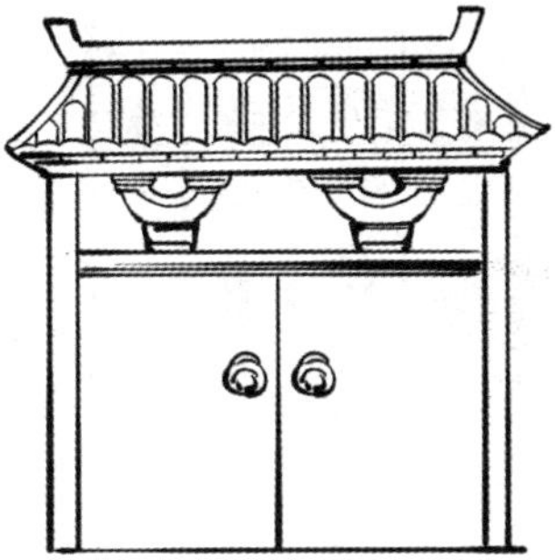

诗曰:门上莫作仰供装,
此物不为祥。
两边相指或无言,
论讼口交争。

诗曰:门前壁破街砖缺,
家中长不悦。
小口枉死药无医,
急要修整莫延迟。

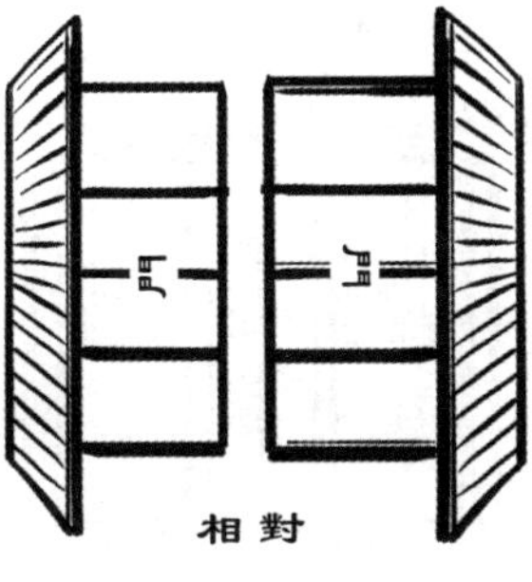

诗曰:二家不可门相对,
必主一家退。
开门不得两相冲,
必有一家凶。

诗曰：门板莫令多树节，
生疮疔不歇。
三三两两或成行，
徒配出军郎。

诗曰：门户中间窟痕多，
灾祸事交讹。
家招刺配遭非祸，
瘟黄定不差。

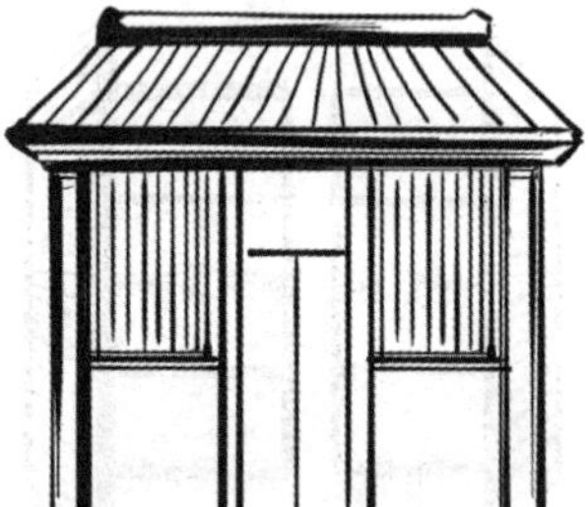

诗曰：门板多穿破，
怪异为凶祸。
定注退财产，
修补免贫寒。

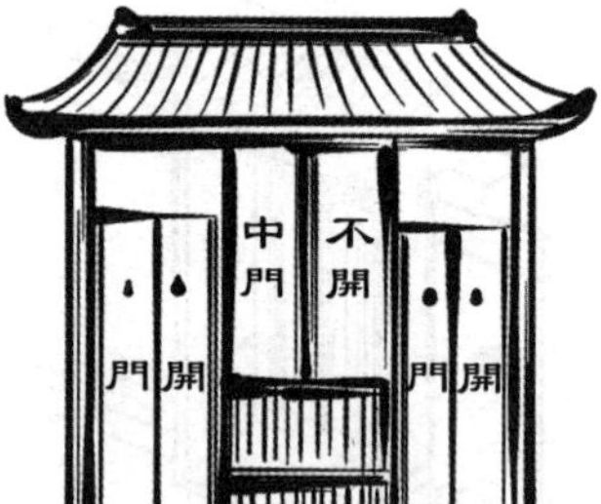

诗曰：一家不可开二门，
父子没慈恩。
必招进舍填门客，
时师须会识。

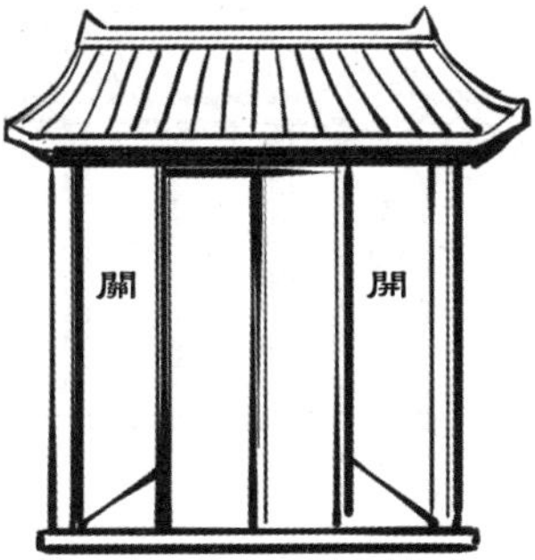

诗曰:一家若作两门出，
鳏寒多冤屈。
不论家中正主人，
大小自相凌。

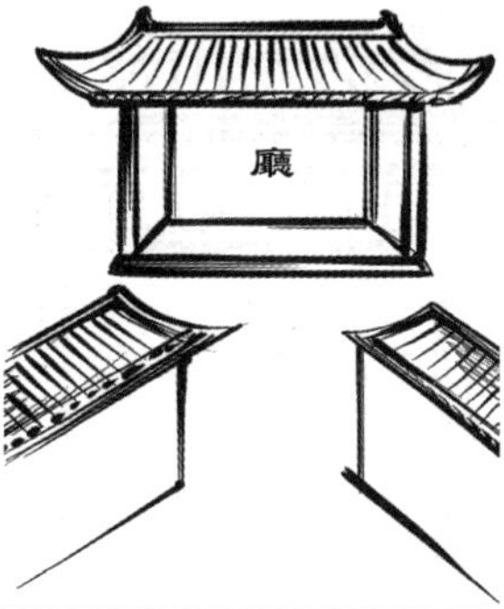

诗曰:厅屋两头有屋横，
吹祸起纷纷。
便言名曰抬丧山，
人口不平安。

诗曰:门外置栏杆，
名曰纸钱山。
家必多丧祸，
恓惶实可怜。

诗曰:人家天井置栏杆，
心痛药医难。
更招眼障暗昏蒙，
雕花极是凶。

诗曰：当厅若作穿心梁，
其家定不祥。
便言名曰停丧山，
哭泣不曾闲。

诗曰：人家相对仓门开，
定断有凶灾。
风疾时时不可医，
世上少人知。

诗曰：西廊壁枋不相接，
必主相离别。
更出人心不伶俐，
疾病谁医治。

诗曰：人家方畔有禾仓，
家有寡母坐中堂，
若然架在天医位，
却宜医术正相当。

诗曰:路如牛尾不相和,
头尾翻舒反背吟,
父子相离真未免,
女人要嫁待何如。

诗曰:禾仓背后作房间,
名为疾病山。
连年困卧不离床,
劳病最恓惶。

诗曰:有路行来似铁丫,
父南子北不宁家,
更言一拙诚堪拙,
典卖田园难免他。

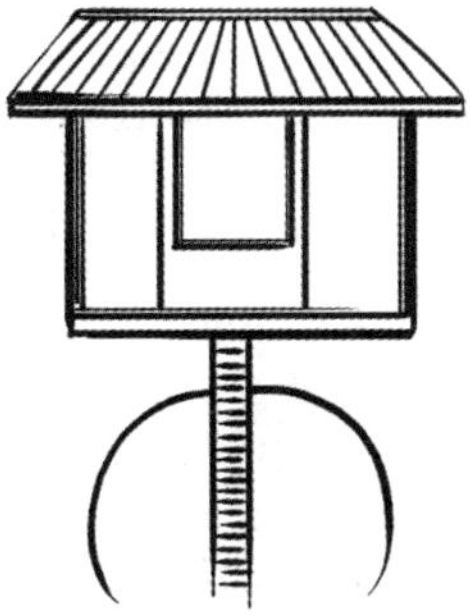

诗曰:路若钞罗与铜角,
积招疾病无人觉。
瘟疫麻痘若相侵,
病疾师巫反有法。

诗曰:人家不宜居水阁,
过房并接脚。
两边池水太侵门,
流传儿孙好大脚。

诗曰:方来不满破分田,
十相人中有不同。
成败又多徒费力,
生离出去岂无还。

诗曰:故身一路横哀哉,
屈屈来朝入见蛇。
家宅不安死外地,
不宜墙壁反教差。

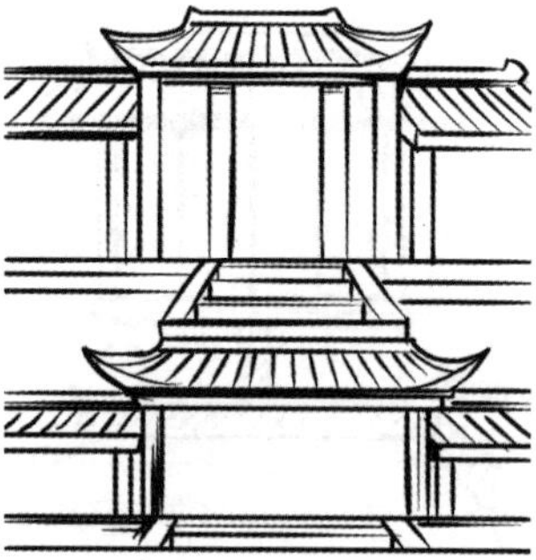

诗曰:门高叠叠似灵山,
但合僧堂道院看。
一直到门无曲折,
其家终冷也孤单。

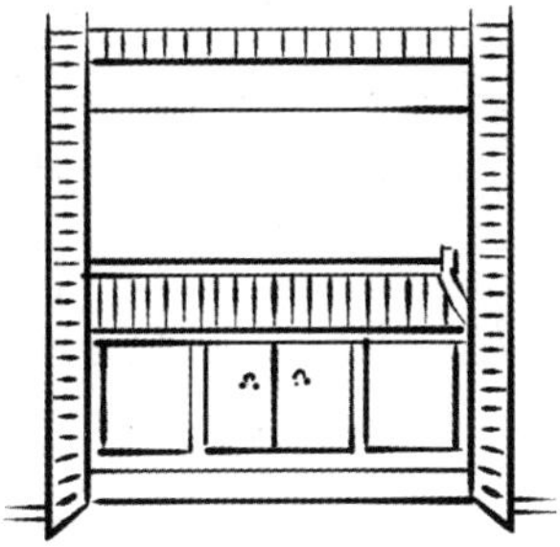

诗曰：四方平正名金斗，
富足田园粮万亩，
围墙回环无破陷，
年年进益添人口。

诗曰：墙垣如弓抱，
名曰进田山。
富足人财好，
更有清贵官。

诗曰：左边七字须端正，
方断财山定。
或然一似死鸭形，
日日闹相争。

诗曰：若见门前七字去，
断作辨金路。
其家富贵足钱财，
金玉似山堆。

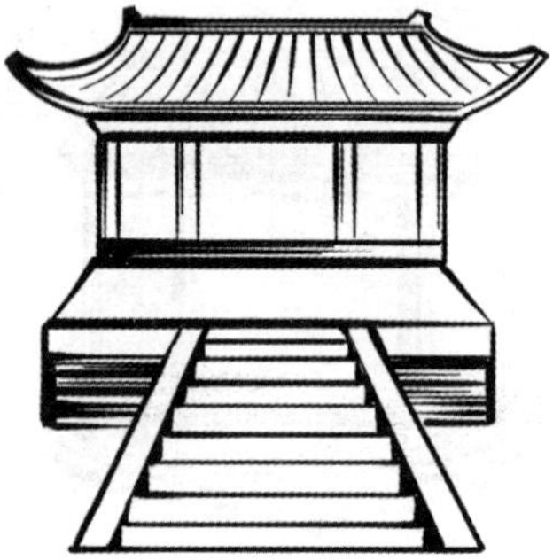

诗曰：屋前行路渐渐大，
人口常安泰。
更有朝水向前来，
日日进钱财。

诗曰：土堆似人拦路抵，
自缢不由贤。
若在田中却是吉，
名为印绶保千年。

诗曰：门前土堆如人背，
上头生石出徒配，
自他渐渐生茅草，
家口常忧恼。

诗曰：右边墙路如直出，
时时叫冤屈。
怨嫌无好一夫儿，
代代出生离。

诗曰:路如衣带细参详, 岁岁灾危歹位当。 白叹资身多耗散, 频频退失好恓惶。	诗曰:左边行带事亦同, 男人效病手扣风, 牛羊六畜空费力, 虽得财钱一旦空。
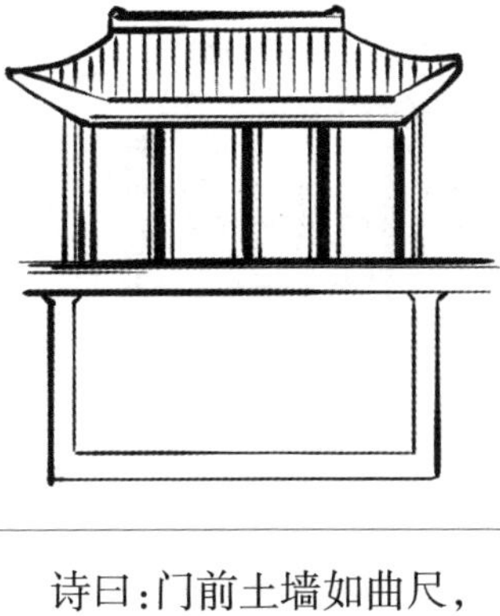	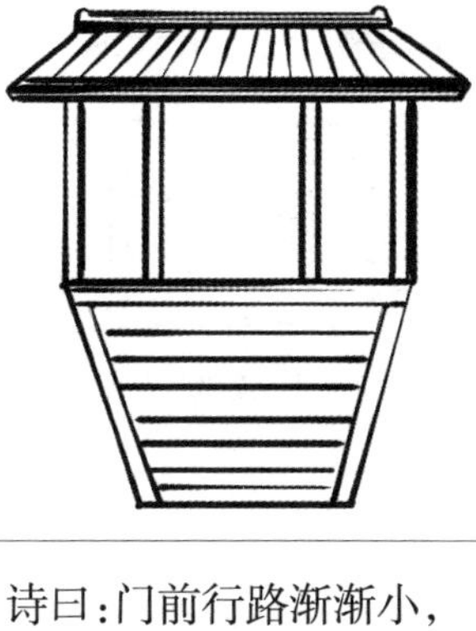
诗曰:门前土墙如曲尺, 造契人家吉。 或然曲尺向外长, 妻婿哭分张。	诗曰:门前行路渐渐小, 口食随时了。 或然直去又低垂, 退落不知时。

诗曰：前街玄武入门来，
家中常进财。
吉方更有朝水至，
富贵进田牛。

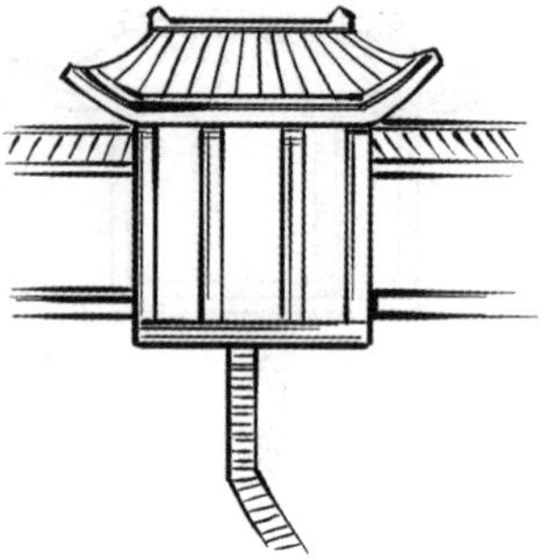

诗曰：路若源头水并流，
庄田千万岂能留。
前去若更低低去，
退后离乡散手游。

诗曰：路如烛焰冒长能，
可叹其家小口亡，
儿子卖田端的有，
不然父母也投河。

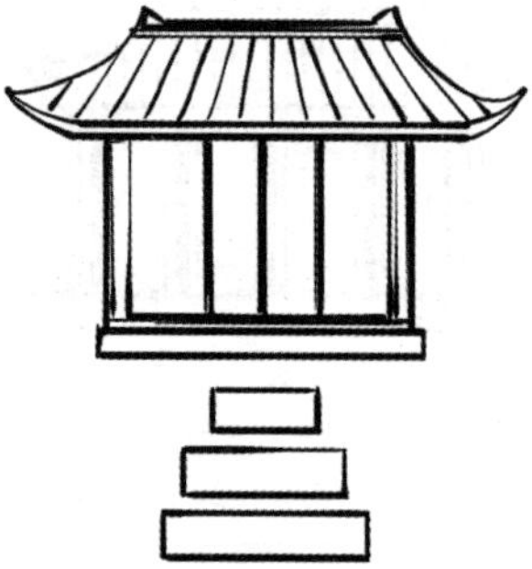

诗曰：门前腰带田陆大，
其家有分解。
园墙四畔更回还，
名曰进财山。

诗曰：门前有路如圆障，
八尺十二数。
此窟名如陪地金，
旋旋入庄田。

诗曰：门前行路如鹅鸭，
分明两边着。
或然又如鹅掌形，
口舌不曾停。

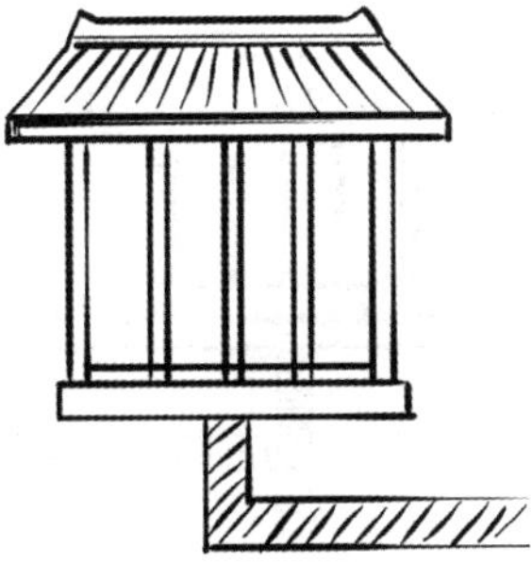

诗曰：有路行来若火勾，
其家退落更能偷。
若还有路从中入，
打杀他人未肯休。

诗曰：双槐门前路捉精，
先知室女有风声，
身怀六甲方行嫁，
却笑人家浊不贞。

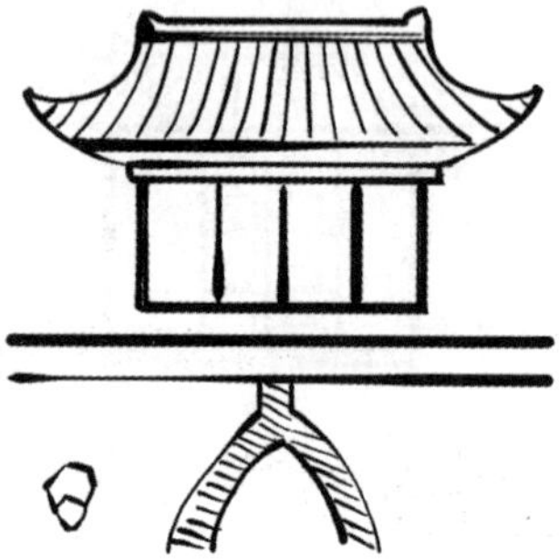

诗曰：一来一往似立幡，
家中发后事多般。
须招口舌重重起，
外来兼之鬼入门。

诗曰：门前石面似盘平，
家富有声名。
两边夹从进宝山，
足食更清闲。

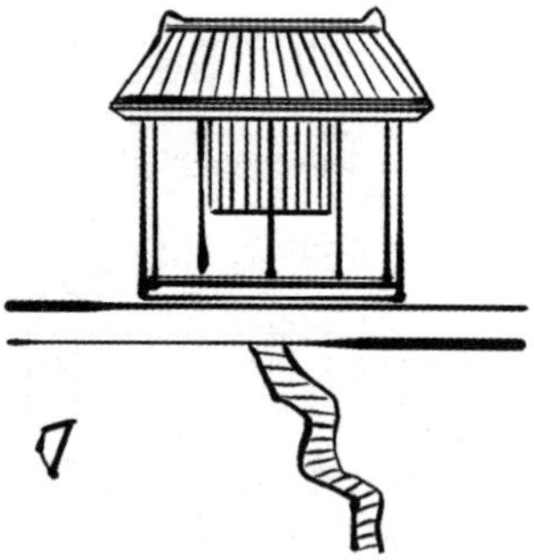

诗曰：翻连屈曲名蚯蚓，
有路如斯人气紧。
生离未免两分飞，
损子伤妻家道亏。

诗曰：十字路来才分谷，
见孙手艺最堪为。
虽然温饱多成败，
只因嗜好卖已虚。

诗曰:门前见有三重石，
如人坐睡直。
定主二夫共一妻，
蚕月养春宜。

诗曰:屋边有石斜耸出，
人家常仰郁。
定招风疾及困贫，
口食每求人。

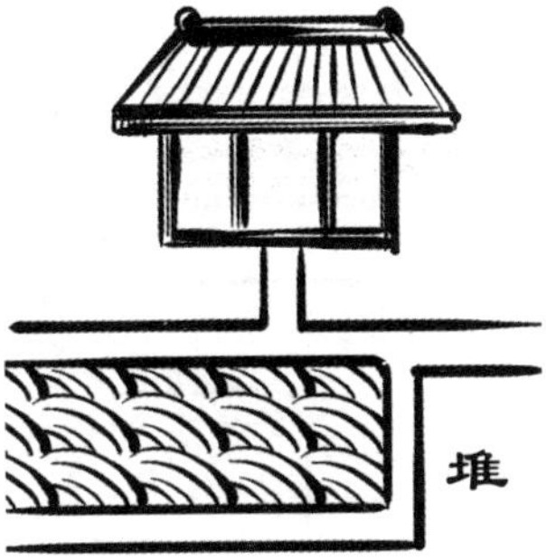

诗曰:排算虽然路直横，
须教笔砚案头生。
出入巧性多才学，
池沼为财轻富荣。

诗曰:路来重曲号为州，
内有池塘或石头，
若不为官须巨富，
侵州侵县置田畴。

诗曰：右面四方高，
家里产英豪。
浑如斧凿成，
其山出贵人。

诗曰：路如人字意如何，
兄弟分推隔用多，
更主家中红焰起，
定知此去更无庐。

诗曰：石如虾蟆草似秧，
怪异入厅堂。
驼腰背曲家中有，
生子形容丑。

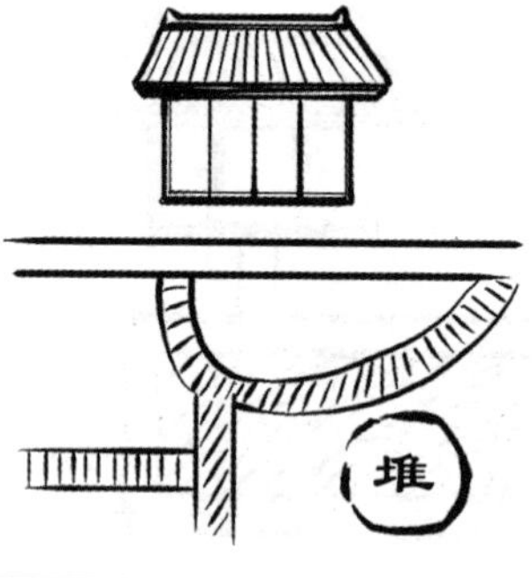

诗曰：四路直来中间曲，
此名四兽能取禄。
左来更得一刀砧，
文武兼全俱皆足。

诗曰：抱尸一路两交加，
室女遭人杀可嗟。
从行夜好家内乱，
男人致死也因他。

诗曰：一重城抱一江碧，
若有重城积产钱。
虽是富荣无祸患，
只宜抱子度晚年。

诗曰：石如酒瓶样一般，
楼台更满山。
其家富贵欲一求，
斛注使金银。

诗曰：或外有石似牛眠，
山成进庄田。
更有水在丑方出，
六畜自兴旺。

	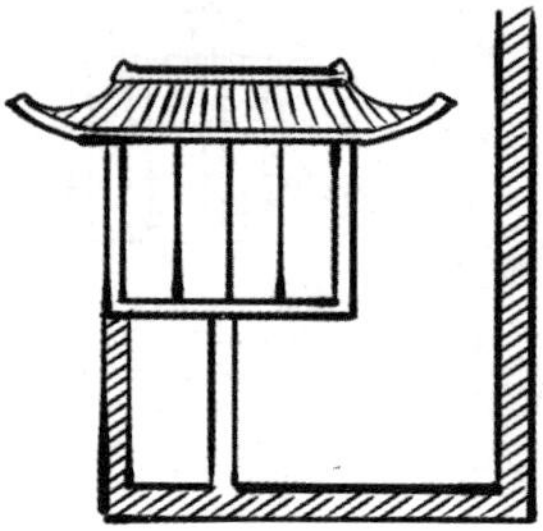
诗曰:南方若还有尖石, 代代火烧宅。 大高尖起火成山, 烧尽不为难。	诗曰:展帛回来欲卷舒, 辨钱田即在方隅。 中男长位须先发, 人言此位鬼神扶。
	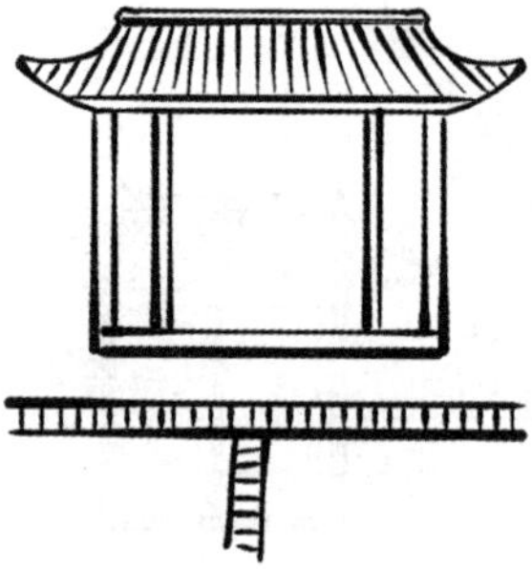
诗曰:左头屋后起三堆, 仓库积木固。 石藏屋后一般般, 潭曰更清闲。	诗曰:路如丁字损人丁, 前低荡去不堪行, 或然平生犹轻可, 也主离乡亦主贫。

诗曰：品岩嵯峨似净瓶， 家出素衣僧。 更主人家出孤寡， 宫更相传有。	诗曰：路如跪膝不风光， 轻轻乍富便更张。 只因笑死浑闲事， 脚病常常不离床。
	诗曰：路成八字事难逃， 有口何能下一挑， 死别生离争似苦， 门前有此非吉兆。

【注解】古人建宅，对其外形非常重视，诸阳宅书均有论及。《阳宅十要》将外形列为第一，对宅形的长短、阔狭、缺陷、门、路及四周的石、水、山、树等一一做了详尽讲解，特摘要于下：

《八方坑坎歌》

丑低投军号阵中， 艮低师巫残患人。

寅低狼伤并虎咬， 他乡外死甲上坑。
卯地有水伤眼目， 乙辰有水患秃风。
巽地坑泄官司败， 阳短阴山出暗风。
午丙有坑火灾显， 未丁坑下痨嗽人。
酉方坑下家贫窘， 戌亥蛇腰鬼贼侵。
壬子有弯绝后嗣， 祸福如同在掌中。

《何知经》

何知人家贫了贫？ 山走山斜水返身。
何知人家富了富？ 圆峰磊落皆相护。
何知人家贵了贵？ 文笔秀峰当案起。
何知人家出富豪？ 一山高了一山高。
何知人家破败时？ 一山低了一山低。
何知人家出孤寡？ 琵琶侧扇孤峰邪。
何知人家少年亡？ 前也塘兮后也塘。
何知人家吊颈死？ 龙虎颈上有条路。
何知人家少子孙？ 前后两边高过坟。
何知人家二姓居？ 一边山有一边无。
何知人家主离乡？ 一山主窜过明堂。
何知人家出从军？ 枪山坐在面前伸。
何知人家被贼偷？ 一山走出一山沟。
何知人家忤逆有？ 龙虎山斗或开口。
何知人家被火烧？ 四边山脚似芭蕉。
何知人家女淫乱？ 门对坑窜水有返。
何知人家常发哭？ 面前有个鬼神屋。
何知人家不旺财？ 只少源头活水来。
何知人家不久年？ 有一边兮无一边。
何知人家受孤栖？ 水走明堂似簸箕。

何知人家修善果？　面前有个香炉山。
何知人家会做师？　排符山头有香炉。
何知人家出跏跛？　前后金星齐带火。
何知人家致死来？　停尸山在面前排。
何知人家有残疾？　只因水带黄泉入。
何知人家灾少人？　后头来龙无气脉。
仔细相山并相水，　断山祸福灵如见。
千形万形在其中，　不过此经而已矣。

坟林 凶宅 坟林	坟　凶宅	高　平 吉宅 高　平
此宅前后有坟林， 凡事未通不称心。 家财破败终无吉， 常有非灾后又侵。	左边孤坟莫施工， 此地安庄甚是凶。 疾病缠身终不吉， 家中常被鬼贼侵。	西北仰高数里疆， 东南巽地有重冈。 坤艮若平家豪贵， 田蚕万倍足牛羊。

岭河岗 吉宅	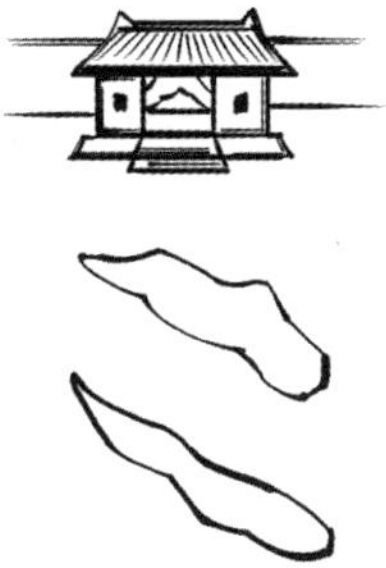	
南北长河又宽平， 东岭西冈三两层。 左右宅前来相顾， 儿孙定出武官人。	若见鹅颈鸭项前， 淫乱风声处处传。 孤寡少年不出屋， 男躄女跛不堪言。	若有此塘当面前， 代代瘵痨不堪言。 一塘便断一人丧， 何宠不与外人传。
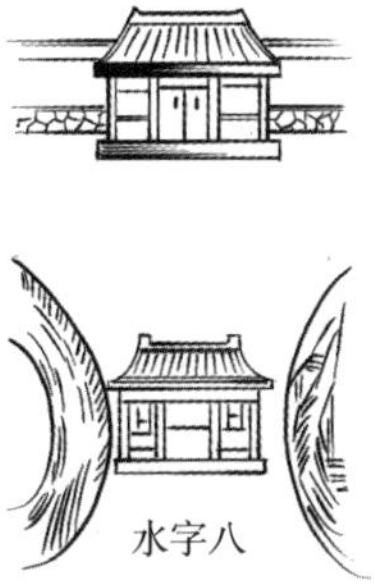		
门前水分八字图， 卖尽田园离乡土。 淫乱其家不用媒， 定出长小离房祖。	竹木倒垂在水边， 小儿落水不堪言。 栏栅添置犹可防， 更有瘟灾发酒癫。	缢颈之树藤缠上， 要在禄存方上见。 妇人口舌搅亲邻， 遭瘟动火入黄泉。

附录（附录二字系整理者加）

鲁班仙师源流

【原文】师讳班，姓公输，字依智。鲁之贤胜路，东平村人也。其父讳贤，母吴氏。师生于鲁定公三年甲戌五月初七日午时，是日白鹤群集，异香满室，经月弗散，人咸奇之。甫七岁，嬉戏不学，父母深以为忧。迨十五岁，忽幡然，从游于子夏之门人端木起，不数月，遂妙理融通，度越时流。愤诸侯僭称王号，因游说列国，志在尊周，而计不行，乃归而隐于泰山之南小和山焉，晦迹几一十三年。偶出而遇鲍老辈，促膝宴谭，竟受业其门，注意雕镂刻画，欲令中华文物焕尔一新。故尝语人曰："不规而圆，不矩而方，此乾坤自然之象也。规以为圆，矩以为方，实人官两象之能也。矧吾之明，虽足以尽制作之神，亦安得必天下万世咸能，师心而如吾明耶。明不如吾，则吾之明穷，而吾之技亦穷矣。"爰是既竭目力，复继之以规矩准绳。俾公私欲经营宫室，驾造舟车与置设器皿，以前民用者，要不超吾一成之法，已试之方矣，然则师之。缘物尽制，缘制尽神者，顾不良且钜哉。而其淑配云氏，又天授一段神巧，所制器物固难枚举，第较之于师，殆有佳处，内外赞襄，用能享大名而垂不朽耳。裔是年跻四十，复隐于历山，卒遘异人授秘诀，云游天下，白日飞升，止留斧锯在白鹿仙岩，迄今古迹昭然如睹，故战国大义赠为永成待诏义士。后三年陈侯加赠智惠法师，历汉、唐、宋，犹能显踪助国，屡膺封号。我皇明永乐间，鼎创北京龙圣殿，役使万匠，莫不震悚。赖师降灵指示，方获落成。爰建庙祀之匾曰"鲁班门"，封待诏辅国太师北成侯，春秋二祭，礼用太牢。今之工人凡有祈祷，靡不随叩随应，忱悬象著明而万古仰照者。

【注解】公输班:战国时期鲁国有名的工匠,创造攻城的云梯、钻、刨、锯等工具,历代木工均尊其为祖师。有云其始公输,名般,因其为鲁人,故称为鲁班。有说鲁班为鲁昭公之子,与公输班系二人,并非一人,皆有巧艺,可参考《汉书·序传》“班输确巧于斧斤”一句之注。

鲁定公:(?—95年)姬姓,名宋,鲁襄公之子,鲁昭公弟。

太牢:盛牲的食器叫牢,大的叫太牢。由此延伸把宴会或祭祀时用的牛、羊、豕也叫太牢。古时又规定:“诸侯之祭,牛,曰太牢。大夫之祭,牲羊,曰少牢。士之祭特牲,豕,曰馈食。”故明时是以诸侯之礼祭祀鲁班的。

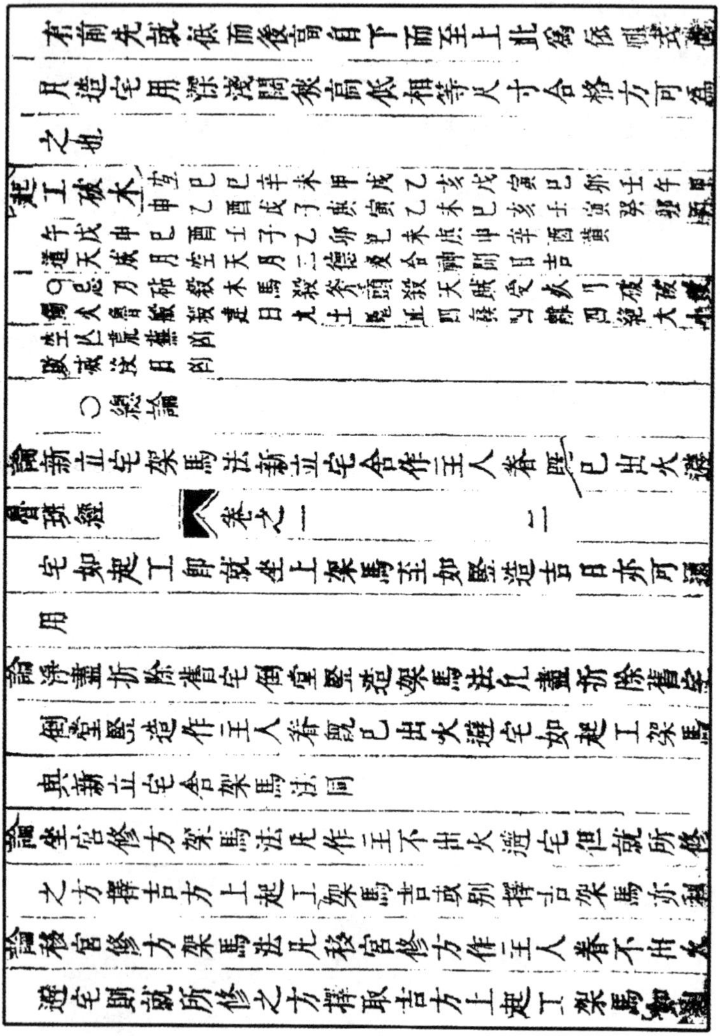
者前先取依而後言自下而至上此爲依則武盖
凡造宅用深淺闊狹高低相等尺寸合格方可爲
之也
起工破木
○總論
論新立宅架馬法　新立宅舍作主人眷既已出火避
魯班經　卷之一　二
宅如起工即就坐上架馬至如豎造吉日亦可還
用
論淨盡拆除舊宅倒堂豎造架馬法　凡盡拆除舊宅
倒堂豎造作主人眷既已出火避宅如起工架馬
與新立宅舍架馬法同
論坐宮修方架馬法　凡作主不出火避宅但就所修
之方擇吉方上起工架馬吉或別擇吉架馬亦利
論移宮修方架馬法　凡移宮修方作主人眷不出火
避宅則就所修之方擇取吉方上起工架馬便

本面书影整理文字见第 7 ～ 12 面。

《故宫珍本丛刊》精选整理本丛书·术数

新刻法师选择纪（全）

（择日纪全）

明钱塘胡文焕德甫校正

明万历汇贤斋刻本

李峰注解

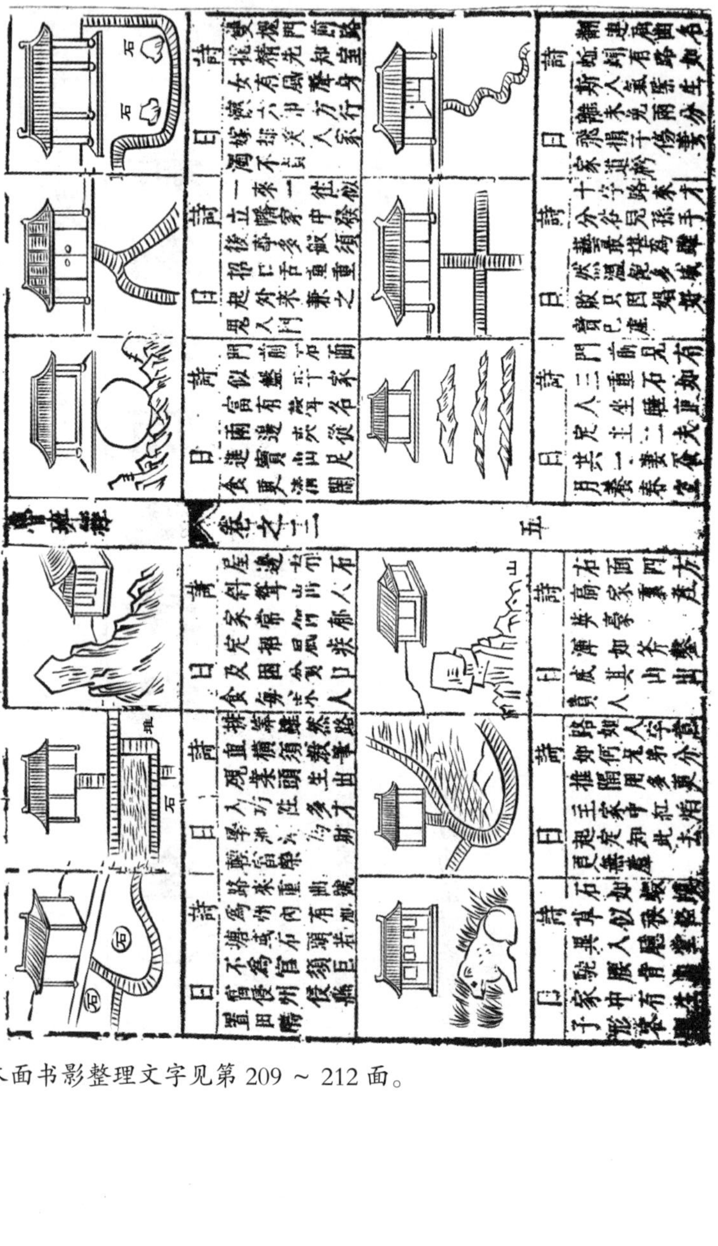

本面书影整理文字见第 209 ~ 212 面。

不分卷（原书无此三字）

择日纪全（原扉页用书名）

【原文】贞观元年正月十五日，唐太宗皇帝宣问诸大臣僚："朕见天下万姓，每三四日长明设斋求福，如何却有祸生？"当时三藏和尚奏："万姓设斋之日，值遇凶神，故为咎者，皆是不按藏经内值吉神可用之日，所以致此。臣今藏经内录如来选择纪，奏上见其祸福由之日吉凶也。"

【注解】唐太宗（599—649）：李世民，627年即位，改年号为"贞观"。贞观元年即公元627年。

三藏和尚（602—664）：本姓陈，名祎，洛阳缑氏今河南偃师缑氏镇人，十三岁出家。贞观元年自长安西行求法，历经艰苦，抵天竺，入戒贤法师之门，贞观十九年返国，奉诏译经，号玄奘，通称三藏法师，民间呼为唐僧。神话小说《西游记》中的唐僧即指此人。

【原文】甲子日是善财童子在世捡斋，还愿者子孙昌盛福生，招财大吉利。

【注解】善财童子：释迦牟尼弟子。《华严经·入法界品二》："以何因缘名善财？此童子者，初受胎时，于其宅内有七大宝藏。其藏普出七宝楼阁，自然周备……以此故事，婆罗门中善相师字曰善财。"神话小说《西游记》一书说观音菩萨把牛魔王之子红孩儿收为"善财童子"，二者不可混淆。

【原文】乙丑、丙寅日是阿罗汉尊长者与天神下降，有人设斋还愿者，万倍衣禄，财宝自然吉庆，大吉利也。

【注解】 阿罗汉:梵语音译是小乘佛教修行的最高果位,也叫“罗汉”。《大智度·论三》:“阿罗汉名贼,汉名破,一切烦恼贼破,是名阿罗汉。……阿名不,罗汉名生,后世中更不生,是名阿罗汉。”

【原文】 丁卯日是司命捡斋,有人祈祷还愿者,返善为恶,妨人口,大凶可忌。

【注解】 司命:紫微垣中的文昌星由六颗组成,其中第四颗星名司命,主管人间老幼的寿夭之事,为天之六府之一。《礼·祭法》称宫中所祀小神有司命,《风俗通仪·祀典》称民间所祀小神有司命。同时,黄道与黑道的第十一位神名“司命”。《易经》曰:“乾为天、为君、为文,是天皇之正位也,主御群灵,司万物生死,故曰司命。亦能掌握万物,故又曰天府。”《天洞真经》百神名的第二十三星名“司命君”。由以上诸论看来,司命为黄道之神,其神主吉祥,其日临值,本书唯言凶,与其神性质不符。

【原文】 戊辰、己巳日是那吒太子捡斋,若有人设醮还福,返善为恶,妨人口,大凶。

【注解】 那吒太子:佛家护法神,传说是昆沙门天王之子,也作“哪吒”。《宋高僧传·道宣传》:“(宣)于西明寺夜行足跌,前阶有物扶持,履空无害,熟顾视之,乃少年也。宣遽问:‘何人中夜在此?’少年曰:‘某非常人,即昆沙门天王之子那吒也。’”《封神演义》小说中言其为总兵李靖三子。依道宣例分析,那吒亦属保护吉神一类,似与本书为凶之意不符。

【原文】 庚午日是青衣童子在世捡斋,还福者,主万倍富贵,兴旺大吉。

【注解】 青衣:神名。宋罗平云:“南朝齐武帝永明二年,萧鉴刺益,治园江南,凿石冢有椁无棺……有篆云:蚕丛氏之墓。鉴责功曹何伫坟之,一无所犯,于上立神,衣青衣,即今成都青衣神也。”

【原文】辛未日是三途饿鬼在世捡斋,还愿者主三年破财,损六畜,大凶。

壬申、癸酉日是判官在世捡斋,还愿者主一年内有祸,大凶。

【注解】判官:此处指阴曹地府里辅佐阎王处理鬼事的僚属。

【原文】甲戌、乙亥、丙子、丁丑、戊寅、己卯六日是马鸣王菩萨捡斋,得无量福,万事大吉利。

【注解】马鸣王。《稽圣集》云:“蚕女家在绵竹县,塑女子像,披以马皮,谓之马头娘庙,又曰马明王或马鸣王。”可参阅晋干宝《搜神记·女化蚕》故事。

【原文】庚辰、辛巳、壬午日是狰狞神恶鬼在世,设斋主伤人口生灾,家中常有血光火烛,一年大凶。

癸未日是野妇罗刹,设斋主一年内人口破散,大凶。

【注解】罗刹:原是古印度土著民族之一,雅利安人进入印度后,诬蔑罗刹族人凶恶可畏,后便演化为恶鬼之义,佛教借其名通称恶鬼。男罗刹黑身,朱发,绿眼;女罗刹能变为美丽的妇人,魅惑食人。

【原文】甲申、乙酉、丙戌三日是弥陀佛说法之日,设斋还愿者,主三年内获福万倍,子孙兴旺,龙神获佑,百事大吉。

【注解】弥陀佛:即阿弥陀佛,属梵语译音,也有译作无量寿佛或无量光佛。佛家净土宗以阿弥陀佛为西方“极乐世界”的教主,长念其名号,临终时佛即出现,前来接引其往阿弥陀佛之极乐国土。

【原文】丁亥日是朱雀神在世,设斋还愿者,官灾口舌,疾疫侵害,大凶。

【注解】朱雀:原意是二十八宿中的南方七星(井、鬼、柳、星、张、翼、轸)的总名。因此七星连起来形似雀鸟,色赤,南方分野又为火,赤即朱,所以叫作朱雀。

【原文】戊子日是冥司差极忌神在世,设斋还愿者,主一年遇遭官事,口舌是非,疾病,此日大凶。

【注解】极忌神:并非具体神名泛指最凶恶忌讳之神。

【原文】己丑日是司命真君差童子在世捡斋,还愿者主人口安康,获福无量,此日平安。

【注解】司命真君:《镇神养生内思飞仙法》云:"日中司命,名接生,字通灵。"《大丹隐书洞真玄经》云:"中央司命君者,或曰制命丈人,主生年之本命,摄寿夭之简札,名理初明,字玄度卿,一名神宗,一名灵华,白日治幽极宫,通御阴房,出入神庐两门中。夕治在玄室地户之中,幽宫之下,六合宫之上,一界中耳。"

【原文】庚寅、辛卯日是畜神在世,设斋还愿者,主一年内破财损畜是非,大凶。

壬辰日是阿难尊者与青衣童子在世,设斋还愿者,主子孙昌盛,获福无量,三年大吉利。

【注解】阿难:释迦如来十大弟子之一,为欢喜喜庆之意。是斛饭王之子,释迦之从弟,生于佛成道之夜,因以阿难为名。二十五岁出家,侍佛二十五年,佛灭后,编录佛说,继为长老。

【原文】癸巳日是恶神游行,设斋还愿者,主年年不利,大凶。

甲午、乙未、丙申、丁酉、戊戌、己亥、庚子、辛丑八日是文殊、普贤与青衣童子在世捡斋,还愿者,此日获福无量,百事大吉。

【注解】文殊:菩萨名,梵语"文殊师利"的简称,与普贤常侍于佛之左右。其塑像头顶有五髻,象征大日五智,骑狮子,手持剑。《封神演义》一书云其为元始天尊弟子,在十绝阵中收狮子为座骑，后成佛。

普贤：菩萨名，与文殊并称，释迦牟尼之二胁侍。寺院塑像，侍立于释迦右旁，乘骑白象。所以，《封神演义》中有在十绝阵中收象为座骑的故事。

【原文】壬寅、癸卯日是观音菩萨行化之日，设斋还愿者，主儿孙得福，后世生净土，所生男子，十相俱足。

【注解】观音菩萨：原译观世音，因唐时避唐太宗李世民之讳，故称观音，亦称观自在菩萨。与大势至菩萨共侍阿弥陀如来，《法华经·观世音菩萨普门品》言："若有无量百千万亿众生受苦恼，闻是观世音菩萨，一心称名，观世音菩萨即时观其声音，皆得解脱。"所以，又称为救苦救难、大慈大悲观世音菩萨。南北朝前其像不为妇人，宋寿涯禅师咏鱼篮观音，仅为观音变相，后讹为女相，且传为妙龄美女。《封神演义》言其为元始天尊弟子，在十绝阵中收犼为座骑，后来成佛。

净土：佛教称庄严洁净，没有五浊（劫浊、见浊、烦恼浊、众生浊、命浊）的极乐世界为净土。

【原文】甲辰、乙巳日是天下四角大神在世捡斋，还愿者返善为恶，人眷生灾，大凶。

【注解】四角大神：东南、西南、西北、东北四隅之方之神。

【原文】丙午、丁未日是牛头、夜叉在世捡斋，还愿者、人不信用者三年内伤人口，此日大凶。

【注解】牛头：佛教指阴间鬼卒，人身牛头者是。《楞严经》："牛头狱卒，马头罗刹，手执枪矛盾，驱入城门。"

夜叉：梵语勇健、凶暴、丑恶之意，佛经中为凶恶之鬼，列为天龙八部神众之一，言其有三种，一在天、一在地、一在虚室。

【原文】戊申、己酉日是千佛下世，设斋酬恩了愿，福利万倍，子孙昌盛，财物兴旺，六畜孳生，大吉。

庚戌、辛亥日是一切贤圣同降游行天下，若人祈福者，获福无量，大吉。

壬子、癸丑、甲寅、乙卯四日是诸佛贤圣同恶树在世，设斋还愿求福者，此四日平平。

丙辰、丁巳日是大头金刚在世，设斋者，此日大凶。

【注解】金刚：佛教中的护法神名，因其手执金刚杵得名。

【原文】戊午日是诸圣不受愿，心不明，此日大凶。

己未日是释迦如来同菩萨在世，设斋酬恩者，福利无量，大吉。

【注解】释迦如来：释迦是释迦牟尼佛（约公元前565—486年），佛教始祖。姓乔答摩，名悉达多，是古印度迦毗罗卫国净饭王的长子，相传二十九岁（一说二十五岁）入雪山苦行六年，出山后，在迦耶山菩提树下，得悟世间无常和缘起诸理，年八十而圆寂。如来是其十种法号的第一种。

【原文】庚申、辛酉日是释迦如来说法之日，设斋酬恩者，福利无量，家宅富贵兴旺，子孙昌盛，主大吉利也。

壬戌、癸亥日是诸佛不捡斋之日，大凶。

盖闻皇极玉记秘于大有之庭，出自太虚玉匣之内，自真君许始有立焉。选择纪者，藏于西土宝塔之上，自三藏贞观初现，此分二教建善之文所由起也，虽同源而异派，百川之流归于海，天下无二道，圣人无两心，既有其文，不可不遵焉。

【注解】真君许：即许真君，晋汝南人，名许逊，字敬之，曾举孝廉，官旌阳令，故又名许旌阳。因晋棼乱，弃官东归。相传其学道于吴猛，在东晋孝武帝宁康二年（公元374年），全家四十二口在洪州西山拔宅上升而去。《玉匣记》是假托其名所撰的一部选择书。

《万全玉匣记》书中也有六十花甲日诸神降临吉凶之说，虽祸福有异，其趋避之意却同，特录于下，以做参考。

真君见世人做福酬愿，拜表上章建斋，其日所主设醮，或吉或凶，作福作祸，有人家祈福反生灾祸，破散子孙者，此事不知何如？真君在天曹案内简簿看之，盖因凡间只取五福利者超荐先祖，不知六甲旬中天曜或在地府、或在人间，致会受生殃祸。真君遂录之，名曰《玉匣记》，付国师道上奏，闻见其祸福，其法不问天隔、地隔、神隔、鬼隔，看此六甲旬中，自然并知吉凶也。

甲子、乙丑日诸神在地，若人建醮祈愿，求男乞女祈福，收福十倍。计都星在天上受福，若人作福大吉利。

丙寅日诸神在天，若人祈福还愿，会祀山川，召魂代命，反受其殃，如用此作福，大凶。（按:《择日纪全》言该日大吉）

丁卯、戊辰、己巳日诸神在地，若人求福拜表，祭祀召魂，代命设醮，求男乞女，度厄拜章，收福一倍，用此三日大吉。（按:《择日纪全》言此三日大凶）

庚午、辛未日诸神在天祷辇石，下在地府，若人求福祭祀，还愿奏章拜表，主人疾厄大凶。（按:《择日纪全》言庚午日大吉）

壬申日诸神在天，止于地府，若人求福祭祀，上表拜章，求男乞女，收福十倍，大吉。（按:《择日纪全》言该日大凶）

癸酉日祭祀河泊水官用之大吉，其余求福者大凶。

甲戌、乙亥日诸神在天，不在人间地府，若人小求福，门首立愿，即得神下，却受其殃，其门首用辰时则吉。（按:《择日纪全》言此二日万事大吉利）

丙子、丁丑、戊寅日诸神破天曹，运上门西河辇石，运砂直岸，若人求福反招横祸及损人口，三日大凶。（按:《择日纪全》言此三日大吉）

己卯、庚辰日诸神在地府，若人求福还愿，利益子孙，荣华富贵。此日天释生日，得四月十四生大吉。（按:《择日纪全》云庚

辰日大凶;四月十四日为吕洞宾祖师圣诞)

辛巳日诸神在天门作河运石垒塔,二三日在彼不歇辛苦,若人求福,主死亡子孙,三代穷之逃散,召官事口舌,大凶。

壬午、癸未日诸神在天,若人求福先持,二年后主人死,田蚕不收,口舌官事,不可祭祀。令人落水,风火之灾,大凶。

甲申、乙酉日诸神在天降下地府人间,若人求福,祭祀还愿,上表拜章,答谢天地,祈禳灾厄,收福十倍,用此二日大利。

丙戌、丁亥日诸神在天,降下人间地府,若人求福祭祀,还愿上表,获福无量功德,大吉庆也。(按:《择日纪全》云丁亥日还愿大凶)

戊子、己丑日诸神在人间地府,若人求福祭祀,酬恩了愿,大吉。若此日诅咒天地大凶,解释不得。(按:《择日纪全》云戊子大凶)

庚寅日诸神在天,会算簿案,求福祭祀,笺奏了愿,损师人,大凶。

辛卯日诸神在地府,若人立愿,召魂代命,设荐先亡,用之平平。(按:《择日纪全》云该日大凶)

壬辰、癸巳日岁煞在天,系使元时勘会生死文薄,若人求福祭祀,反生疾病,损邻舍,杀师人,大凶。(按:《择日纪全》云壬辰日设斋三年大吉利)

甲午日诸神普降人间,若求福上章,进表补谢五土社官,许福表忏,注生真君,其日收福十倍利益,子孙上吉,大利。

乙未日诸神在天,若人作福不得,小吉。

丙申、丁酉、戊戌日,诸神在天侍玉帝殿前,造合生死文簿,注天上天下万民善恶,求福主大凶。(按:《择日纪全》云此三日百事大吉)

己亥日诸神在天从玉皇差降人间地府,求福祭祀,上表章召魂，主人寿长，大吉。

庚子、辛丑日诸神在天，若人祭祀求福，主疾病有灾，大凶。（按：《择日纪全》言此二日百事大吉）

壬寅、癸卯日诸神记会文簿，若人求福许愿，答谢天地，百事大吉。

甲辰日诸神在人间地府，求福祭祀了愿，收福十倍，大吉。（按：《择日纪全》云该日大凶）

丙午日诸神在天，不在人间，若人求福，大凶。

丁未日诸神在地府，若人求福了愿，上表拜章，大吉。（按：《择日纪全》言该日大凶，三年内伤人口）

戊申日诸神在天，不在人间地府，求福了愿者，损家长杀师，大凶。（按：《择日纪全》云该日大吉）

己酉日上界天赦，若人求福，进田蚕，大吉。

庚戌、辛亥日诸神在天上作福，河泊道使，小小祈福半吉。如上章拜表大凶，反受灾殃横祸也。（按：《择日纪全》云此二日大吉）

壬子、癸丑日诸神在天官，若人求福了愿，拜章上表，主杀人口，损田蚕，用此二日大凶。（按：《择日纪全》云此二日平平）

甲寅、乙卯日诸神在人间地府，若人求福，上章拜表，答谢天地，酬恩了愿，延生度厄，大吉。（按：《择日纪全》云此二日平）

丙辰、丁巳、戊午、己未日诸神俱在天，若求福祭祀，主家召祸，损六畜，四日大凶。（按：《择日纪全》云己未日大吉）

庚申日是五福问道，天下一应诸神降黄道，朝玉帝，此日开天门，作福祭祀，修斋上表，福有十倍，大吉利。

辛酉日诸神从玉皇差降人间地府，若人求福，反致大凶。（按：《择日纪全》云该日大吉利）

壬戌、癸亥日乃六神穷日，人间祈福犯孤寡，贫穷凶事，不利，大凶也。

从以上两种祭祀选择中可以看出，吉凶相同者少，祸福相抵者多，各执一说，不可拘泥。

置产室

【原文】宜黄道、生气、续世、益后、建、平、满、成、收、开日；忌天贼、土瘟、绝灭、受死及日神所在之方：

癸巳、甲午、乙未、丙申、丁酉在房内北，戊戌、己亥、戊申在房内中，庚子、辛丑、壬寅在房内南，甲辰、乙巳、丙午、丁未在房内东，癸卯日在房内西，己酉日出外游四十日。

【注解】黄道：本指日行躔度，这里却是指以黄道命名的六神，即司命、青龙、明堂、金匮、天德、玉堂。择吉家认为值此六神日，百事大吉。起法如下并参表一。

表一

值支 月 神名	正	二	三	四	五	六	七	八	九	十	十一	十二
青龙	子	寅	辰	午	申	戌	子	寅	辰	午	申	戌
明堂	丑	卯	巳	未	酉	亥	丑	卯	巳	未	酉	亥
金匮	辰	午	申	戌	子	寅	辰	午	申	戌	子	寅
天德	巳	未	酉	亥	丑	卯	巳	未	酉	亥	丑	卯
玉堂	未	酉	亥	丑	卯	巳	未	酉	亥	丑	卯	巳
司命	戌	子	寅	辰	午	申	戌	子	寅	辰	午	申

青龙：　　正七月逢鼠，二八虎当头，
三九龙居水，四十马方求，
五十一猴泪，六十二犬忧。

金匮：　正七跨龙去，二八骑马走，
三九听猿叫，四十嫌犬吠，
五十一鼠吟，六十二虎吼。
天德：　正七蛇当路，二八羊归栈，
三九金鸡唱，四十野猪伤，
五十一牛走，六十二兔还。
明堂：　正七寻牛二八兔，三九蛇逢四十羊，
五十一月听鸡唱，六十二月把猪详。
玉堂：　正七求羊二八鸡，三九寻猪四丑牛，
五十一月玉兔走，六十二月南蛇游。
司命：　正七逢犬二八鼠，四十寻龙三九虎，
五十一月马行迟，六十二月猴来舞。

生气：正月起子，二月在丑，三月在寅，四月卯，五月辰，六月巳，七月午，八月未，九月申，十月酉，十一月戌，十二月亥。生气乃月建后二辰，因月建为本月当旺之气，而后两辰则是长生之气，是已有生气，未旺而将旺也。犹如初生之孩，已有生气，而即将长大旺相也。

续世。《历例》曰："续世者，正月丑、二月未、三月寅、四月申、五月卯、六月酉、七月辰、八月戌、九月巳、十月亥、十一月午、十二月子是也。"《考原》曰："续世者，月中继续之神也。常在益后后一辰，盖亦与玉宇，金堂之相连者同意。"乃月中之善神，所值之日最宜结婚姻，求嗣续。

益后：正月起子，二月在午，三月在丑，四月在未，五月寅，六月申，七月卯，八月酉，九月辰，十月戌，十一月巳，十二月亥。曹振圭曰："益后者，于子嗣有补益之神也。子丑寅卯辰巳为阴气之位，以阳建之月配之；午未申酉戌亥为阴气之位，以阴建之月配之，阴阳会合，即生男女……当有益于将来，故云益后。"

建、平、满、成、收、开。《历书》曰："历家以建、除、满、平、定、执、破、危、成、收、开、闭十二日周而复始，观所值以定吉凶。"其法从月建之辰所临之日起建，依此类推。如正月建寅，便从立春后第一个寅日起建，则寅为建，卯为除，辰为满，巳为平，午为定，未为执，申为破，酉为危，戌为成，亥为收，子为开，丑为闭。二月建卯，便从惊蛰节后的第一个卯日起建，则卯为建，辰为除，巳为满，午为平，未为定，申为执，酉为破，戌为危，亥为成，子为收，丑为开，寅为闭。余月类推，须要注意的是每月交节建要叠两日。

天贼：正月在辰，二月在酉，三月在寅，四月在未，五月在子，六月在巳，七月在戌，八月在卯，九月在申，十月在丑，十一月在午，十二月在亥。

土瘟：正月在辰，二月在巳，三月在午，四月在未，五月在申，六月在酉，七月在亥，八月在戌，九月在酉，十月在申，十一月在未，十二月在午。

胎产乃延续子息之大事，俗语云"不孝有三，无后为大"，所以古人非常重视，不仅建置产房有严格要求，临产吉凶也非常讲究。

安产室床帐避忌见"表二、三、四"。

表二：年凶方

年支 方位 神杀	子	丑	寅	卯	辰	巳	午	未	申	酉	戌	亥
禄存	兑	乾	中	巽	震	坤	坎	震	坤	巽	中	乾
文曲	艮	兑	乾	中	巽	震	坤	震	巽	中	乾	兑
血道	壬 丙	癸 丁	癸 丁	甲 庚	乙 辛	乙 辛	丙 壬	丁 癸	丁 癸	甲 庚	乙 辛	乙 辛

表三：月凶方

月令 凶方 神杀	正	二	三	四	五	六	七	八	九	十	十一	十二
六甲胎神	床房	户窗	门堂	灯窠	身床	床仓	碓磨	窗户	门房	房床	灯窠	床床
四季伤胎杀	春子午			夏丑未			秋辰戌			冬巳亥		

表四

月令 方位 神杀	正	二	三	四	五	六	七	八	九	十	十一	十二
天德	丁	申	壬	辛	亥	甲	癸	寅	丙	乙	巳	庚
月德	丙	甲	壬	庚	丙	甲	壬	庚	丙	甲	壬	庚
要安	寅	申	卯	酉	辰	戌	巳	亥	午	子	未	丑
母仓	春亥子			夏寅卯			秋辰戌丑未			冬申酉		
福生	酉	卯	戌	辰	亥	巳	子	午	丑	未	寅	申
活曜	巳	戌	未	子	酉	寅	亥	辰	丑	午	卯	申
受死	戌	辰	亥	巳	子	午	丑	未	寅	申	卯	酉
死神	巳	午	未	申	酉	戌	亥	子	丑	寅	卯	辰
死气	午	未	申	酉	戌	亥	子	丑	寅	卯	辰	巳
致死	酉	午	卯	子	酉	午	卯	子	酉	午	卯	子
月杀	丑	戌	未	辰	丑	戌	未	辰	丑	戌	未	辰
月害	巳	辰	卯	寅	丑	子	亥	戌	酉	申	未	午
死别	春戌日			夏丑日			秋辰日			冬未日		
游祸	巳	寅	亥	申	巳	寅	亥	申	巳	寅	亥	申
猖鬼	六戊日　丁卯　庚申　庚戌　壬申 壬戌　己丑　辛丑　己亥　辛亥											

六甲胎神：甲己之日占在门，乙庚碓磨休移动，丙辛厨灶莫相干，丁壬仓库忌修弄，戊癸房床若移整，犯之孕妇堕孩童。

地支胎神：子午二日碓须忌，丑未厕道莫修移，寅申火炉切莫动，卯酉大门修当避，辰戌鸡栖巳亥床，犯着六甲身堕胎。

《象吉通书》云："胎神月日所值处切忌修犯，损身孕。"《年月备要》所载李从之云，昔有人戊日于房中钉换门斗，当夜果损身孕。

胎养宜忌（临产之期吉凶）见"表四"。

起工动土

【原文】宜甲子、癸酉、戊寅、己卯、庚辰、辛巳、甲申、丙戌、甲午、丙申、戊戌、己亥、庚子、甲辰、癸丑、戊午、庚午、辛未、丙午、丙辰、丁未、丁巳、辛酉，黄道、月空、成、开日。

【注解】动土：建筑时开始动锄锹，第一下谓之动土。须要注意的是，阳宅第一锹叫作动土，而阴宅第一锹却叫作破土，定要分清。

月空：寅午戌月逢壬地，亥卯未月合庚金，申子辰月求丙火．巳酉丑月甲干寻。此为月内吉庆之位，宜造床设帐，修产室，动土修造。

起工动土为开工第一锹，其方位宜在天德、月德、月空、天恩及黄道等吉方，忌在土瘟、土府、土忌、土痕忌、天贼月建等凶方。详参前《鲁班经》"动土平基"章。

起土动工，十分讲究，本书所载吉日，有些月令却不宜用。如甲子、庚子二日，午月用为月破，未月用为月害，癸酉、辛酉二日，卯月用为月破，巳月用为死气，理宜避之，《象吉通书》载有逐月动土吉日，较此合理，特录于下：

正月：甲子、癸卯、庚子、乙丑、乙卯、丙午，外丁卯、丙子、壬子。

二月：乙丑、壬寅、庚寅、甲寅、辛未、丁未、癸未、甲申、戊申。

三月：癸巳、丁卯、戊子、庚子、癸酉，外丙子、壬子、辛酉。

四月：甲子、戊子、庚子、甲戌、乙亥、庚午，外丙子。

五月：乙亥、丁亥、辛亥、庚寅、甲寅、乙丑、辛未、己未、壬寅、丙辰，外丙寅。

六月：乙亥、戊寅、己卯、甲寅、辛卯、乙卯、甲申、戊申、庚申、丁亥、辛亥，外丁卯。

七月：甲子、庚子、庚午、丙午、丁午、辛未、癸未，外丙子、壬辰、壬子。

八月：壬寅、庚寅、乙丑、丙辰、甲戌、庚戌、壬辰。

九月：丁卯、辛卯、庚午、丙午，外癸卯。

十月：甲午、戊子、癸酉、辛酉、庚午、甲戌，外壬午。

十一月：丁未、辛未、甲申、庚申、壬辰、丙辰、乙亥、丁亥、辛亥。

十二月：甲子、壬寅、庚寅、甲寅、甲申、戊申、庚申，外丙寅。

以上吉日不犯建破、魁罡、勾绞、玄武黑道、天贼、受死、土瘟、天瘟、土忌、土府、地囊、地破、天地转杀、九土鬼等方可用。

造地基

【原文】宜甲子、乙丑、丁卯、戊辰、庚午、辛未、己卯、辛巳、甲申、乙未、丁酉、己亥、丙午、丁未、壬子、癸丑、甲寅、乙卯、庚申、辛酉。

忌玄武黑道、天贼、受死、天瘟、土瘟、土符、地破、月破、地囊、九土鬼、正四废、天地正转杀、天转地转、月建转杀、土公占、土痕、建、破、收日。

【注解】玄武黑道：正七逢鸡二八猪，三九寻牛四十兔，五十一月会蛇去，六十二月寻羊位。即正七月在酉，二八月在亥，三九月在丑，四十月在卯，五十一月在巳，六十二月在未。

天瘟：正月在未，二月在戌，三月在辰，四月寅，五月午，六月子，七月酉，八月申，九月巳，十月亥，十一月丑，十二月卯。

土符：正月在丑，二月在巳，三月在酉，四月在寅，五月在午，六月在戌，七月在卯，八月在未，九月在亥，十月在辰，十一月在申，十二月在子。曹振圭曰："土符者，乃土地握信符之神，使掌五土也。假令春木旺，土受其克，故托予金以制之，是春三月历巳酉丑也。夏火旺土休，赖火为母以养之，故夏三月历寅午戌也。秋金旺土相，不畏木制，故秋三月历亥卯未也。冬水旺土亦刚坚，赖水以柔和之，故冬三月历申子辰也。"

地破：正月在亥，二月在子，三月在丑，四月在寅，五月在卯，六月在辰，七月在巳，八月在午，九月在未，十月在申，十一月在酉，十二月在戌。（按：正月建寅，与亥相合，破字不合义理。）

地囊：正月庚子、庚午，二月乙未、癸丑，三月甲子、壬午，四月己卯、己酉，五月甲辰、壬戌，六月丙辰、丙戌，七月丁巳、丁亥，八月丙寅、丙申，九月辛丑、辛未，十月戊寅、戊申，十一月辛卯、辛酉，十二月乙卯、癸酉。

九土鬼：乙酉、癸巳、甲午、辛丑、壬寅、己酉、庚戌、丁巳、戊午。

正四废：春庚申、辛酉，夏壬子、癸亥，秋甲寅、乙卯，冬丙午、丁巳。

天地正转：春癸卯、夏丙午、秋丁酉、冬庚子。

天地转杀：春乙卯、辛卯，夏丙午、戊午，秋癸酉、辛酉，冬壬子、丙子。《渊海子平》曰："春兔夏马天地转，秋鸡冬鼠便为殃。行人在路须忧死，造屋未成先架丧。"注云："物极而反谓之转，旺连干曰天转，旺连纳音曰地转，谓之天地转。"如春为木旺之时，见乙卯是天连天，谓之天转。见辛卯纳音为木，是旺连纳音，谓之地转。夏天是火旺之时，见丙午是天连天，谓之天转。见戊午纳音是火，是旺连纳音，谓之地转。余秋冬类同。天地转杀是取旺极则反之理，故凶。

土公占：大月初二、初五、初八。小月初一、初十、二十八。

土痕忌：大月初三、初五、初七、十五、十八。小月初一、初二、初六、十二、二十六、二十七。

建、破、收日：建除家选择之法，见“表五”。

表五

日支 月令 十二神	正	二	三	四	五	六	七	八	九	十	十一	十二
建日	寅	卯	辰	巳	午	未	申	酉	戌	亥	子	丑
破日	申	酉	戌	亥	子	丑	寅	卯	辰	巳	午	未
收日	亥	子	丑	寅	卯	辰	巳	午	未	申	酉	戌

伐　　木

【原文】宜己巳、庚午、辛未、壬申、甲戌、乙亥、戊寅、己卯、壬午、甲申、乙酉、戊子、甲午、乙未、丙申、壬寅、丙午、丁未、戊申、己酉、甲寅、乙卯、己卯、己未、庚申、辛酉，定、成、开日。

忌刀砧杀、斧头杀、龙虎、受死、天贼、月破、危日、山隔、九土鬼、正四废、魁罡日。

【注解】详参前《鲁班经》“伐木吉日”节。

山隔：正月在未，二月在巳，三月在卯，四月在丑，五月在亥，六月在酉，七月在未，依此逆行六阴支。

伐竹木不蛀

【原文】宜甲辰、壬辰、丙辰，每月初五以前遇血忌日。

【注解】血忌：正月起丑，二月在未，三月在寅，四月在申，五月在卯，六月在酉，七月在辰，八月在戌，九月在巳，十月在亥，十一月在午，十二月在子。

古历书把六十花甲日虫蛀与否，一一标明，特摘于下：

甲子○	乙丑×	丙寅√	丁卯√	戊辰√	己巳√
庚午√	辛未√	壬申√	癸酉○	甲戌○	乙亥×
丙子○	丁丑√	戊寅√	己卯√	庚辰√	辛巳○
壬午√	癸未√	甲申√	乙酉×	丙戌√	丁亥√
戊子√	己丑√	庚寅√	辛卯√	壬辰○	癸巳√
甲午○	乙未√	丙申√	丁酉√	戊戌√	己亥√
庚子○	辛丑√	壬寅√	癸卯√	甲辰√	乙巳√
丙午○	丁未√	戊申√	己酉√	庚戌√	辛亥√
壬子√	癸丑√	甲寅√	乙卯√	丙辰√	丁巳○
戊午○	己未○	庚申○	辛酉○	壬戌○	癸亥○

注：日后有√号是竹木皆宜伐日，日后有×号者是竹木皆蛀日，不宜伐竹木，日后有○号者是只蛀木不蛀竹。

从以上诸日可看出，古历不蛀日与本书及前《鲁班经》所注日均不尽相同。

建宫室

【原文】与起造同，宜明堂、玉堂、黄道、大明，三帝星及五帝生日。忌天灾、天火、地火、雷火、月火、独火、火星、魁罡日。

【注解】古时择吉中帝星甚多，何止三五个，下面一一介绍。

尊星、帝星：此神共有四位，即尊星、帝星、玉印、玉清。其法帝星在尊星的对面，玉印在尊星左面，玉清在尊星右面，各占一方。诗云："玉印之星位列东，东人若遇受恩封，名扬都邑田财旺。子子孙孙福无穷。玉清之位列西方，遇者驰名翰墨场，辅佐朝廷安社稷，丁多财广寿无疆。"起法共有年、月、日、时四种。年起例：

凡上元、下元甲子年尊星起乾六，乙丑兑七，丙寅艮八顺行。中元甲子年尊星起坎一，俱不入中宫，轮六十年，其对宫为帝星，左右各九十度为玉印，玉清。如甲子年造乾山巽向，尊星在乾，帝星在巽，玉印到艮，玉清到坤，大吉。详“表六”。

表六

方位 太岁 神名									
		甲子	乙丑	丙寅	丁卯	戊辰	己巳	庚午	辛未
		壬申	癸酉	甲戌	乙亥	丙子	丁丑	戊寅	己卯
		庚辰	辛巳	壬午	癸未	甲申	乙酉	丙戌	丁亥
		戊子	己丑	庚寅	辛卯	壬辰	癸巳	甲午	乙未
		丙申	丁酉	戊戌	己亥	庚子	辛丑	壬寅	癸卯
		甲辰	乙巳	丙午	丁未	戊申	己酉	庚戌	辛亥
		壬子	癸丑	甲寅	乙卯	丙辰	丁巳	戊午	己未
		庚申	辛酉	壬戌	癸亥				
上下元元	尊星	乾	兑	艮	离	坎	坤	震	巽
	帝星	巽	震	坤	坎	离	艮	兑	乾
	玉印	艮	坎	巽	兑	震	乾	离	坤
	玉清	坤	离	乾	震	兑	巽	坎	艮
中元	尊星	坎	坤	震	巽	乾	兑	艮	离
	帝星	离	艮	兑	乾	巽	震	坤	坎
	玉印	震	乾	离	坤	艮	坎	巽	兑
	玉清	兑	巽	坎	艮	坤	离	乾	震

月起例：凡甲丙戊庚壬五阳年，正月九月尊星到艮，二月十月

到离,三月十一月到坎,四月十二月到坤,五月到震,六月到巽,七月到乾,八月到兑。乙丁己辛癸五阴年,正月九月到震,二月十月到巽,三月十一月到乾,四月十二月到兑,五月到艮,六月到离,七月到坎,八月到坤。见“表七”。

表七：月起例

方位/神名	月令	正	二	三	四	五	六	七	八	九	十	十一	十二
五阳年 甲庚戊丙壬	尊星	艮	离	坎	坤	震	巽	乾	兑	艮	离	坎	坤
	帝星	坤	坎	离	艮	兑	乾	巽	震	坤	坎	离	艮
	玉印	巽	兑	震	乾	离	坤	艮	坎	巽	兑	震	乾
	玉清	乾	震	兑	巽	坎	艮	坤	离	乾	震	兑	巽
五阴年 乙丁己辛癸	尊星	震	巽	乾	兑	艮	离	坎	坤	震	巽	乾	兑
	帝星	兑	乾	巽	震	坤	坎	离	艮	兑	乾	巽	震
	玉印	离	坤	艮	坎	巽	兑	震	乾	离	坤	艮	坎
	玉清	坎	艮	坤	离	乾	震	兑	巽	坎	艮	坤	离

日起例:凡冬至后甲子日尊星起乾,夏至后甲子日尊星起坎,顺行六十日,俱不入中宫,余星同前。其法冬至后甲子日起例与上元、下元甲子年起例同,冬至后甲子日起例与中元甲子年起例同,但须把年换成日。

时起例:凡子寅辰、午申戌六阳日甲子时尊星起乾,丑卯巳未酉亥六阴日甲子时尊星起坎,俱顺行,不入中宫,余星同前。见下“表八”。

表八：日起例

方位＼时辰 星名		子	丑	寅	卯	辰	巳	午	未	申	酉	戌	亥
六阳日 子寅辰午申戌	尊星	乾	兑	艮	离	坎	坤	震	巽	乾	兑	艮	离
	帝星	巽	震	坤	坎	离	艮	兑	乾	巽	震	坤	坎
	玉印	艮	坎	巽	兑	震	乾	离	坤	艮	坎	巽	兑
	玉清	坤	离	乾	震	兑	巽	坎	艮	坤	离	乾	震
六阴日 丑卯巳未酉亥	尊星	坎	坤	震	巽	乾	兑	艮	离	坎	坤	震	巽
	帝星	离	艮	兑	乾	巽	震	坤	坎	离	艮	兑	震
	玉印	震	乾	离	坤	艮	坎	巽	兑	震	乾	离	坤
	玉清	兑	巽	坎	艮	坤	离	乾	震	兑	巽	坎	艮

《选择宗镜》曰:“凡选择取用尊帝二星到山到向,方能压一切凶煞,召吉致祥。若会岁命贵人禄马同到,修造遇之,发福最快。”又曰:“考其起例,甚无义理。……下元甲子六十年既尽,而再起上元,则不能复至乾六,与三元九宫周而复始之意不合。既用正九宫而不用中五,亦属非理,大抵亦术士之捏造耳。其阳年正月起艮八,亦即月九星正月起八白之意。然年例已不合,月日时亦不足论矣。”故《协纪辨方书》主张应将其删去。

表九：紫微帝星立成

方位＼神名 岁干	紫微	荧火	太乙	宝台	游都	奕游	天乙	天煞	荣光	朗耀	凶煞	黑煞
甲己丁壬戊癸阳年	壬子	癸丑	艮寅	甲卯	乙辰	巽乙	丙午	丁未	坤申	庚酉	辛戌	乾亥
乙庚丙辛阴年	壬亥	乾戌	辛酉	庚申	坤未	丁午	丙巳	巽辰	乙卯	甲寅	艮丑	癸子

表十：玉皇銮驾立成

方位＼岁支 神杀		子	丑	寅	卯	辰	巳	午	未	申	酉	戌	亥
甲己、丁壬、戊癸阳年	玉皇	庚酉	辛戌	乾亥	壬子	癸丑	艮寅	甲卯	乙辰	巽巳	丙午	丁未	坤申
	火轮	辛戌	乾亥	壬子	癸丑	艮寅	甲卯	乙辰	巽巳	丙午	丁未	坤申	庚酉
	金轮	乾亥	壬子	癸丑	艮寅	甲卯	乙辰	巽巳	丙午	丁午	坤申	庚酉	辛戌
	水轮	壬子	癸丑	艮寅	甲卯	乙辰	巽巳	丙午	丁未	坤申	庚酉	辛戌	乾亥
	土轮	癸丑	艮寅	甲卯	乙辰	巽巳	丙午	丁未	坤申	庚酉	辛戌	乾亥	壬子
	炽轮	艮寅	甲卯	乙辰	巽巳	丙午	丁未	坤申	庚酉	辛戌	乾亥	壬子	癸丑
	天乙	甲卯	乙辰	巽巳	丙午	丁未	坤申	庚酉	辛戌	乾亥	壬子	癸丑	艮寅
	火帝	乙辰	巽巳	丙午	丁未	坤申	庚酉	辛戌	乾亥	壬子	癸丑	艮寅	甲卯
	天定	巽巳	丙午	丁未	坤申	庚酉	辛戌	乾亥	壬子	癸丑	艮寅	甲卯	乙辰
	宝台	丙午	丁未	坤申	庚酉	辛戌	乾亥	壬子	癸丑	艮寅	甲卯	乙辰	巽巳
	炽帝	丁未	坤申	庚酉	辛戌	乾亥	壬子	癸丑	艮寅	甲卯	乙辰	巽巳	丙午
	炎帝	坤申	庚酉	辛戌	乾亥	壬子	癸丑	艮寅	甲卯	乙辰	巽巳	丙午	丁未
乙庚、丙辛阴年	玉皇	甲寅	艮丑	癸子	壬亥	乾戌	辛酉	庚申	坤未	丁午	丙巳	巽辰	乙卯
	火轮	艮丑	癸子	壬亥	乾戌	辛酉	庚申	坤未	丁午	丙巳	巽辰	乙卯	甲寅
	金轮	癸子	壬亥	乾戌	辛酉	庚申	坤未	丁午	丙巳	巽辰	乙卯	甲寅	艮丑
	水轮	壬亥	乾戌	辛酉	庚申	坤未	丁午	丙巳	巽辰	乙卯	甲寅	艮丑	癸子
	土轮	乾戌	辛酉	庚申	坤未	丁午	丙巳	巽辰	乙卯	甲寅	艮丑	癸子	壬亥
	炽轮	辛酉	庚申	坤未	丁午	丙巳	巽辰	乙卯	甲寅	艮丑	癸子	壬亥	乾戌
	天乙	庚申	坤未	丁午	丙巳	巽辰	乙卯	甲寅	艮丑	癸子	壬亥	乾戌	辛酉
	火帝	坤未	丁午	丙巳	巽辰	乙卯	甲寅	艮丑	癸子	壬亥	乾戌	辛酉	庚申
	天定	丁午	丙巳	巽辰	乙卯	甲寅	艮丑	癸子	壬亥	乾戌	辛酉	庚申	坤未
	宝台	丙巳	巽辰	乙卯	甲寅	艮丑	癸子	壬亥	乾戌	辛酉	庚申	坤未	丁午
	炽帝	巽辰	乙卯	甲寅	艮丑	癸子	壬亥	乾戌	辛酉	庚申	坤未	丁午	丙巳
	炎帝	乙卯	甲寅	艮丑	癸子	壬亥	乾戌	辛酉	庚申	坤未	丁午	丙巳	巽辰

紫微銮驾年龙月兔日虎时牛见“表十一、十二”。

表十一：甲己丁壬戊癸阳年

年龙	子	丑	寅	卯	辰	巳	午	未	申	酉	戌	亥
月兔	亥	子	丑	寅	卯	辰	巳	午	未	申	酉	戌
日虎	戌	亥	子	丑	寅	卯	辰	巳	午	未	申	酉
时牛	酉	戌	亥	子	丑	寅	卯	辰	巳	午	未	申
天乙	庚酉	辛戌	乾亥	壬子	癸丑	艮寅	甲卯	乙辰	巽巳	丙午	丁未	坤申
天定	乾亥	壬子	癸丑	艮寅	甲卯	乙辰	巽巳	丙午	丁未	坤申	庚酉	辛戌
太乙	壬子	癸丑	艮寅	甲卯	乙辰	巽巳	丙午	丁未	坤申	庚酉	辛戌	乾亥
玉皇	甲卯	乙辰	巽巳	丙午	丁未	坤申	庚酉	辛戌	乾亥	壬子	癸丑	艮寅
金轮	巽巳	丙午	丁未	坤申	庚酉	辛戌	乾亥	壬子	癸丑	艮寅	甲卯	乙辰
水轮	丙午	丁未	坤申	庚酉	辛戌	乾亥	壬子	癸丑	艮寅	甲卯	乙辰	巽巳

表十二：乙庚丙辛阴年

年龙	子	丑	寅	卯	辰	巳	午	未	申	酉	戌	亥
月兔	亥	子	丑	寅	卯	辰	巳	午	未	申	酉	戌
日虎	戌	亥	子	丑	寅	卯	辰	巳	午	未	申	酉
时牛	酉	戌	亥	子	丑	寅	卯	辰	巳	午	未	申
天乙	甲卯	艮寅	癸丑	壬子	乾亥	辛戌	庚酉	坤申	丁未	丙午	巽巳	乙辰
天定	癸丑	壬子	乾亥	辛戌	庚酉	坤申	丁未	丙午	巽巳	乙辰	甲卯	艮寅
太乙	壬子	乾亥	辛戌	庚酉	坤申	丁未	丙午	巽巳	乙辰	甲卯	艮寅	癸丑
玉皇	庚酉	坤申	丁未	丙午	巽巳	乙辰	甲卯	艮寅	癸丑	壬子	乾亥	辛戌
金轮	丁未	丙午	巽巳	乙辰	甲卯	艮寅	癸丑	壬子	乾亥	辛戌	庚酉	坤申
水轮	丙午	巽巳	乙辰	甲卯	艮寅	癸丑	壬子	乾亥	辛戌	庚酉	坤申	丁未

表十三：北辰帝星立成

年支 方位 神杀	子	丑	寅	卯	辰	巳	午	未	申	酉	戌	亥
天剑	壬子	癸丑	艮寅	甲卯	乙辰	巽巳	丙午	丁未	坤申	庚酉	辛戌	乾亥
天锋	癸丑	艮寅	甲卯	乙辰	巽巳	丙午	丁未	坤申	庚酉	辛戌	乾亥	壬子
天凶	艮寅	甲卯	乙辰	巽巳	丙午	丁未	坤申	庚酉	辛戌	乾亥	壬子	癸丑
天台	甲卯	乙辰	巽巳	丙午	丁未	坤申	庚酉	辛戌	乾亥	壬子	癸丑	艮寅
天魁	乙辰	巽巳	丙午	丁未	坤申	庚酉	辛戌	乾亥	壬子	癸丑	艮寅	甲卯
天仇	巽巳	丙午	丁未	坤申	庚酉	辛戌	乾亥	壬子	癸丑	艮寅	甲卯	乙辰
天冤	丙午	丁未	坤申	庚酉	辛戌	乾亥	壬子	癸丑	艮寅	甲卯	乙辰	巽巳
天虚	丁未	坤申	庚酉	辛戌	乾亥	壬子	癸丑	艮寅	甲卯	乙辰	巽巳	丙午
天灾	坤申	庚酉	辛戌	乾亥	壬子	癸丑	艮寅	甲卯	乙辰	巽巳	丙午	丁未
天帝	庚酉	辛戌	乾亥	壬子	癸丑	艮寅	甲卯	乙辰	巽巳	丙午	丁未	坤申
天福	辛戌	乾亥	壬子	癸丑	艮寅	甲卯	乙辰	巽巳	丙午	丁未	坤申	庚酉
天祸	乾亥	壬子	癸丑	艮寅	甲卯	乙辰	巽巳	丙午	丁未	坤申	庚酉	辛戌

表十四：撼龙帝星立成

年干 方位 神杀	甲	乙	丙	丁	戊	己	庚	辛	壬	癸
泰龙	艮寅	甲卯	乙辰	巽巳	丙午	丁未	坤申	庚酉	辛戌	乾亥
益龙	乙辰	巽巳	丙午	丁未	坤申	庚酉	辛戌	乾亥	壬子	癸丑
升龙	丙午	丁未	坤申	庚酉	辛戌	壬子	癸丑	艮寅	甲卯	乙辰
丰龙	坤申	庚酉	辛戌	乾亥	壬子	癸丑	艮寅	甲卯	乙辰	丙午
萃龙	辛戌	乾亥	壬子	癸丑	艮寅	甲卯	乙辰	丙午	丁未	坤申
壮龙	壬子	癸丑	艮寅	甲卯	乙辰	丙午	丁未	坤申	庚酉	辛戌

表十五：都天宝照立成

方位 年支 神杀	子	丑	寅	卯	辰	巳	午	未	申	酉	戌	亥
太阳	坤	申	乾	亥	艮	寅	巽	巳	丙	午	丁	未
土宿	庚	酉	壬	子	甲	卯	丙	午	丁	未	坤	申
贪狼	辛	戌	癸	丑	乙	辰	丁	未	坤	申	庚	酉
禄存	乾	亥	艮	寅	巽	巳	坤	申	庚	酉	辛	戌
巨门	壬	子	甲	卯	丙	午	庚	酉	辛	戌	乾	亥
破军	癸	丑	乙	辰	丁	未	辛	戌	乾	亥	壬	子
武曲	艮	寅	巽	巳	坤	申	乾	亥	壬	子	癸	丑
文曲	甲	卯	丙	午	庚	酉	壬	子	癸	丑	艮	寅
左辅	乙	辰	丁	未	辛	戌	癸	丑	艮	寅	甲	卯
廉贞	巽	巳	坤	申	乾	亥	艮	寅	甲	卯	乙	辰
右弼	丙	午	庚	酉	壬	子	甲	卯	乙	辰	巽	巳
罗睺	丁	未	辛	戌	癸	丑	乙	辰	巽	巳	丙	午

表十六：都天转运行衔帝星立成

方位 年支 神杀	子	丑	寅	卯	辰	巳	午	未	申	酉	戌	亥
贪狼	中	巽	震	坤	坎	离	艮	兑	乾	中	巽	震
巨门	乾	中	巽	震	坤	坎	离	艮	兑	乾	中	巽
禄存	兑	乾	中	巽	震	坤	坎	离	艮	兑	乾	中
文曲	艮	兑	乾	中	巽	震	坤	坎	离	艮	兑	乾
廉贞	离	艮	兑	乾	中	巽	震	坤	坎	离	艮	兑
武曲	坎	离	艮	兑	乾	中	巽	震	坤	坎	离	艮
破军	坤	坎	离	艮	兑	乾	中	巽	震	坤	坎	离
左辅	震	坤	坎	离	艮	兑	乾	中	巽	震	坤	坎
右弼	巽	震	坤	坎	离	艮	兑	乾	中	巽	震	坤

《钦定协纪辨方书》云："玉皇銮驾，紫微帝星，紫微銮驾，北辰帝星，撼龙帝星，都天宝照，都天转运行衙帝星……既非实有此星，又且必无此理。且于一帝星之中，又有金轮、火轮、水轮、天乙、太乙诸名，皆术士捏造。《选择宗镜》曰：'统而论之，有五六玉皇，终年各守一方，绝不移易，是六朝之分皇，五代之各帝也，有是理乎？且择日而取日月星辰到山向者，喜山向之光辉也，岂谓日月星辰中有神仙乎！彼皆不知，误以为道家所称太阳帝君，太阴帝君，银河星君，遂各捏一玉皇以压之，以致纷纷不一，诬罔极矣，今皆删去不用。'"由此可知，三帝也难圆其说。

五帝生日：甲子日青帝生，甲辰日赤帝生，戊子日黄帝生，壬辰日白帝生，壬子日黑帝生。百事俱吉。

天火：正五九月打鼠字，二六十月赴兔儿，三七十一骑马走，四八十二听鸡啼。即正月起子，二月在兔，三月在午，四月在酉，依此顺行四仲。《协纪辨方书》对此有不同看法，云："寅午戌火即取子水，申子辰水既取午火，则亥卯未木必不取木而取酉金，巳酉丑金必不取酉而取卯木可断也。……故天火应逆行四仲。"即正月起子，二月在酉，三月在午，四月在卯，依此逆行。《玉帐经》曰："天火者，日中凶神也，其日忌苫盖，筑垒墙垣，振旅兴师，会亲娶妇。"

地火：正月加巳二加午，三未四申五酉户，一月一位并顺飞，种植犯之树皆枯。即正月起巳，二月在午，三月在未，依此顺行十二神。《神枢经》云："地火者，月中凶神也，其日忌修筑园圃，栽植种莳。"《历例》地火有异，云正月起戌，二月在酉，三月在申，四月在未，五月在午，六月在巳，七月在辰，八月在卯，九月在寅，十月在丑，十一月在子，十二月在亥。

独火、雷火、月火：三日同。正月起巳，二月在辰，三月在卯，四月在寅，五月在丑，六月在子，七月在亥，八月在戌，九月在酉，十月在申，十一月在未，十二月在午。《通书》曰："独火一名飞祸，又名六害，即盖山黄道内朱雀廉贞也。修造动土犯之主灾，埋葬不忌。"

火星：寅申巳亥月乙丑、甲戌、癸未、壬辰、辛丑日。子午卯酉月甲子、癸酉、壬午、辛卯、庚子、己酉、戊午日。辰戌丑未月壬申、辛巳、庚寅、己亥、戊申、丁巳日。

建神庙

【原文】不论金华塔台年月，只与起造同。但要神在，忌神鬼隔，桑门寺院同。自汉创白马寺，始有佛庙，皆向东。梁唐之后，多向北，忌向南方。

【注解】金华：即《金华经》年月日吉凶选择法。

《金华经》年：以天罡、道财、道库、经厘、道杀、河魁、小师、华盖、道禄、紫衣、道刑、道符十二神为序，将天罡加于岁支上顺行十二神。如辛酉年，便将天罡加于酉上，则道财在戌，道库在亥，经厘在子，道杀在丑，河魁在寅，小师在卯，华盖在辰，道禄在巳，紫衣在午，道刑在未，道符在申。吉神临何方，何山该年修建吉庆。

《金华经》月：以道教、天师、道流、道坐、上元、三师、道刑、中元、太清、道耗、下元、道符十二神为序，将道教加于月建上顺行十二宫。如巳月，便将道教加于巳上，则天师在午，道流在未，道坐在申，上元在酉，三师在戌，道刑在亥，中元在子，太清在丑，道耗在寅，下元在卯，道符在辰，吉神临何方，该月修建何山吉庆。

《金华经》日：以横路（神咒）、郎君、五伤、五路、大王、神会、夫人（闻讼）、小王、神福、神禁、神禄、使者十二神为序顺排。起例曰："正七起子二八寅，三九原来却在辰，四十须知午上起，五十一月并居申，六十二月起于戌，横路为头用顺轮。"即正月七月在子上起横路，二月八月在寅上起横路，三月九月在辰上起横路,余意同。如:四月在午上起横路,则郎君在未,五伤在申,五路在酉,大王在戌,神会在亥,夫人在子,小王在丑,神福在寅,神禁在卯,神禄在辰,使者在巳,余类推。其中神会、神福、神禄三日,大吉大利,全村平安。大王、小王、郎君三日小吉。其余六日百事不遂,不可用。

神隔:正七蛇吐焰,二八兔入眠,三九酉牛望,四十还猪愿,五十一鸡叫,六腊羊归圈,求神空费力,总塑无灵验。

鬼隔:正七在申二八午,三九辰四十是寅,五十一子六腊戌,祭祀祟邪无廉护。

桑门:梵语,佛教徒,“沙门”的异译。

白马寺:在河南省洛阳市东郊,东汉明帝永平十一年(公元68年)创建,是佛教入华后最早的寺院,唐宋元明历代均重修。其寺院坐西向东(未考证),应是象征佛教是从西方传入中国,或西方为极乐世界,普度东土芸芸众生,尚有其义。但梁唐以来,佛庙皆向北却与实不符。今山东曲阜孔庙,普陀山普济寺,北京雍和宫、白云观等寺庙大多坐北向南,就是明证。

古时建神庙,还有许多选择之法,再介绍几种于下:

一、大王回庙忌局(见“表十七”)

表十七

忌日 四季 神名	春	夏	秋	冬
大王	辰巳	丑寅	戌亥	未申
土地	寅卯	巳午	申酉	亥子
观首	戌亥	未申	辰巳	丑寅
人户	戌亥	未申	辰巳	丑寅
师人	未申	丑寅	丑寅	辰巳
匠人	未申	辰巳	丑寅	戌亥

二、庙移宫向

神杀顺序：功曹、九司、鼓乐、香炉、礼拜、神案、神符、天罡、闻讼、村主、神镇、大吉。

其法：乾向未加功曹顺行，则九司在申，鼓乐在酉，香炉在戌，礼拜在亥，神案在子，神符在丑，天罡在寅，闻讼在卯，村主在辰，神镇在巳，大吉在午。依此则坤向辰加功曹，艮向戌加，巽向丑加，甲乙向子加，丙丁向卯加，庚辛向午加，壬癸向酉加，得吉星到向者吉。

同时，亦可将年月日时加神案上顺行十二神，值鼓乐、香炉、礼拜、神符、大吉五位为吉庆，余均为凶。

三、庙经轮图

夫人 吉	小娘 吉	直殿 凶	神宫 吉
太子 凶	庙经轮图		判官 吉
大王 凶			三台 吉
右相 吉	左相 吉	社稷 凶	庙祖 凶

其法以年月日时加社稷。假如子年，以子加社稷上起月，月上起日，日上起时，顺行十二宫，看坐向吉凶，其余仿此类推。

从以上诸法可以看出，不论是何方法，皆一律顺行，无丝毫变化，毫无义理，故大多通书均不收用。

起工破木

【原文】宜己巳、甲戌、辛未、乙亥、戊寅、己卯、壬午、甲申、乙酉、戊子、庚寅、乙未、己亥、壬寅、癸卯、丙午、戊申、己酉、壬子、乙卯、己未、庚申、辛酉，黄道、天成、月空、天、月二德及合、成、升日。

忌刀砧杀、木马杀、斧头杀、天贼、受死、月破、破败、独火、鲁般杀、建日、九土鬼、正四废、四离、四绝日。

【注解】合日。除日支六合、三合局、天干五合外，还有五合日，即丙寅、丁卯阴阳合，戊寅、己卯人民合，庚寅、辛卯金石合，壬寅、癸卯江河合，甲寅、乙卯日月合。

鲁般煞:《曜仙肘后神枢》与《象吉通书》不同，子丑年在巽，寅卯年在震，辰巳年在艮，午未年在坤，申酉戌亥年在坎。又一说:甲子日在辰，乙庚日在午，丙辛日在申，丁壬日在亥，戊癸日在寅。《象吉通书》“鲁班杀局时定局”另立一说，见“表十八”。

表十八

时辰 方位 神杀	子	丑	寅	卯	辰	巳	午	未	申	酉	戌	亥
血光（产血光）	子	丑	寅	卯	辰	巳	午	未	申	酉	戌	亥
披头（主损头目）	丑	寅	卯	辰	巳	午	未	申	酉	戌	亥	子
天贵吉	寅	卯	辰	巳	午	未	申	酉	戌	亥	子	丑
天财吉	卯	辰	巳	午	未	申	酉	戌	亥	子	丑	寅
天哭（主破碎）	辰	巳	午	未	申	酉	戌	亥	子	丑	寅	卯
天恩吉	巳	午	未	申	酉	戌	亥	子	丑	寅	卯	辰
打足（主损手足）	午	未	申	酉	戌	亥	子	丑	寅	卯	辰	巳
天庆吉	未	申	酉	戌	亥	子	丑	寅	卯	辰	巳	午
鲁班（主失跌）	申	酉	戌	亥	子	丑	寅	卯	辰	巳	午	未
跌破（主失跌）	酉	戌	亥	子	丑	寅	卯	辰	巳	午	未	申
泣泪（主哭泣）	戌	亥	子	丑	寅	卯	辰	巳	午	未	申	酉

从此表可看出，除“打足”之杀是月破为凶，合义理，余皆难自圆其说。

起磉扇架

【原文】宜甲子、乙丑、丙寅、戊辰、己巳、庚午、辛未、甲戌、乙亥、戊寅、庚辰、辛巳、壬午、癸未、甲申、丁亥、戊子、己丑、庚寅、癸巳、乙未、丁酉、戊戌、己亥、庚子、壬寅、癸卯、丙午、戊申、己酉、壬子、癸丑、甲寅、乙卯、丙辰、丁巳、己未、庚申、辛酉，黄道、天、月二德、成、开、定日。

忌正四废、天贼、建日、破日。

竖　柱

【原文】宜乙巳、辛丑、甲寅、乙亥、乙酉、己酉、壬子、乙丑、己未、庚申、戊子、乙未、己亥、己卯、甲申、己丑、庚寅、癸卯、戊申、壬戌，黄道、天、月二德诸吉星，成、开日。

上　梁

【原文】宜甲子、乙丑、丁卯、戊辰、己巳、庚午、辛未、壬申、甲戌、丙子、戊寅、庚辰、壬午、甲申、丙戌、戊子、庚寅、甲午、丙申、丁酉、戊戌、己亥、庚子、辛丑、壬寅、癸卯、乙巳、丁未、己酉、辛亥、癸丑、乙卯、丁巳、己未、辛酉、癸亥，黄道、天、月二德诸吉星，成、开日。

前二条忌朱雀黑、天牢黑、独火、天火、月火、狼藉、地火、冰消瓦解、天瘟、天贼、月破、大耗、天罡、河魁、受死、鲁般杀、刀砧杀、划削血刃杀、鲁班跌仆杀、阴错、阳错、伏断、九土鬼、正四废，五行忌月建转杀、火星、天灾日。

【注解】狼藉：正五九月在子，二、六、十月在卯，三、七、十一月在午,四、八、十二月在酉。即正月起子,顺行四仲。

冰消瓦解。诗曰:“年上加月月起日,顺行十二掌中心,午为瓦解子为消,子午日值为灾疾。假如子岁正加子,初七瓦解十三冰。”见“表十九”。

表十九

月 起月 年	正	二	三	四	五	六	七	八	九	十	十一	十二
子年	正	二	三	四	五	六	七	八	九	十	十一	十二
丑年	十二	正	二	三	四	五	六	七	八	九	十	十一
寅年	十一	十二	正	二	三	四	五	六	七	八	九	十
卯年	十	十一	十二	正	二	三	四	五	六	七	八	九
辰年	九	十	十一	十二	正	二	三	四	五	六	七	八
巳年	八	九	十	十一	十二	正	二	三	四	五	六	七
午年	七	八	九	十	十一	十二	正	二	三	四	五	六
未年	六	七	八	九	十	十一	十二	正	二	三	四	五
申年	五	六	七	八	九	十	十一	十二	正	二	三	四
酉年	四	五	六	七	八	九	十	十一	十二	正	二	三
戌年	三	四	五	六	七	八	九	十	十一	十二	正	二
亥年	二	三	四	五	六	七	八	九	十	十一	十二	正

据上月令起法，可推出“冰消瓦解”日，见“表二十”。

表二十

月 值日神杀	正	二	三	四	五	六	七	八	九	十	十一	十二
冰消日	初一	十二	十一	初十	初九	初八	初七	初六	初五	初四	初三	初二
	十三	二十四	二十三	二十二	二十一	二十	十九	十八	十七	十六	十五	十四
	二十五							三十	二十九	二十八	二十七	二十六
瓦解日	初七	初六	初五	初四	初三	初二	初一	十二	十一	初十	初九	初八
	十九	十八	十七	十六	十五	十四	十三					
		三十	二十九	二十八	二十七	二十六	二十五	二十四	二十三	二十二	二十一	二十

须要注意的是,推出之日,若正值子、午二日,为真冰消瓦解,须要避忌。若非子、午二日,为假冰消瓦解,不必忌讳。

大耗:正月起申、二月在酉、三月在戌、四月在亥、五月在子、六月在丑、七月在寅、八月在卯,九月在辰、十月在巳、十一月在午、十二月在未,与岁破或月破同位。

划削血刃杀:正月在亥、二月在申、三月在巳、四月在寅、五月在卯、六月在午、七月在未、八月在卯、九月在戌、十月在丑、十一月在子、十二月在辰。

鲁般跌仆杀:正月在寅、二月在巳、三月在申、四月在亥、五月在卯、六月在午、七月在酉、八月在子、九月在辰、十月在未、十一月在戌、十二月在丑。

以上二杀,以交节始计。如立春节后即正月,划削血刃杀在亥,鲁般跌仆杀在寅,切忌向此二方发槌竖柱,犯之损人夫工匠。

阴错:庚戌、辛酉、庚申、丁未、己未、丁巳、己巳、甲辰、乙卯、甲寅、癸丑、癸亥。

阳错:甲寅、乙卯、甲辰、丁巳、己巳、丁未、己未、庚申、辛酉、庚戌、癸亥、癸丑。

月建转杀:春卯、夏午、秋酉、冬子。

古人建房,将上梁竖柱看得非常重要,称之为栋梁,栋梁之材即从此引申而来,所以一般都有一定的仪式,且有彩词念诵。唐天德元年(943年)的《金光明寺造窟上梁文》就是现存最早的上梁彩词:

宕谷光贤石跡,薜问五记同椽。
目兹万圣出现,千佛各坐金莲。
石涧长流圣水,花林宝鸟惊喧。
圣迹早晚说尽,纸墨不可能言。
猃狁狼心犯塞,焚烧香阁摧残。
合寺同心再造,来生共结良缘。
梁栋秀仙吐芳,盘龙乍去惊天。
便是上方近制,直下屈取鲁班。
马都料方其分,绳墨不追师难。

这样的彩词后来慢慢发展成祝文、咒文,成为为房主祈福致祥的主要程序。(详参前《鲁班经》诸节)

盖　屋

【原文】宜甲子、丁卯、戊辰、己巳、辛未、壬申、癸酉、丙子、丁丑、己卯、庚辰、癸未、甲申、乙酉、丙戌、戊子、庚寅、丁酉、癸巳、乙未、己亥、辛丑、壬寅、癸卯、甲辰、乙巳、戊申、己酉、庚戌、辛亥、癸丑、乙卯、丙辰、庚申、辛酉,定、成、开日。

泥　屋

【原文】 宜甲子、乙丑、己巳、甲戌、丁丑、庚辰、辛巳、乙酉、辛亥、庚寅、辛卯、壬辰、癸巳、甲午、乙未、丙午、戊申、庚戌、辛亥、丙辰、丁巳、戊午、庚申，平、成日。

【注解】 平日、定日、成日见“表二十一”。

表二十一

值日神杀 \ 月令	正	二	三	四	五	六	七	八	九	十	十一	十二
平日	巳	午	未	申	酉	戌	亥	子	丑	寅	卯	辰
定日	午	未	申	酉	戌	亥	子	丑	寅	卯	辰	巳
成日	戌	亥	子	丑	寅	卯	辰	巳	午	未	申	酉

泥屋盖屋，《通书》还有许多忌讳，见“表二十二”。

表二十二

值日神名 \ 月令	正	二	三	四	五	六	七	八	九	十	十一	十二
朱雀黑道	卯	巳	未	酉	亥	丑	卯	巳	未	酉	亥	丑
蚩龙黑道	寅	辰	午	申	戌	子	寅	辰	午	申	戌	子
冰消瓦陷	巳	子	丑	申	卯	戌	亥	午	未	寅	酉	辰
八风日	丁丑　己酉			甲申　甲辰			丁未　辛未			甲戌　甲寅		
天百穿日	初一　初二　初五　十一　十三　十六　十七　十九　二十七　二十九　三十日											

拆　屋

【原文】宜甲子、乙丑、丙寅、戊辰、己巳、辛未、癸酉、甲戌、丁丑。

○○●●●○○人人人○○○●●●○○○人人人○○●●●○○○

大月从右数至左逆行，小月从左数至右顺行，一日一位，遇白圈大吉，黑圈损六畜，人字损人，不利。忌庚寅日，大夫死日及六甲胎神占月，不宜修。

【注解】原文拆屋宜日仅至丁丑日，与前《鲁班经》中拆屋宜日相比，少"戊寅、己卯、癸未、甲申、壬辰、癸巳、甲午、乙未、己亥、辛丑、癸卯、己酉、庚戌、辛亥、丙辰、丁巳、庚申、辛酉"等日。同时，本文白圈、黑圈之图乃"门光星"宜忌之图，与标题"拆屋"之意不符，故原文漏掉一大段，中间应有"开厅堂门楼"一节，特予说明。

拆屋妨害日：初一、十一、二十一妨东家。初二、十二、二十二妨南家。初三、十三、二十三妨主、火灾。初四、十四、二十四妨西家。初五、十五、二十五妨长房。初六、十六、二十六妨北家。初七、十七、二十七妨西家。初八、十八、二十八妨家长。初九、十九、二十九妨家长。初十、二十、三十妨家长。

塞　门

【原文】宜伏断、闭日，忌丙寅、己巳、庚午、丁巳及四废日。

【注解】伏断日：子日逢虚，丑日逢斗，寅日逢室，卯日逢女，辰日逢箕，巳日逢角，午日逢房，未日逢张，申日逢鬼，酉日逢觜，戌日逢胃，亥日逢壁。

闭日：正月起丑，二月在寅，三月在卯，四月在辰，五月在巳，六月在午，七月在未，八月在申，九月在酉，十月在戌，十一月在亥，十二月在子。

开　　路

【原文】宜天德、月德、黄道日。忌月建转杀、天贼、正四废。

塞　　路

【原文】宜伏断、闭日。

筑堤塞水

【原文】宜伏断、闭日，忌龙会、开、破日。

【注解】龙会：正月起未，二月在戌，三月在亥，四月在子，五月在丑，六月在戌，七月在未，八月在卯，九月在申，十月在丑，十一月在戌，十二月在卯。

造桥梁

【原文】不论金华台塔年月，只与起造宅舍同。忌寅申巳亥日时，为四绝、四井。

【注解】竖立桥架，法以水来处为坐山，水去处为朝向，选择年月坐向与造宅舍同论。亦宜与天轮经吉星相合，大吉。不用寅申巳亥日时，因其为四绝、四离，犯天关地轴。桥成之后，开桥来往之日则与移居入宅归火吉凶同。

天轮经年月十二神顺序吉凶：地轴凶，地坚凶，金龙吉，渡河吉，水库凶，金池吉，拦路凶，地禁凶，奈何凶，天将凶，金合吉。

起例诗曰：子午戌亥上，卯酉寅申方，寅申辰巽位，巳亥甲庚乡，辰戌午丁作，丑未子癸场，地轴为起例，术者细推详。见“表二十三”。

又有许真君建桥三元吉凶日，其法以蛟龙、河母、水官、清灵、光雾、河伯、水母、济渡、龙王、三官、真君、海神、十二神为序顺排。

表二十三

值方 年月 神名	子	午	卯	酉	寅	申	巳	亥	辰	戌	丑	未
金龙星	子	癸	辰	巽	午	丁	戌	乾	申	庚	寅	甲
渡河星	丑	艮	巳	丙	未	坤	亥	壬	酉	辛	卯	乙
金池星	卯	乙	未	坤	酉	辛	丑	艮	亥	壬	巳	丙
金华星	午	丁	戌	乾	子	癸	辰	巽	寅	甲	申	庚
金合星	酉	辛	丑	艮	卯	乙	未	坤	巳	丙	亥	壬

起例诗曰:正七子上起蛟龙,二八寅上又是踪,三九辰上居水位,四十午上是龙官,五十一月申宫取,六十二月戌宫轮。法以每月常起蛟龙,顺行十二位。如二月、八月,寅上起蛟龙,卯上为河母,辰上水官,巳上清灵,午上光雾,未上河伯,申上水母,酉上济渡,戌上龙王,亥上三官,子上真君,丑上海神,余月类推。

行桥吉日:甲子、戊子、庚子、乙丑、己丑、辛丑、乙卯、己卯、辛卯、甲辰、戊辰、庚辰、甲午、丙午、己未、辛未、乙酉、己酉、辛酉、甲戌、戊戌、庚戌。

下石桥吉日:与竖造吉日通用。

上石桥吉日:与上梁吉日通用。若上石桥与下石桥同日,则不必另择。

四旺凶日:春乙卯,夏丙午,秋辛酉,冬壬子。

四忌凶日:寅日杀主人,申日杀观首,巳日杀师人,亥日杀匠人。

四天井：即寅申巳亥四日。

筑修城池建营寨

【原文】宜上吉黄道、大明、要安、续世、益后、天、月二德及合、天成、天佑、咸勋、福厚、吉期、普护、守、成、兵吉、兵宝。

【注解】大明日：据说在唐贞观三年（629），由国师李淳风奏由上准，以辛未、壬申、癸酉、丁丑、己卯、壬午、甲申、丁亥、壬辰、乙未、壬寅、甲辰、乙巳、丙午、己酉、庚戌、辛亥、丙辰、己未、庚申、辛酉二十一日为大明日，此为天地开通，太阳所照之辰，百事用之皆吉。《协纪辨方书》则认为大明日“其说不伦，全无义理。今选择虽不用，而通书犹载其名，应删去”。

要安：正月起寅，二月在申，三月在卯，四月在酉，五月在辰，六月在戌，七月在巳，八月在亥，九月在午，十月在子，十一月在未，十二月在丑。曹振圭曰：“要安者，要而用之可安也。盖阳建之月历寅卯辰巳午未，阴建之月历申酉戌亥子丑也。如是则阳辰之月用阳气通泰之辰，阴辰之月用阴气柔和之辰，类易卦之六爻，刚柔相应之象。”

合：即六合，不论年月日时，均寅亥合，子丑合，卯戌合，巳申合，辰酉合，午未合，或前五合日亦通。

咸勋：春午、夏酉、秋子、冬卯。

福厚：春在寅，夏在巳，秋在申，冬在亥，五行临官之处是。

吉期、兵宝：正月起卯，二月在辰，三月在巳，四月在午，五月在未，六月在申，七月在酉，八月在戌，九月在亥，十月在子，十一月在丑，十二月在寅。曹振圭曰：“吉期者，是月建腹心同契之侍臣也，盖常居建前一辰，可与要约吉事，故因名之。”兵宝一说，亦为四季当旺之气，故吉。

普护：正月起申，二月在寅，三月在酉，四月在卯，五月在戌，六月在辰，七月在亥，八月在巳，九月在子，十月在午，十一月在丑，十二月在未。

守日：春季在辰，夏季在未，秋季在戌，冬季在丑，四墓库之日也。一云春午、夏酉、秋子、冬卯。两者相较，前者为每季墓库之月，有守成之义，后者为每月盗气之神，守义不足。

成日：正月起戌，二月在亥，三月在子，四月在丑，五月在寅，六月在卯，七月在辰，八月在巳，九月在午，十月在未，十一月在申，十二月在卯。

兵吉：正月子丑寅卯，二月亥子丑寅，三月戌亥子丑，四月酉戌亥子，五月申酉戌亥，六月未申酉戌，七月午未申酉，八月巳午未申，九月辰巳午未，十月卯辰巳午，十一月寅卯辰巳，十二月丑寅卯辰。曹振圭曰："逐月渐退一辰者，是兵家无有躁动之意。"实际上，兵吉为太阳后四辰，太阴前一辰为月厌。而太阳之后为一二三四辰，月厌不到之地，故兵行之为吉也。

安寨立营、行兵打仗，事关一国荣辱兴亡，极为重要，故古时一有举动，必择佳期。现将逐月立寨吉日摘录于下。

正月：庚子、乙丑，外丙子、己丑、丁丑、癸丑。

二月：乙未、辛未，外丁未、癸未、己丑、丁丑、癸丑。

三月：丁卯、癸酉、丁酉，外甲子、丙子、庚子、癸卯、乙卯。

四月：庚辰、丙戌、戊辰、壬辰、甲辰、庚午、癸酉、丁酉、甲戌、戊戌、壬辰、壬午。

五月：丙寅、甲寅、丙辰、甲辰、壬辰。

六月：丁卯、癸卯、乙卯、己卯。

七月：丁卯、癸卯、乙卯、辛未、乙未，外丁未、丙子、癸未、己未。

八月：乙丑、甲戌、丙戌、戊戌、壬申，外丁丑、己丑。

九月：丁卯、乙卯、癸卯，外丙午。

十月：甲子、甲戌、庚子、戊戌、癸酉、丁酉，外丙午。

十一月：戊辰、庚辰、壬辰、甲辰、丙辰。

十二月：壬申、甲申、庚午、丙午、丙申、戊申、庚申。

以上吉日不犯九丑、九土鬼、十恶无禄、大败、天地争雄、阴私、劫杀、蚩尤、三不返等凶神日方可用。

表二十四：吉神

值日 月令 / 神名	正	二	三	四	五	六	七	八	九	十	十一	十二
天马	午	申	戌	子	寅	辰	午	申	戌	子	寅	辰
驿马	申	巳	寅	亥	申	巳	寅	亥	申	巳	寅	亥
思腾	春巳			夏申			秋亥			冬寅		

表二十五：忌神

值日 月令 / 神杀	正	二	三	四	五	六	七	八	九	十	十一	十二
阴私	酉	亥	丑	卯	巳	未	酉	亥	丑	卯	巳	未
天地破败	卯	寅	丑	子	亥	戌	酉	申	未	午	巳	辰
复日	甲	乙	戊	丙	丁	戊	庚	辛	己	壬	癸	己
三不返	寅	卯	丑	寅	卯	辰	辰	卯	寅	丑	子	丑
	戌	酉	辰	巳	乙	巳	巳	午	戌	申	戌	申
	亥	子	申	未	午	未	申	酉	未	亥	酉	亥
天地争雄	巳	亥	午	子	未	丑	申	寅	酉	卯	戌	辰
	午	子	未	丑	申	寅	酉	卯	戌	辰	亥	巳

安营立寨神杀宜忌,除本书外,还有"表二十四、二十五"所列神杀。

造仓库

【原文】宜丙寅、丁卯、庚午、己卯、壬午、癸未、庚寅、甲午、乙未、癸卯、戊午、己未、癸丑、满、成、开日。

前三条俱忌朱雀黑、天牢黑、天火、狼藉、独火、月火、九空空亡、财离、岁空、死气、官符、月破、大小耗、天贼、天瘟、受死、冰消瓦解、月建转杀、月虚、月杀、四耗、阴阳错、地火、伏断、正四废、火星、十恶、天地离、九土鬼、大杀入。

【注解】天牢黑:即天牢黑道。正月起申,二月在戌,三月在子,四月在寅,五月在辰,六月在午,七月复在申,顺行六阳。

九空:正、五、九月在辰,二、六、十月在丑,三、七、十一月在未,四、八、十二月在戌。曹振圭曰:"九空者,墓库破散之神也,库破则空,冲则散。假令寅午戌月,火库在戌,辰能冲散也。亥卯未月,木库在未,丑能冲散也。"余理同,此说有理。《象吉通书》云:"正辰二丑三戌防,四未五卯六子场,七酉八午九寅上,十亥冬申腊巳当。"缺乏义理。

空亡:有两种,一是以地支论,一是以方位论,法分两途,其理却一。

以地支论:甲子旬中无戌亥,甲戌旬中无申酉。
甲申旬中无午未,甲午旬中无辰巳。
甲辰旬中无寅卯,甲寅旬中无子丑。

以方位论:甲子旬中乾方空,甲戌旬中兑坤空。
甲申旬中坤离空,甲午旬中巽方空。
甲辰旬中震艮空,甲寅旬中艮坎空。

财离:正月起辰,二月在丑,三月在戌,四月在未,五月在寅,六月在子，七月在酉，八月在午，九月在亥，十月在卯，十一月在申，十二月在巳。

死气：正月起午，二月在未，三月在申，四月在酉，五月在戌，六月在亥，七月在子，八月在丑，九月在寅，十月在卯，十一月在辰，十二月在巳。曹振圭曰："以月建为临官，前临死位也。假令二月建卯为临官，帝旺在巳，衰在辰，病在午，死在未也。或云生气之冲辰也。"此解牵强，临官是一种五行将旺的代称，帝旺是一种五行最旺的代称。如木临官在寅，帝旺于卯，衰于辰，病于巳，死于未。二月建卯，是木旺之处，三月建辰是木衰之方，且其五行为土，何以言是木旺？误也。而生气对冲之辰为死气之解却颇合义理。

官符：子年在辰，丑年在巳，寅年在午，卯年在未，辰年在申，巳年在酉，午年在戌，未年在亥，申年在子，酉年在丑，戌年在寅，亥年在卯。曹振圭曰："官符是岁月中掌符信之官，文职也，常居三合前辰。大抵岁月建以其三合前辰为文官，后辰为武职，是左文右武之义。"

大耗：与岁破同，详参前注。

小耗。《历例》曰："小耗者，常居月建前五辰。"故正月起未，二月在申，三月在酉，四月在戌，五月在亥，六月在子，七月在丑，八月在寅，九月在卯，十月在辰，十一月在巳，十二月在午。

月虚、月杀：正月在丑，二月在戌，三月在未，四月在辰，五月在丑，六月在戌，七月在未，八月在辰，九月在丑，十月在戌，十一月在未，十二月在辰。

四耗：春逢壬子不为良，夏值乙卯莫商量，秋当戊午皆不利，冬季辛酉耗须详。

四废：庚申辛酉为春废，壬子癸亥夏时当，甲寅乙卯秋月值，丁巳丙午冬季防。

十恶:有两种,一名“十恶大败”。《渊海子平》云:“甲辰乙巳与壬申,丙申丁亥及庚辰,戊戌癸亥加辛巳,己丑都来十位神。邦国用兵须大忌,龙蛇出穴也难伸,人命若还逢此日,仓库金银化作尘。”并解曰:“十恶者,大凶也。大败者,怯敌也。谓六甲旬中,有十个日值禄入空亡,此十日谓之大败,故曰十恶大败。……如甲辰,乙巳者,甲以寅为禄,乙以卯为禄,是甲辰禄以寅木为空,逢此为禄入空亡,是以败也。”余同此理。《通书》中又有十恶无禄凶日,亦有云十恶大败者,其法甲己年三、正月逢戊戌日,七月逢癸亥日,十月逢丙申日,十一月逢丁亥日;乙庚年四月逢壬申日,九月逢乙巳日;丙辛年三月逢辛巳日,九月逢庚辰日,十月逢甲辰日;丁壬年无忌;戊癸年六月逢己丑日是。

天地离:即五离中第一离,甲申、乙酉天地离。

大杀:《考原》曰:“大煞,子年在子,丑年在酉,寅年在午,卯年在卯,辰年又在子,如是逆行四正。盖申子辰三合为水,水旺于子也。巳酉丑三合为金,金旺于酉也。寅午戌三合为火,火旺于午也。亥卯未三合为木,木旺于卯也。”因子午卯酉为金木水火之位,天地之交而日月之冲也。故太岁在四正,则太岁自当之,大煞则不足云。若太岁在孟季,则正位方成大煞,得生杀一方大权。

《协纪辨方书》云:“按打头火即本年大煞逐月飞吊之位。……其逐月飞吊与天官符同法。”如寅年大煞在午方,正月建寅,则寅入中,卯飞乾,辰飞兑,巳飞艮,午飞离,是正月大煞在午方。若二月建卯,则卯入中,辰飞乾,巳飞兑,午飞艮,未飞离,则二月未方为大煞方,切忌修造。

塞鼠穴

【原文】宜壬辰、庚寅、满、闭日,正月上辰、受死日,穴天狗日。

【注解】天狗：立春后在艮，立夏后在巽，立秋后在坤，立冬后在乾。又有天狗食畜日：春子、夏卯、秋午、冬酉。《象吉通书》云：塞鼠穴"用娄金狗暗金伏断时能。鬼牛亢娄为四金宿，在日家为明金，在时家为暗金。其亢鬼牛金不能制鼠，惟娄宿能制鼠，能用暗金时真日正，则永断其鼠"。

表二十四：《象吉通书》塞鼠穴极验日

值日 月令 神杀	正	二	三	四	五	六	七	八	九	十	十一	十二
受死	戌	辰	亥	巳	子	午	丑	未	寅	申	卯	酉
月杀	丑	戌	未	辰	丑	戌	未	辰	丑	戌	未	辰
死气	午	未	申	酉	戌	亥	子	丑	寅	卯	辰	巳
闭日	丑	寅	卯	辰	巳	午	未	申	酉	戌	亥	子

造　厨

【原文】宜丙寅、己巳、辛未、戊寅、甲申、戊申、甲寅、乙卯、己未、庚申。

【注解】诸《通书》中有逐月修厨吉日：正月辛未、戊寅。

二月丙寅、己巳、戊寅、甲申、辛未、甲寅、己未。

三月己巳、甲申、甲子、丙子、庚子、壬子。

四月癸丑、戊申、乙卯、庚申。

五月丙寅、辛未、戊寅、庚寅、壬辰、乙卯、己巳、癸未、甲寅、己未。

六月丙寅、乙亥、戊寅、甲申、甲寅、庚申、辛亥、壬辰。

七月壬子、丙辰、庚申。

八月丙寅、戊寅、庚寅、乙亥。

九月壬午、丙午、辛卯、辛未、己未。

十月辛未、乙未、丁未、庚子、壬子。

十一月丙寅、戊寅、庚寅、壬寅、甲寅、庚申、戊申。

十二月丙寅、戊寅、庚寅、壬寅、己巳、庚申、甲寅。

上吉日不犯十恶、九丑、火星、天火、独火、受死、阴阳错、九土鬼等凶日可用。

修厨忌杀。

红嘴朱雀:甲子、癸酉、壬午、辛卯、庚子、己酉、戊午,主损新妇。

九良星:乙丑、丁巳、己丑、戊子、壬寅、戊午,六年占厨。

六甲胎神:三、四、十一月占厨。

九良杀:丑年占厨,十二月占厨。

宅龙:六、七月占厨。

伏龙:十二月占厨。

修厨杀:子午卯酉年占,杀新妇。

丘公杀:甲己年六月占厨,乙庚年八月占厨,丙辛年十月占厨,丁壬年十二月占厨,戊癸年三月占厨。

砌　　灶

【原文】宜甲子、乙丑、己巳、庚午、辛未、癸酉、甲戌、乙亥、癸未、甲申、壬辰、乙未、辛亥、癸丑、甲寅、乙卯、己未、庚申,黄道、天赦、月空、正阳、五祥、定、成、开日。

前二条忌朱雀黑、天瘟、土瘟、天贼、受死、天火、独火、十恶、四部转杀、九土鬼、正四废、建破、丙丁午日,每月初七、十五、二十七,不可移动,每月初八、十六、十七日及六甲胎神占月,忌拆灶修理。

【注解】天赦:春戊寅,夏甲午,秋戊申,冬甲子。《天宝历》

曰:“天赦者,赦过宥罪之辰也。天之生育,甲与戊;地之成立,子午寅申,故以甲戊配成天赦。其日可以缓刑狱,雪冤枉,施恩惠。若与德神会合,尤宜兴造。”

正阳:正月起丑,二月在卯,三月在巳,四月在未,五月在酉,六月在亥,七月在丑,八月在卯,九月在巳,十月在未,十一月在酉,十二月在亥。

五祥:正月起戌,二月在子,三月在辰,四月在寅,五月在午,六月在申,七月在戌,八月在子,九月在辰,十月在寅,十一月在午,十二月在申。

修灶杂忌。宅龙方:正、二、三、八月占灶。兴龙方:七、八月占灶。耗星:二月、八月占灶。六甲胎神:四、十一月占灶。游龙:八月、十月占灶。羊胎:四、五、十一月占灶。猪胎:三、七、八月占灶。马皇杀:十二月占灶。牛胎杀:三、十月、十一月占灶。牛黄杀:四、十月占灶。土公杀:春三月占灶。丘公杀:甲己年六月占灶,乙庚年八月占灶,丙辛年十月占灶,丁壬年十二月占灶,戊癸年二月占灶。

作灶除忌以上之月日及原文朱雀、天瘟、土瘟、受死、天火、独火等神杀外,还要避忌“表二十七”所列五种神杀。

表二十七

值日 月令 神杀	正	二	三	四	五	六	七	八	九	十	十一	十二
荒芜	巳	酉	丑	申	子	辰	亥	卯	未	寅	午	戌
毁败	寅	寅	辰	辰	午	午	申	申	戌	戌	子	子
丰至	申	申	戌	戌	子	子	寅	寅	辰	辰	午	午
微冲	酉	酉	亥	亥	丑	丑	卯	卯	巳	巳	未	未
重折	卯	卯	巳	巳	未	未	酉	酉	亥	亥	丑	丑

从以上神杀可以看出,此忌彼凶,若严格选择起来,一年十二个月均不能作灶,然从古至今,又家家有灶,奈何?

扫　合

【原文】宜除、满日。

【注解】除日:正月起卯,二月在辰,三月在巳,四月在午,五月在未,六月在申,七月在酉,八月在戌,九月在亥,十月在子,十一月在丑,十二月在寅。

满日:正月起辰,二月在巳,三月在午,四月在未,五月在申,六月在酉,七月在戌,八月在亥,九月在子,十月在丑,十一月在寅,十二月在卯。

偷　修

【原文】宜壬子、癸丑、丙辰、丁巳、戊午、己未、庚申、辛酉、以上八日,凶神朝天,可并工造作修理。

【注解】偷修者,此八日诸神均上天官议事聚会,人间并无神主事,吉凶皆无应验,故曰偷修。

修造门

【原文】宜甲子、乙丑、辛未、癸酉、甲戌、壬午、甲申、乙酉、戊子、己丑、辛卯、癸巳、乙未、己亥、庚子、壬寅、戊申、壬子、甲寅、丙辰、戊午,黄道、生气、天月德及合、满、成日。

作门忌日

【原文】春不作东门,夏不作南门,秋不作西门,冬不作北门,与修门同。

修门吉凶

【原文】戊寅、己卯、癸未、甲申、壬辰、癸巳、甲午、乙未、己亥、辛丑、癸卯、己酉、庚戌、辛亥、癸丑、丙辰、丁巳、庚申、辛酉,除日。

前三条俱忌朱雀黑、天火、月火,天瘟、火星、天贼、月破、受死、蚩尤、九土鬼、八风、正四废、转杀、午日、丁巳日。

【注解】此节原文在砌灶后,无标题,但与其上文之意脱节;修门吉凶标题下却无原文,应是排错,故调整。细析原文开头,应少一行字,因手边无他本参照,无法修正,故说明。

作门一节,《鲁班经》一书注解甚详,可参考。

扫厨灶

【原文】宜壬癸日及水日。

【注解】水日正五行为亥、子日。纳音五行为水者则有丙子、丁丑、壬辰、癸巳、甲申、乙酉、丙午、丁未、甲寅、乙卯、壬戌、癸亥诸日。

修水廨

【原文】宜天聋地哑日,忌每月巳午未日及三月,无牛之家不忌。

【注解】天聋地哑:丙寅、戊辰、丙子、丙申、庚子、壬子、丙辰为天聋日。乙丑、丁卯、己卯、辛巳、乙未、丁酉、己亥、辛丑、辛亥、癸丑、辛酉为地哑日。

忌巳午未日者,水绝之处。忌三月者,三月建辰,水之墓也。

砌花台

【原文】与动土日同,宜水木日,忌金土日。

作　厕

【原文】宜庚辰、丙戌、癸巳、壬子、己未、天乙绝气、伏断、闭日,忌正月二十九日。

【注解】天乙绝气:正月初六、二月初七、三月初八、四月初九、五月初十、六月十一、七月十二、八月十三、九月十四、十月十五、十一月十六、十二月十七,以上为天乙绝气日,虽有吉星,亦无旺气,诸事勿用。惟造坑厕,只宜无有臭气。

修　厕

【原文】宜己卯、壬子、壬午、乙卯、戊午。忌春夏正六月及六甲胎神占月,牛胎四、十月占。

【注解】逐月作厕吉日:正月己卯、丁卯、壬寅、癸卯、己酉、甲寅、乙卯,外癸丑、己丑、丙午、戊午。

二月戊寅、庚寅、甲寅、丁亥、乙未、己亥,外丁未、己未、癸未。

三月丁卯、己卯、庚子、癸卯、乙卯、己巳、甲子、甲申、丙申、乙巳,外丙子、壬子、戊子。

四月戊辰、庚子、丙辰、甲子、庚辰、庚午、甲午,外丙子、戊子、己丑、丙午、戊午。

五月丙寅、辛未、庚寅、甲寅、己未、丙戌、癸巳、己巳、辛巳、乙未、甲戌、戊戌、庚戌、丁巳。

六月丙申、辛亥、丙寅、甲寅、甲申、庚申、乙亥、辛未、丁亥、乙未,外己未。

七月庚子、丁卯、戊辰、辛未、庚辰、辛卯、癸卯、丙辰,外丙子、壬子、戊子。

八月丙辰、辛巳、戊辰、辛丑、己巳、戊戌、庚辰、丙戌、庚戌、丁巳。

九月辛巳、庚午、癸酉、丙戌、丁亥、丁酉、戊戌、己酉、庚戌、辛酉，外丙午、壬午、戊午。

十月甲子、庚子、辛未、戊戌、甲午、乙未、庚子，外戊子、壬子、壬午、戊午。

十一月乙亥、己亥、辛亥、戊辰、庚辰、甲辰、辛未、乙未，外己未、癸未。

十二月甲子、甲寅、庚子、甲申、乙酉、辛丑、壬寅，外戊子、己丑、壬子、癸丑。

以上吉日不犯玄武黑道、天贼、地贼、受死、土瘟、土忌、土符、地破等方可用。

作厕所忌。

六甲胎神：八月占厕。

土公箭：每月初七、十七、二十七。

土公占：大月初三、初五、初八；小月初一、十二、二十八。

土忌：子年在寅，丑年在申，寅年在巳，卯年在午，辰年在未，巳年在申，午年在酉，未年在子，申年在辰，酉年在未，戌年在戌，亥年在丑。

安碓硙磨碾油榨

【原文】宜庚午、辛未、甲戌、乙亥、庚寅、庚子、庚申、聋哑日。

修磨日

【原文】与安磨日同，忌牛胎，正七月占。

【注解】考证逐月安修碓磨吉日：正月丁卯、己卯、丙午、甲午、壬午。

二月辛未、乙亥、戊寅、庚寅、甲寅、丙寅、己未、己亥。

三月庚子，外戊子、己巳、乙巳、丙子、癸巳、庚申、甲子。

四月庚午、庚子、丁卯、辛卯、乙卯，外甲子、戊子、癸丑、甲午、丙子、丁丑、乙丑、癸酉。

五月辛未、庚寅、甲戌，外丙寅、戊寅、甲寅、壬辰、甲辰、丙辰、癸未、乙未、丁未、己未、庚戌、戊戌。

六月庚申、乙亥，外丙寅、戊寅、壬寅、甲寅、丁卯、己卯、甲申、丙申、丁亥、辛亥。

七月庚子、辛未，外甲子、戊子、壬子、丙子、戊辰、庚辰、甲辰、丙辰。

八月乙丑、己丑、癸丑、己巳、癸巳、乙巳、辛丑。

九月庚午，外丙午、戊午、壬午。

十月庚午、辛未，外甲午、乙未、壬午、癸酉、丁酉、辛酉、己未。

十一月庚申、乙亥，外戊辰、甲辰、庚辰、丙辰、乙亥、丁亥、辛亥。

十二月庚寅、庚申，外戊寅、甲寅、己巳、丙申、丙寅、甲申、壬寅、癸巳。

以上吉日不犯天贼、地贼、火星、大耗、受死、天瘟、土忌、土符、土府、地破、地囊、五墓、五虚等凶杀方可用。

安碓吉方：宜东北艮地及巳午戌亥方并本山长生、帝旺方。

安磨方：宜生旺方，如在中宫则不论方。又宜十干禄方。即甲禄寅，卯禄乙，丙戊禄巳，丁己禄午，庚禄申，辛禄酉，壬禄亥，癸禄子。

修移碓磨所忌：

七月六甲胎神占碓磨，子午日占碓，乙庚日占碓磨。正月牛胎占磨，十一月马胎占碓，五月羊胎占碓。

土符：正月在丑，二月在巳，三月在酉，四月在寅，五月在午，六月在戌，七月在卯，八月在未，九月在亥，十月在辰，十一月在申，十二月在子。

土府：正月起寅，二月在卯，三月在辰，四月在巳，五月在午，六月在未，七月在申，八月在酉，九月在戌，十月在亥，十一月在子，十二月在丑，即当月月建。

五墓：正月和二月在乙未，三月、六月、九月、十二月在戊辰，四、五月在丙戌，七、八月在辛丑。

五虚：春嫌巳酉丑，夏恶申子辰，秋忌亥卯未，寅午戌冬嗔。

地囊：正月庚子、庚午。二月乙未、癸丑。三月甲子、壬午。四月己卯、己酉。五月甲辰、壬戌。六月丙辰、丙戌。七月丁巳、丁亥。八月丙寅、丙申。九月辛丑、辛未。十月戊寅、戊申。十一月辛卯、辛酉。十二月乙卯、癸酉。

万年历又云："春三月不修磨，夏三月不修碓。"

从以上诸宜忌中可以看出，诸神杀彼吉此凶，相互抵触，令人无可适从。

开　池

【原文】宜甲子、乙丑、甲申、壬午、庚子、辛丑、辛亥、癸巳、癸丑、辛酉、戊戌、乙巳、丁巳、癸亥、天月二德及合、生气、成、开日。

开沟渠

【原文】宜甲子、乙丑、辛未、己卯、庚辰、丙戌、戊申、开、平日。

前二条忌玄武黑道、天贼、土瘟、受死、大小耗、龙日、伏龙、咸池，冬壬癸日九土鬼、土痕、水隔、四废、天地转杀。

【注解】开池塘沟渠与修池塘沟渠虽为一事，宜忌却有区别。

逐月开凿池塘吉日:正月甲子,外癸酉、丁酉、己亥、癸亥、庚子、丙子、辛亥。

二月戊寅、甲寅、庚寅,外丁亥、己亥、乙亥。

三月无吉日,一说丁卯、乙卯、己卯、乙巳、己巳。

四月甲子、乙丑、庚子、己丑、庚午。

五月乙丑、辛未、己未,外丁丑、己丑、乙巳、辛巳、己巳。

六月戊寅、甲寅,外丁卯、己卯、辛卯、庚寅。

七月丙辰、戊辰,外丁未、庚午、辛未、丙午、庚辰。

八月壬辰、丙辰,外戊辰、庚辰、己巳、辛巳。

九月无吉日,一说己酉、壬午、丙午。

十月乙未、辛未,外庚午、戊戌、甲子、甲戌、己未。

十一月辛未、己未、乙亥、己亥、辛亥,外乙未、丁未。

十二月甲申、庚申、丙申,外戊申。

以上吉日不犯玄武黑道、天贼、地贼、天瘟、土瘟、九空、水隔、九土鬼、土痕、黑帝死日,冬壬癸日等方可用。

又宜天狗守塘日:春卯、夏午、秋酉、冬子日。用此日凿塘獭耗绕避。

开池塘合宿吉日:乙丑牛、丙寅尾、庚辰亢,乙未鬼、庚戌娄。次吉日:辛亥、丁巳、辛酉、癸巳、癸丑、癸亥。

开塘放水法:用罗经于塘心格定,取辰戌丑未寅方放水为吉。其中辰戌方用庚戌日放,丑未方用乙丑、乙未日放,寅方用丙寅日放。此日再合娄宿大吉。(娄宿名娄金狗,天狗守塘,獭耗远避。)

开池塘忌日见“表二十八”。

表二十八

日支 月令 十二神	正	二	三	四	五	六	七	八	九	十	十一	十二
土瘟	辰	巳	午	未	申	酉	戌	亥	子	丑	寅	卯
龙日伏龙咸池	卯	子	酉	午	卯	子	酉	午	卯	子	酉	午
水隔	戌	申	午	辰	寅	子	戌	申	午	辰	寅	子
九空	辰	丑	戌	未	卯	午	酉	子	寅	亥	申	巳
池耗	申	戌	子	未	辰	丑	申	戌	子	未	辰	丑
地耗	辰	卯	寅	未	子	巳	戌	酉	申	丑	午	亥
天休废	每月初四、初九、十三、十八、二十二、二十七											
鬼贼	春初二、初三、初五　夏初二、初三 秋初三、初十　冬初三、初七、初九											
天百空	每月初五、初七、十三、十六、十七、 十九、二十一、二十七、二十九日											
土痕日	小月初一、初二、初六、二十二、二十六、二十七 大月初二、初五、初七、十五、二九											
黄獭星日	丁丑、癸未、庚寅、壬辰、甲午 己亥、丁未、甲寅、戊午、壬戌											
狐狸星日	大月危日，小月定日											

余受死、死气、四部转杀、天贼、地贼、大耗、小耗等见前注。

考正逐月修作坡塘吉日：

正月癸酉、戊寅、庚寅、丙寅，外乙丑、癸丑、丁酉。

二月戊寅、庚寅、丙寅、甲寅、乙亥、己亥，外丁亥、辛亥。

三月甲子、壬子、己巳、甲申、己卯、丁卯、丙子、庚子，外丙申、戊申、乙巳。

四月癸酉、癸丑、己丑,外甲子、戊子、庚子、丁酉、辛酉。

五月戊寅、庚寅、辛巳、丙寅,外己巳、乙巳。

六月戊寅、庚寅、乙亥、己亥、辛亥,外甲申、戊申、庚申、丙申。

七月壬辰、丙辰,外戊辰、甲辰、戊申。

八月戊申、庚申、甲戌,外己巳、乙卯、辛未、乙未、己未,外庚午、辛卯。

九月庚午、壬午、丙午、丙戌,外己巳、乙巳。

十月己卯、乙卯、辛未、己未、乙未,外庚午、辛卯。

十一月癸未、甲申、戊申、庚申、丙辰,外辛未、己未、己亥、乙亥、辛亥。

十二月甲申、丙申、戊申、庚申,外甲辰、戊寅、庚寅、甲寅、乙丑。

以上吉日不犯天贼、受死、龙日、伏龙、土瘟、天百穿等凶日方可用。

修作坡塘所忌见“表二十九”。

红嘴朱雀:辛未、庚辰、己丑、戊戌、丁未、丙辰。

表二十九

值日 月令 神杀	正	二	三	四	五	六	七	八	九	十	十一	十二
天贼	辰	酉	寅	未	子	巳	戌	卯	申	丑	午	亥
龙会	未	戌	亥	亥	丑	戌	未	卯	戌	丑	戌	卯
蛇会	午	未	戌	戌	戌	戌	丑	丑	辰	戌	戌	亥
四部	午	午	午	卯	卯	卯	子	子	子	酉	酉	酉
无翘	亥	戌	酉	申	未	午	巳	辰	卯	寅	丑	子
水痕	大月初一、初七、十一、十七、二十三、三十 小月初三、初七、十二、二十六											

余神杀见前注。

穿　井

【原文】宜甲子、乙丑、癸酉、庚子、辛丑、壬寅、乙巳、辛亥、辛酉、癸亥、丙子、壬午、癸未、乙酉、戊子、癸巳、戊戌、戊午、己未、庚申、甲申、癸丑、丁巳,黄道、天月二德及合、生气、成日。

修　井

【原文】宜甲申、庚子、辛丑、乙巳、辛亥、癸丑、丁巳、壬午、戊戌、成日。

前二条忌黑道、天瘟、土瘟、天贼、受死、土忌、血忌、飞廉、九空、大小耗、水隔、九土鬼、正四废、刀砧、天地转杀、水痕、伏断、三六七月及卯日、泉竭、泉闭日。

辛巳、己丑、庚寅、壬辰、戊申,以上系泉竭日。戊辰、辛巳、己丑、庚寅、甲寅,以上系泉闭日。

【注解】《鳌头通书》有逐月穿井吉日:

正月:甲子、丙子、庚子、壬子。

二月:辛亥、癸亥,外乙亥、己亥。

三月:甲子、丙子、庚子、癸未、乙未、己未,外庚午、丁丑。

四月:甲子、丙子、庚子、癸丑、乙丑,外庚午、丁丑。

五月:乙丑、癸未、癸丑,外丁丑、乙未。

六月:甲申、庚申、癸未、己未。

七月:壬午,外丙午。

八月:外丙辰、己巳。

九月:癸丑,外丙戌、丙午。

十月:壬午、癸未、己未、辛酉、癸酉,外乙未、辛未、庚子。

十一月:癸未、己未,外丁未。

十二月:甲申、庚申。

以上吉日，不犯天瘟、土瘟、天贼、受死、土忌、血忌、飞廉、九空、大耗、小耗，水隔、泉竭、泉闭等凶日方可用。

袁天罡穿井吉凶方：子上穿井出颠人，丑上兄弟不和睦，寅卯辰巳方上宜，午戌方上俱不利，未亥方开井大凶，申上先凶后吉隆。

五音食水局：宫音属土，食宫水当不足，食角水败家门，食商水生贵子，食羽水出人聋哑，食徵水进田地。商音属金，食商水当不足食，食角水求不足，食徵水出人落水，食宫水主大吉，食羽水亦吉。角音属木，食角水出人落水，食羽水旺人丁，食商水主吉昌，食宫水无子招财，食徵水主人疾病。徵音属火，食徵水当不足，食商水先吉后凶，食羽水多灾害，食宫水主大吉，食角水亦大吉。羽音属水，食羽水当不足，食宫水先吉后凶，食徵水主人溺水，食角水主大吉，食商水大吉昌。（按：五音风水盛于赵宋，明时已衰，后被弃。五音分姓详参前注。）

李淳风修井经：（每步常尺三尺五寸）

乾甲金，生巳旺酉。乾山巽向，东艮上发龙，得井巳酉，井清而洁。西坤上发龙，得井苦涩，巳酉半吉半凶。甲山庚向，南巽发龙，得巳井洁，酉不利，主少亡。北乾上发龙，得巳井吉，若在酉上不利。乾甲山利中宫，八尺、九尺之中有泉水。

坤乙土，生申旺子。坤山艮向，在申子为本音生利。西坤上发龙，得申井吉，子井不利。乙山辛向，南巽上发龙，得申井吉，若是子井不利。北乾上发龙，得申井吉，子井不利。坤乙山西南大利，不利东北，八尺、九尺之中有泉水。

艮丙土，生申旺子。坤山艮向，东艮上发龙，得井在申子上有横财。西坤上发龙，得申井吉，子井不利。丙山壬向，南巽上发龙得子井吉，若巳申井不利。北乾上发龙得子井吉，申井不利。艮丙山利西南，不利东北，八尺、九尺之中有泉水。

巽辛木,生亥旺卯。巽山乾向,东艮上发龙,得卯井吉,旺儿孙,亥井不利。西坤上发龙得亥卯井大利,季月少泉。辛山乙向,南巽上发龙,得亥井为佳,卯少亡,失财。北乾上发龙得卯井吉,得亥井不利人,忤逆。巽辛山,利西南不利东北,八尺、九尺之中有泉水。

震庚亥未木,生亥旺卯。酉向甲向,东艮上发龙,得卯井最好,旺儿孙,亥井凶。西坤上发龙得卯井水清洁。巳向丑向,南巽上发龙得卯井为佳,亥井不利。北乾上发龙十二步得午井、卯井不利。震庚亥未山,利东南不利西北,八尺、九尺之中有泉水。

离壬寅戌火,生寅旺午。子向丙向,东艮龙十二步得寅井最佳,午井平平。西坤龙十二步得午井最佳,寅井不利。申向辰向,南巽上发龙得子井为佳,寅不利,北乾发龙得寅井佳。离壬寅戌山,利西南不利东北,八尺、九尺之中有泉水。

坎癸申辰水,生申旺子。午向丁向,东艮上发龙得申子井佳,辰亦吉。西坤上发龙得申井吉。寅向戌向,南巽上发龙得子井吉,北乾上发龙得辰井亦有横财。坎癸申辰山,利东北不利西南,八尺、九尺之中有泉水。

兑丁巳丑金,生子旺酉。卯向癸向,东艮上发龙,得井在巳酉清而洁。西坤上发龙得井在酉最吉,巳上小平。亥向未向,南巽上发龙得巳酉井俱小利。北乾上发龙得辰井亦有横财。兑丁巳丑山利西不利北,得南井亦旺。(按:论取井方道,人家以茶亭为中宫,寺观以神座为中宫。)

修井忌年:九良星丁丑、癸未、乙未、壬寅、己未、庚申年占井。若其地以前无井,则可穿井。修井切忌。

修井忌月:大小耗是二七八九月在井,游龙八九月在井,伏龙八月在泉,牛黄五七月占井,猪胎五六月占井,马胎、羊胎十月占井。

血忌:正月在丑,二月在未,三月在寅,四月在申,五月在卯,六月在酉,七月在辰,八月在戌,九月在巳,十月在亥,十一月在午,十二月在子。

飞廉:正月在戌,二月在巳,三月在午,四月在未,五月在寅,六月在卯,七月在辰,八月在亥,九月在子,十月在丑,十一月在申,十二月在酉。

造妆奁

【原文】宜黄道、生气、要安、吉期、活曜、天庆、天瑞、吉庆、天月二德合、天喜、金堂、玉堂、益后、续世、三合、成日。

忌天瘟、四废、九土鬼、魁罡、勾绞、月破、火星、离窠、危日。

【注解】原文神杀见“表三十”。

逐月造妆奁吉日:

正月:癸卯、乙卯、丁卯、己卯、辛卯、癸丑。

二月:丙寅、甲寅、庚寅、乙亥、丁亥。

三月:甲子、丙子、庚子、癸卯、乙卯、己卯、壬子。

四月:庚子、乙卯、癸卯、丁丑、庚辰、辛卯、癸丑、丙辰、癸卯、丙午。

五月:丙寅、辛未、乙未、甲寅、壬辰、庚辰、庚寅、丙辰、己未、甲辰、丁未。

六月:乙卯、甲申、丁亥、甲寅、辛亥。

七月:丙辰、庚辰、戊辰、甲子、丙子、庚子、壬子。

八月:乙丑、丁丑、甲戌、丙戌、辛亥、癸亥、丁亥。

九月:庚午、丙午、乙亥、丁亥、癸酉、丁酉、辛酉。

十月:甲子、辛未、乙未、庚子、丙子、壬子、丙戌。

十一月:乙亥、丁亥、丙寅、甲寅、乙巳、癸巳。

十二月:甲子、丙子、庚子、壬子、乙丑。

表三十

值日神杀＼月令	正	二	三	四	五	六	七	八	九	十	十一	十二
生气	子	丑	寅	卯	辰	巳	午	未	申	酉	戌	亥
要安	寅	申	卯	酉	辰	戌	巳	亥	午	子	未	丑
吉期	卯	辰	巳	午	未	申	酉	戌	亥	子	丑	寅
吉庆星	酉	寅	亥	辰	丑	午	卯	申	巳	戌	未	子
活曜	午	亥	申	丑	戌	卯	子	巳	寅	未	辰	酉
天瑞	戊寅、己卯、辛巳、庚寅、壬子											
天喜	戌	亥	子	丑	寅	卯	辰	巳	午	未	申	酉
金堂	辰	戌	巳	亥	午	子	未	丑	申	寅	酉	卯
玉堂	卯	酉	辰	戌	巳	亥	午	子	未	丑	申	寅
益后	子	午	丑	未	寅	申	卯	酉	辰	戌	巳	亥
续世	丑	未	寅	申	卯	酉	辰	戌	巳	亥	午	子
离窠	戊辰、己巳、丁卯、壬申、戊寅、辛已、壬午、戊子、己丑 戊戌、己亥、辛丑、戊申、辛亥、戊午、壬戌、癸亥											

以上吉日，若犯原书内诸凶星却不可用。

造　床

【原文】与造妆奁同。

【注解】详参前《鲁班经》作床注解。

造桔槔

【原文】宜黄道、天月二德、生气、三合、平、定日。

忌黑道、虚耗、焦坎、田火、地火、九土鬼、水隔、水痕、破日。

【注解】焦坎：正月在辰，二月在丑，三月在戌，四月在未，五月在卯，六月在子，七月在酉，八月在午，九月在寅，十月在亥，十一月在申、十二月在巳，与九空同。

论一年四季之月

【原文】每月宜忌吉凶星临值日，宜查。

寅申巳亥谓之四孟月，正四七十月：

甲子、癸酉、壬午、辛卯、庚子、己酉、戊午，妖星（上齐星）。

乙丑、甲戌、癸未、壬辰、辛丑、庚戌、己未，或星（上火星）。

丙寅、乙亥、甲申、癸巳、壬寅、辛亥、庚申，利星（上利星）。

丁卯、丙子、乙酉、甲午、癸卯、壬子、辛酉，煞星（上显星）。

戊辰、丁丑、丙戌、乙未、甲辰、癸丑、壬戌，直星（上曲星）。

己巳、戊寅、丁亥、丙申、乙巳、甲寅、癸亥，利星（上朴星）。

庚午、己卯、戊子、丁酉、丙午、乙卯，角星（上解星）。

辛未、庚辰、己丑、戊戌、丁未、丙辰，传星（上传星）。

壬申、辛巳、庚寅、己亥、戊申、丁巳，章星（上火星）。

子午卯酉谓之四仲月，二五八十一月：

甲子、癸酉、壬午、辛卯、庚子、己酉、戊午，或星（上利星）。

乙丑、甲戌、癸未、壬辰、辛丑、庚戌、己未，利星（上显星）。

丙寅、乙亥、甲申、癸巳、壬寅、辛亥、庚申，煞星（上曲星）。

丁卯、丙子、乙酉、甲午、癸卯、壬子、辛酉，直星（上朴星）。

戊辰、丁丑、丙戌、乙未、甲辰、癸丑、壬戌，利星（上解星）。

己巳、戊寅、丁亥、丙申、乙巳、甲寅、癸亥，角星（上传星）。

庚午、己卯、戊子、丁酉、丙午、乙卯，传星（上章星）。

辛未、庚辰、己丑、戊戌、丁未、丙辰，章星（上齐星）。

壬申、辛巳、庚寅、己亥、戊申、丁巳，妖星（上利星）。

辰戌丑未谓之四季月，三六九十二月：

甲子、癸酉、壬午、辛卯、庚子、己酉、戊午，利星（上显星）。

乙丑、甲戌、癸未、壬辰、辛丑、庚戌、己未，煞星（上曲星）。

丙寅、乙亥、甲申、癸巳、壬寅、辛亥、庚申，直星（上朴星）。

丁卯、丙子、乙酉、甲午、癸卯、壬子、辛酉，利星（上解星）。

戊辰、丁丑、丙戌、乙未、甲辰、癸丑、壬戌，角星（上传星）。

己巳、戊寅、丁亥、丙申、乙巳、甲寅、癸亥，传星（上章星）。

庚午、己卯、戊子、丁酉、丙午、乙卯，章星（上齐星）。

辛未、庚辰、己丑、戊戌、丁未、丙辰，妖星。

壬申、辛巳、庚寅、己亥、戊申、丁巳，或星。

妖星值日凶

【原文】如值此星者，名为玄武入宅，凡遇人家起造、嫁娶、移徙、上官赴任、开张典店、出入祭祀等项，不出一年内，主人口凶，连遭官非，动作安葬，失财被盗，牢禁刑狱，人口落水，四百日内有疾病孝服，损财口舌自东南方来，三年内大凶，即齐星是也。

或星值日凶

【原文】如值此星者，名曰朱雀入宅，主当年火盗怪灾，一日落一日，官非财散，六畜伤死，男女淫乱，缺唇丧服，只宜安坟，若有他事不美，此星即火星也。

利星值日凶

【原文】如值此星者，名曰白虎入宅，凡一应嫁娶、上官、开张等事，不出一年之内，损财疾病，被虎咬蛇伤，官非淫乱，若有积阴德之人见血灾，奴婢当灾也。

朴星值日凶

【原文】如值此星者，名曰黑杀入宅，凡遇造作、嫁娶、店肆等事，不出一年内主疯疾之人见凶，更有火盗、官灾、淫乱，虎咬蛇伤，若本人有福，立见虚耗不祥之意。

煞星值日吉

【原文】如值此星者，名曰金柜、六合、青龙、天德星入宅。凡人家修造、嫁娶、开店铺、上官、出行等，不三年内官者加禄，老者增寿，合家孝顺，百事称心，所谓大吉庆、喜如意者即显星也。

传星值日吉

【原文】如值此星者，名曰太阴金堂入宅。凡遇造作、嫁娶、上官赴任、开张店铺、移徙入宅、出行等事，不出一年之内，主生贵子，三年之间有位至公卿，无官得福无量，所谓吉庆财谷丰余，得外人财，喜用自然交集者，即紫微星也。

直星值日吉

【原文】如值此星者，名曰玉堂入宅。凡人家修造、嫁娶、开店、上官、出行，不出三年内，官位高迁，田蚕兴隆，男贵女清，决招横财，百事称心。若遇金神七煞凶至年月日时，先吉后主灾，失财多遭官事，此即文曲星也，如无不遇金神七煞，此日上好。

【注解】金神。《神杀赋》云："四仲金鸡四孟蛇，四季丑日是红沙。"（按：红沙即金神破碎）《六壬直指》云："子午卯酉在蛇头，辰戌丑未属于牛，寅申巳亥鸡头碎，破耗之财定可忧。"又一说。《堪舆经》云："甲己之年在午未申酉，乙庚之年在辰巳，丙辛之年在子丑寅卯午未，丁壬之年在寅卯戌亥，戊癸之年在申酉子丑。其来源出于五虎遁，其天干逢庚辛及纳音为金者是。如甲己之年，逢午未月干支是庚午、辛未，天干是金。壬申、癸酉月纳音是剑锋金，故见午未申酉为金神，余年意同。

七杀星。歌云:"角亢奎娄鬼牛星,出军便是不回兵,行舟定破遭风打,为官未满即遭刑。起造婚姻逢此日,不过周年见哭声。世人若知避七煞,官商士庶尽丰荣。"虽遇吉神,亦不可用。

角星值日凶

【原文】如值此星者,名曰太阳符入宅。凡嫁娶、造作、赴任、出行,不过三年内主遭官灾、火盗,更忌生产死,若主人有阴德,只见口舌,经答谢,此即解星也。

章星值日凶

【原文】如值此星者,名曰勾陈符入宅。凡遇造作、嫁娶、开张店舍、赴任、出行、安葬等事,不出一年内主有人口退散,官灾火盗。如上梁造船,可见匠人血光之灾。主人要与诸家历书不同阴阳,不同人口救苦经亦宅宝,又曰灵经异书,莫传与天下遇人。如七煞星,虽遇吉神,亦不可用,有失有散。

【注解】以上诸文,名曰《金符经》,前有序云:"《金经》曰,天有九星,愿济世间五音人推用。凡有用者,先于历内看日辰,便随四季六十甲子逐日取用,看天星利与不利,世人多即检阅诸书通用便许作用,而不知误人多矣。致使人亡家破,横遭官事,牛马退失,儿女夭横,盗贼相侵,火光惊恐,田园退散,盖犯凶星使之然也。若遇吉星,称心如意,万不失一,无不感应,不可忽之。凡人家造宅安坟,不依三元九星日起造者,立遭横祸,人丁退失,遇贼盗,遭官事,金谷耗散,灶鸣釜响,飞鸟入宅,猫犬作怪,平地生事,男女不和,夫妇不顺,自行落水,手足带疾,损目缺唇,孕妇伤胎,少不服长,凡事不祥。如作吉星者,有官者禄位高迁,百事称心,门户增秀,长幼欢乐,男女伶俐,奴婢顺从,六畜兴旺,万事如意。《金经》曰,凡立州县镇市,寺观社庙,府县室舍,庄库店业者,须看年月日时,有吉星者用则吉,排定六十甲子日辰,吉凶星曜开列于后。”

细观诸本,本书与明钱塘胡文焕校本星名相同,顺序有异。胡本第一位妖星,第二位或星,第三位禾星(亦名利星),第四位煞星(本书为朴星),第五位直星(本书为煞星),第六位朴星(本书为传星),第七位角星(本书为直星),第八位传星(本书为角星),第九位章星。查星辰排列顺序,应是以胡本为准,本书有误,特说明。

《道藏》中所收版本名《九天上圣秘传金符经》,《玉匣记》一书中亦收《金符经》,其九星名却与本文及胡本有异。第一位名妖星,第二位名或星,第三位名禾刀(本书为利星),第四位名煞贡(本书名煞星),第五位名直星,第六位名卜木(本书为利星),第七位名角巳(本书名角星),第八位名人专(本书为传星),第九位名立早(本书为章星)。《玉匣记》一书假托许真君撰,晋时人,本书是据明时胡本,二者相距千年,难免传抄之误。从其字意上分析,朴字乃卜木之误,传字乃人专之误,章字乃立早之误,非常明显,是本书九星之名以讹传讹也,特予指明。

究其义理,似与三元九星中的一六八三吉星相似,但排法又不符,且呆板无变化,故后来选择书多不录用。

九天玄女活曜九星图

【原文】宅德星入命,宜修造,注寿延年为兆,自作添进人口及北方田宅,财旺富贵之吉兆也。

宅福星入命,宜修造兴工,三财进益,田宅兴旺,大吉利也。

宅禄星入命,宜修造屋,此年修造,不论钱,动土兴工,不用六十日,横财来,天地龙神自降福。

宅宝星入命是祥星,若逢修造必添丁,造屋未成横财至,子孙昌顺,后头兴旺。

宅败星入命，名下虚耗，若兴工造作，立生灾殃，如不忌，遭官火盗。

宅虎星守命，不宜修造，若见灾惊，小修未可，龙虎入宫，动土修濠，可歇安宁。

宅哭之年多祸凶，难依作福保阴功，握凿造作人不信，二年之内见贫穷。

宅鬼之年有鬼兵，偏宜作福向中庭，金神太乙来修作，当年之内主伶仃。

宅死星运福，周围修造之工，立见颓凭，若豪强福禄旺，未成先已身危。（见下图“九天玄女活曜九星图”）

【注解】九天玄女活曜九星图，又名《宅宝九星》，本书原文错乱，“宅死”一联，尤为晦涩，特据他本摘录于下：

凡造作兴工，从福星起壹岁，至德星顺数，轮转至其年星位摆用。

圣人流传九天金符经内九星不同诸书，真有灵验，如起造、嫁娶、移徙、出行、埋葬等事，须合万通四吉星，大明通日及宅宝经，不可慢亵，若犯凶星，尚可解释。不依运命造作等事，退方太岁入宅，上兀下兀本命兀、九宫九刑克最重，若犯者，使家破人亡。若依此书，则移贫就富。今人只知金符九星，不知有宅宝九星，皆有误矣。

宅福星大吉：一岁、十岁、十九、二十八、三十七、

四十六、五十五、六十四、七十三、八十二、九十一。

宅福之星极好修，兴工动作起高楼，
向后无忧全获福，子孙昌盛贵封侯。
十分偏利皆为吉，牛马成群千百头，
造作兴工逢此限，代代人同造物游。

宅德星大利：二岁、十一、二十、二十九、三十八、四十七、五十六、六十五、七十四、八十三、九十二。

宅德之年大吉昌，最宜起造置田庄，
移徙二年财宝旺，嫁娶婚姻日月长。
天上此星多福德，人间用事亦荣昌，
命中凑遇身安健，粮满仓廒丝满箱。

宅败星不祥：三岁、十二、二十一、三十、三十九、四十八、五十七、六十六、七十五、八十四、九十三。

运数逢来破败星，动作兴工岁怪惊，
此岁厨头皆莫作，犯之必定不安宁。
若人不信其星恶，管教修造祸来临，
二载之间惊恐见，飞灾横祸扰门庭。

宅虎星大凶：四岁、十三、二十二、三十一、四十、四十九、五十八、六十七、七十六、八十五、九十四。

命运行来遇此星，若还修造便遭刑，
动作此年官事到，犯来决定被人侵。
生灾作祸伤人口，是非颠倒论宗亲，
急须作福频祈保，庶免灾殃损主人。

宅哭星不安：五岁、十四、二十三、三十二、四十一、五十、五十九、六十八、七十七、八十六、九十五。

宅哭之年多犯凶，只宜作福及修崇，
诸般造作皆难许，不听故犯祸难容。

仕宦经营穿孝服，迁移嫁娶必房空，
遇此星辰须用避，开渠穿井不流通。

宅鬼星不利：六岁、十五、二十四、三十三、四十二、五十一、六十、六十九、七十八、八十七、九十六。

命数排来灾鬼星，不宜修造向中庭，
动土兴工须早歇，起房造屋不安宁。
犯着血光人散乱，父子分离动哭声，
此兆不须长久日，一年之内绝宗人。

宅死星太恶：七岁、十六、二十五、三十四、四十三、五十二、六十一、七十、七十九、八十八、九十七。

命限轮来值此星，若要兴工定不宁，
造屋欲安人眷住，犯之家长丧坟茔。
住者回言财禄散，不怕顽皮作鬼魂，
曾见已家住屋宇，看来却是死亡人。

宅禄星大吉：八岁、十七、二十六、三十五、四十四、五十三、六十二、七十一、八十、八十九、九十八。

上苍推算宅禄星，动作兴工福降临，
常人造屋多吉利，贵人修置转公卿。
金银财谷盈仓库，奴仆成行六畜兴，
不须再把星书看，天地龙神福自臻。

宅宝星大利：九岁、十八、二十七、三十六、四十五、五十四、六十三、七十二、八十一、九十、九十九。

人间造屋见真奇，大段兴工四面围，
添进人财多活计，六畜兴隆不受亏。
三年之内家昌盛，荣显儿孙挂紫衣，
合家官贵人长寿，满门豪杰盖乡间。

圣人流传宅宝九星之书，多合义理；然九天玄女乃道教中神仙，其选择之论多不能圆说。今之修造多以本命五行配年月日时，相互弥补，叫作造命补山，生动活泼，有理可据。而以九星配岁起星，既无五行生克制化，又人人皆同，呆板无变化，故清以后选择通书皆不采录。

肘金语

【原文】大凡起造、修理等用，但看当家人或子息承继之人，转轮到其年星位吉凶择用，就于吉年内选月日时刻用之，则吉。不信者，诚之多验，功宜细详，观可久也。

鹤神方位

【原文】正东方：乙卯、丙辰、丁巳、戊午、己未。

东南方：庚申、辛酉、壬戌、癸亥、甲子、乙丑。

正南方：丙寅、丁卯、戊辰、己巳、庚午。

西南方：辛未、壬申、癸酉、乙亥、丙子。（按：少甲戌日）

正西方：丁丑、戊寅、己卯、庚辰、辛巳。

东北方：壬午、癸未、甲申、乙酉、丙戌、丁亥。

正北方：戊子、己丑、庚寅、辛卯、壬辰。

余日上天，直至己酉日起，甲寅日止，还归东北方。图象在后。（按：原文并无图象）

【注解】鹤神乃出行之忌神，一花甲中，在天十四日，巡游各方四十四日，具体是：己酉、庚戌、辛亥、壬子、癸丑、甲寅六日，在东北丑艮寅方。乙卯、丙辰、丁巳、戊午、己未五日，转正东甲卯乙方。庚申、辛酉、壬戌、癸亥、甲子、乙丑六日，转东南辰巽巳方。丙寅、丁卯、戊辰、己巳、庚午五日，转正南丙午丁方。辛未、壬申、癸酉、甲戌、乙亥、丙子六日，转西南未坤申方。丁丑、戊寅、己卯、庚辰、辛巳五日，转正西庚酉辛方。壬午、癸未、甲申、乙酉、丙戌、丁亥六日，转西北戌乾亥方。戊子、己丑、庚寅、辛卯、壬辰五日，转北方壬子癸方。此四十四日，鹤神在何方，忌出行至何方，主大凶。从癸巳日始，甲午、乙未、丙申、丁酉、戊戌、己亥、庚子、辛丑、壬寅、癸卯、甲辰、乙巳、丙午、丁未、戊申十六日上天宫，不巡游各方，可任其出行。详见鹤神转行图：

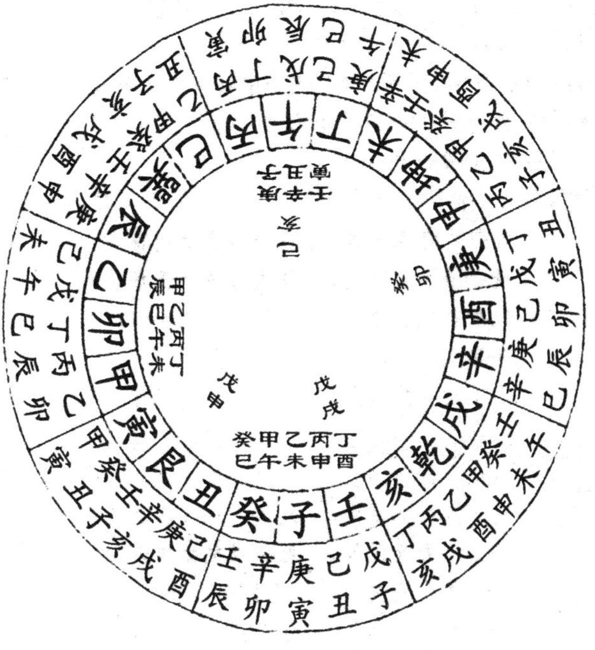

喜神方歌

【原文】甲己东北丁壬南，乙庚西北喜神安，丙辛正在西天坐，戊癸东南是位方。惟有丁出行并（此六字疑为衍文）

【注解】又有喜神歌云：“甲己在艮乙庚乾，丙辛坤位喜神安，丁壬本在离宫坐，戊癸原来在巽间。甲己端坐乙庚睡，丙辛怒色皱双眉，丁壬吃得薰薰醉，戊癸原来笑微微。”是言乙庚、丙辛、丁壬六日喜神并非全喜。

吟神煞

【原文】正四七十月逢酉，二五八十一月逢巳，三六九十二月逢丑，此月逢吟呻是。

【注解】明胡文焕《新刻金符经》中收吟神三杀云：四孟月寅申巳亥逢酉，四仲月子午卯酉逢巳，四季月辰戌丑未逢丑。忌修造用事，犯之立见破败死亡，大凶。

又有吟神三杀方：

寅午戌年且忌酉，莫令修造及迁移。
庚上修造必主厄，酉戌亥方便遭危。
钱财耗散田园退，仓库钱粮化作泥。
有福人家伤小口，□□□□□□□。
申子辰年在东方，千方万计莫修装。
若作仓屋损牛马，一年之内见棺丧。
若是命强时运旺，三年定要有灾殃。
亥卯未年莫作南，先伤人口后伤蚕。
孳生六畜连遭失，死伤难免女和男。
全命之人还主病，家门离别少团圆。
若人不信如动用，官教灾祸定难当。
巳酉丑年正北方，令人破散主重丧。
壬癸之方家长损，两年之内病缠床。
时灾火盗无端起，家庭零落更恓惶。
六畜损伤多耗散，每招凶祸欠安祥。

红 沙 煞

【原文】并分南北红沙，南正二三四月为孟，五六七八月为仲，仿此。北正为孟，三为季，孟酉仲巳为丑仿此。

正二三四月酉日，五六七八月巳日，九十十一十二月丑日。此是红沙日，当忌，出行犯之，老不归家；起造犯此日，百日火烧；得病犯之，必挂细麻；嫁娶犯之，百日败家。

【注解】《转神历》曰："红沙者，孟月酉，仲月巳，季月丑，其日忌嫁娶。"储泳《祛疑说》云："巳酉丑之所以为煞者，先天数之四冲也。夫子午之数各九，卯酉各六总为三十。自子顺数，极三十而见巳，是为四仲之正煞。寅申各七，巳亥各四，总二十二。自子顺行，极二十二而见酉，是为四孟之正煞。辰戌各五，丑未各八，总二十八。自子顺行，极二十八而见丑，是为四季之正煞。"《协纪辨方书》认为："储谷华以为极数，然驿马亦是极数，是不得以极为凶也。……况酉月巳日则是三合，亥月酉日则是生气，亦未可以其为四冲之总数而遂谓之冲，非若驿马实有动象。若四季月丑日，则真建破魁罡，不待以红沙而后为忌也。又一本：孟月取巳，仲月取酉，皆与季月例同。通书万年历皆不用，故今仍之，不以《转神历》为据也。"

本书所取红沙，与诸通书又有不同，是以前四月，中四月，后四月分之。明钱塘胡泰文《新刻趋避检验》一书中收之，言其嫁妇忌。细析其义，难自圆其说。正二三四月酉日，正月为金绝之处，二月酉为月破，自有其凶。然三月辰酉六合，巳月巳酉三合，选择中最吉，何冠以凶？五六七八月巳日，七月巳申六合，八月酉巳三合，六月巳为生气，皆为吉处，若以凶论，是无五行冲合之理，吉凶无据也。九、十、十一、十二月见丑，十一月亦是子丑合，由此可见，此说实无义理。

彭祖百忌日

【原文】甲不开仓,财物耗散。乙不栽植,千枝不长。
丙不修灶,必见火殃。丁不剃头,头必生疮。
戊不受田,田主不祥。己不破券,二比并亡。
庚不经络,机织虚张。辛不合酱,主人不尝。
壬不决水,难更堤防。癸不词讼,理弱敌强。
子不问卜,自若灾殃。丑不冠带,主不还乡。
寅不祭祀,神鬼不尝。卯不穿井,井泉不香。
辰不哭泣,主必重丧。巳不远行,财物伏藏。
午不苫盖,屋主更张。未不服药,毒气入肠。
申不安床,鬼祟入房。酉不会客,醉坐颠狂。
酉不出鸡,令其耗亡。戌不吃犬,作怪上床。
亥不嫁娶,不利新郎。亥不出猪,再养难偿。
建可出行,切忌开廒。除可服药,针灸亦良。
不宜出债,财物难偿。满可市肆,服药遭殃。

【注解】彭祖:姓彭名翦,或谓籛铿,相传为颛顼之玄孙,陆终第三子,封于大彭,其族于殷末破灭,以长寿著称。相传至殷末已七百六十七岁,仍不衰老,后往流沙之西,不知所终。

原文申日后义理不明,且漏掉一大段,今据《玉匣记》一书补正:

申不安床,鬼祟入房。酉不杀鸡,再养难常。
戌不吃狗,作怪上床。亥不嫁娶,必主分张。
建可出行,不可开仓。除可服药,针灸亦良。
满可肆市,服药遭殃。平可涂泥,安机吉昌。
定可进畜,入学名扬。执可捕捉,贼盗难藏。
破可治病,必主安康。危可捕渔,不利行船。

成可入学，争讼不祥。收官生急，卿忌行藏。
开可求仕，安葬不祥。闭不治目，只可安床。

财神方

【原文】求财之吉，甲己日东北方，丙丁日正西方，乙日西南方，戊日西北方，庚辛日正东方，壬癸日正南。

【注解】财神歌曰："甲乙财神居艮方，丙丁财神在兑方，戊己财神北方坐，壬癸离南庚辛东。"其法以五行生克论，日干所克之方为财神方，即"八字推命"中的"我克者为财"之意。如丙丁属火，西方属金，丙丁火克金，故该日财神在西方。本书己日财神在东北方，乙日西南方，戊日西北方俱不合义理。

贵神方

【原文】求名趋之吉，丁日正东方，壬日正南方，己日正北方，癸日正西方，乙日西南方，辛日东南方，甲庚西北方，丙戊东北方。

【注解】《玉匣记》取贵神是以六十花甲取。甲子、乙丑、丙寅、丁卯四日在西南，戊辰正南，己巳、庚午西南，辛未西北，壬申东南，癸酉正北，壬午正南，癸未正东，甲申东北，乙酉西南，丙戌西北，丁亥东南，戊子东北，己丑西南，庚寅正东，辛卯西北，壬辰、癸巳正南，甲午东北，乙未、丙申、丁酉西北，戊戌正北、己亥西北，庚子正北，辛丑、壬寅东北，癸卯东南。甲辰、乙巳正北，丙午西北，丁未正南，戊申正东，己酉正北，庚戌正南，辛亥正北，壬子东北，癸丑东南，甲寅正南，乙卯、丙辰正北，丁巳西北，戊午、己未正北，庚申、辛酉、壬戌三日西北，癸亥东南。

新刻法師選擇紀全

明錢塘胡文煥德父校正

貞觀元年正月十五日

唐太宗皇帝宣問諸大臣朕見天下萬姓每三
四日長明設齋求福如何却有禍生當時三藏
和尚奏萬姓設齋之日值遇凶神故為咎昔者皆
是不按藏經內值吉神可用之日所以致此臣
今藏經內錄如來選擇紀奏
上見其禍福由之日吉凶也

選擇紀全 一

甲子日是善財童子在世撿齋還愿者子孫昌盛
福生招財大吉利
乙丑丙寅日是阿羅漢尊長者與天神下降有人
設齋還愿者萬倍天祿財寶自然吉慶大吉利
也
丁卯日是司命撿齋有人祈請還愿者返善為惡
妨人口大凶可忌
戊辰己巳日是那吒太子撿齋若人設醮還福返
善為惡妨人口大凶

本面书影整理文字见第 225 ~ 226 面。

《故宫珍本丛刊》精选整理本丛书·术数

灵驱解法洞明真言秘书

（秘诀仙机）

明万历汇贤斋刻本

李峰注解

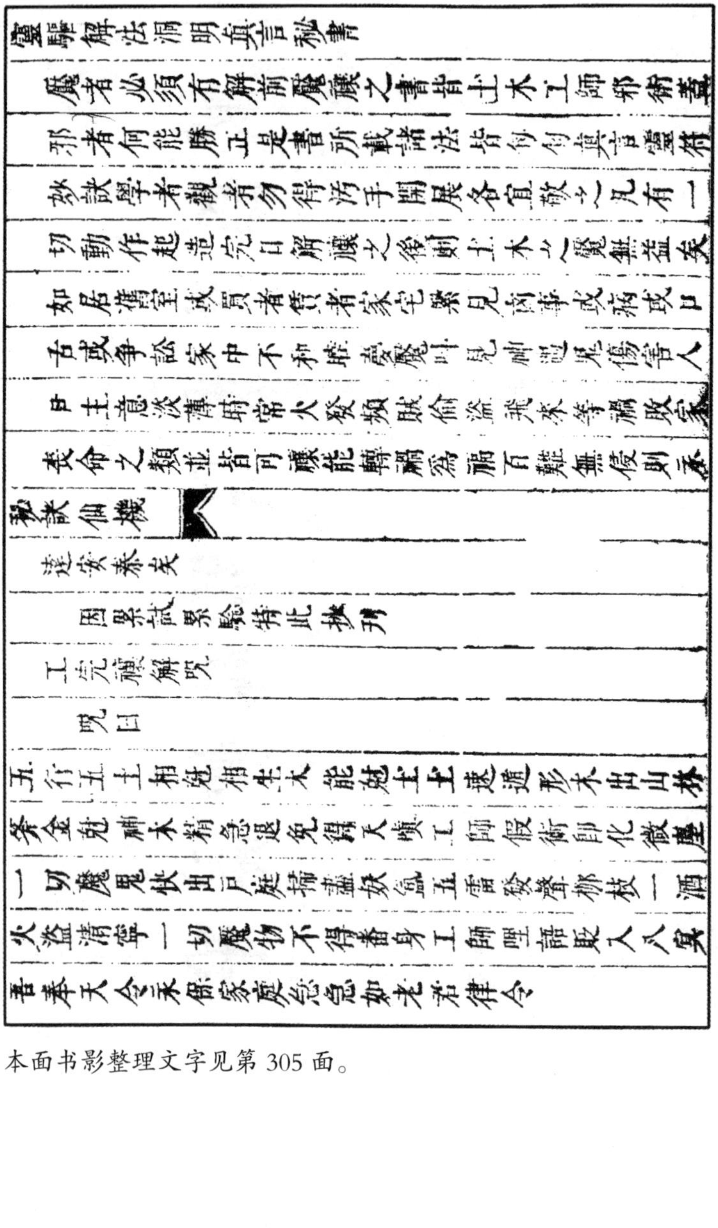

本面书影整理文字见第 305 面。

不分卷（原书无此三字）

秘诀仙机（原扉页和中缝所用书名）

【原文】魇者必须有解，前魇禳之书，皆土木工师邪术。盖邪者，何能胜正！是所载诸法，皆句句真言、灵符妙诀，学者观者，勿得污手开展，各宜敬之。凡有一切动作起造完日，解禳之后，则土木之魇无益矣。如居旧室，或买者赁者，家宅累见凶事，或病、或口舌、或争讼，家中不和睦，梦魇叫，见神遇鬼伤害人口，生意淡薄，时常火发，频贼偷盗飞来等祸，败家丧命之类，并皆可禳，能转祸为福，百难无侵，则永远安泰矣。

因累试累验，特此抄刊。

工完禳解咒

【原文】咒曰：五行五土，相克相生。木能克土，土速遁形。木出山林，斧金克神，木精急退，免得天嗔。工师假术，即化微尘。一切魔鬼，快出户庭。扫尽妖氲，五雷发声。柳枝一洒，火盗清宁。一切魔物，不得翻身。工师哩语，贬入八冥。吾奉天令，永保家庭，急急如老君律令。

唐李淳风代人择日，其家造屋，淳风与之择日，乃十恶大败日，言称今日乃上吉日也，遂与其书此对贴于柱。其日袁天罡同唐太宗来访淳风，偶见其立柱上梁，天罡笑曰："天下术士乱为也。"太宗曰"何也？"天罡曰："今日乃十恶日也。"大宗曰："可问是谁择之日？"遂问之，其家对曰："淳风也。"天罡曰："今在何处？"其家遂答曰："在右左寺山门口卜数。"天罡欲行，其家留之,待以盛酒,不数杯,遂辞而行。天罡与太宗曰:“臣闻淳风高士,今虚传也。”太宗曰:“可去问其数,看其知我尔乎?”太宗未至寺,天罡先行见淳风,曰:“知我乎?”曰:“知也。今日左辅临寺,是君也,紫微至寺,差一时,然卦属乾,二爻见龙在田,乃君至也。”天罡曰:“今知吾来是真,乃袁天罡。前村上梁择日是尔否?”曰:“然。”天罡曰:“今日乃十恶大败日,何不识也?”曰:“今日紫微临吉地,诸凶神皆避也。”天罡曰:“紫微在于何所。”曰:“将及至寺也。”方说完,太宗驾至入寺,淳风拜伏于地。太宗问其详,天罡对以“立柱喜逢黄道日,上梁正遇紫微星”之说,一一讲明,太宗遂扶起而还,遂擢为军师。今人家贴此,是此故事也。

【注解】李淳风(公元614—666年):唐岐州雍(今陕西凤翔)人,博涉群书,尤精天文、历算、阴阳之学。贞观(633)七年造成浑天黄道仪,官累迁至太史令,著有《麟德历》《开元占经》等书。

袁天罡(?—634年):益州成都人,本名袁天纲,术数家为与天罡星相应,呼作袁天“罡”,精于相术。据说武则天尚在襁褓时曾请其相面,袁断“后将为天下之主”。贞观八年(634年),唐太宗闻其名,召至九成宫,曾为岑文本,张行成、马周等相面,皆中其言。四库存目有《九天玄女六壬课》一卷,题为袁撰,实为宋元时术士伪托。

禳解类

瓦将军

【原文】凡置瓦将军者，皆因对面或有兽头、屋脊、墙头、牌坊脊，如隔屋见者，宜用瓦将军。如近对者，用兽牌，每月择神在日安位，日出天晴安位者，吉。如雨不宜，若安位反凶。木物不宜藏座下，将军本属土，木原克土，故不可用安位，必先祭之，用三牲、酒果、金钱、香烛之类。

祝曰：伏以神本无形，仗庄严而成法相，师傅有教，待开光而显灵通（用墨点眼）。伏为南瞻部州大明国某省某府某县某都某图住屋奉神信士某人，今因对门远见屋脊，或墙头相冲，特请九兽总管瓦将军之神，供于屋顶。凡有冲犯，迄神速遣，永镇家庭，平安如意，全赖威风。凶神速避，吉神降临，二六时中，全叨神庇，祭祝以完，请登宝位。

祝毕以将军面向前上梯，不可朝自己屋。凡工人只可在将军后，切不可在将军前，恐有伤犯。休教主人对面仰观，宜侧立看，吉。

【注解】神在日：甲子、乙丑、丁卯、戊辰、辛未、壬申、癸酉、甲戌、丁丑、己卯、庚辰、壬午、甲申、乙酉、丙戌、丁亥、己丑、辛卯、甲午、乙未、丙申、丁酉、乙巳、丙午、丁未、戊申、己酉、庚戌、乙卯、丙辰、丁巳、戊午、己未、辛酉、癸亥，三十五日昌。《宗镜》曰："神无所不在，以此三十五日为神在日，其不在日又何在乎？"其根来自《玉匣记》，云："许真君考天曹案簿，三十一日诸神在人间地府祭祀受福，余日诸神在天，求福反祸。"其日数比通书少四日，不同者九日，皆为传讹。《钦定协纪辨方书》认为其"荒诞不经"，宜删去。

开光：佛家于佛像落成后，择日致礼而供奉之，谓之开光，亦名开眼。

高四尺八寸，阔一尺二寸，厚四寸，埋入土八寸。（原文）

泰山石敢当

【原文】凡凿石起工，须择冬至日后甲辰、丙辰、戊辰、庚辰、壬辰、甲寅、丙寅、戊寅、庚寅、壬寅，此十二日乃龙虎日，用之吉。至除夜用生肉三片祭之，新正寅时立于门首，莫与外人见，凡有巷道来冲者，用此石敢当。

【注解】五阳干配寅辰，只得十日，本书云十二日有误。

石敢当是民间最常用，也是人们最熟悉的辟邪之物。其传说有二：一说在黄帝时代，东方九黎族首领蚩尤联合南方苗民企图推翻黄帝的统治。蚩尤有八十一个铜头铁额的兄弟，头角所向，玉石难存，凶恶无比，黄帝不敌，屡遭败绩。一日，蚩尤登泰山而小天下，自吹“天下谁敢当”？女娲遂投炼石以制其暴，石上镌着“泰山石敢当”五字，终使蚩尤溃败。黄帝乃遍立“泰山石敢当”，蚩尤军队见之，个个胆战心惊，望石而逃，终于败绝涿鹿。另一说石敢当乃一人名，山东泰山人氏，他胆大勇猛，善捉妖邪。四方乡邻都请他去捉拿妖邪，石敢当应接不暇，便想出了把自己名字刻在石头上的辟邪之法。实际上，石敢当大约

泉州某巷口“泰山石敢当”

源起商代,是用其奠基的,在唐代以前一直如此。唐宋之后,人们穿凿附会,方才使其成为辟邪物的。宋仁宗庆历四年(1044年),在福建莆田发现了唐代宗大历五年(770年)的"石敢当"石碑,足证此俗由来已久。

除夜:除即卯日。为何要选在卯日之夜?因卯日前为寅、为虎,后为辰、为龙,有龙虎并用之意。

兽　牌

【原文】但有人家对近墙屋之脊,用此兽牌,钉于窗顶上,不可直钉檐下,则对不着对面之冲,钉者须要准对,不可歪斜钉,不可钉于兽面,若钉当中反凶也。今有图式,黑圈处钉钉之处也,取六寅日寅时吉,忌未亥生命。

上阔八寸按八卦,下六寸四分按六十四卦,高一尺二按十二时,两边合计二十四气。(原文)

【注解】兽牌即狮牌,主要用在门前驱逐邪煞与脊脚冲射带来的杀气。上宽八寸,象征八卦;下宽六寸四分,象征六十四卦;高一尺二寸象征十二时辰,合两边为二尺四寸,象征二十四节气。狮子为猛兽,传说中把老虎、狮子、狻猊等都作为辟邪的神兽。古代宫殿、寺观、署衙等门前均有石狮,不仅显得威猛,且具有辟邪之用。如曲阜孔府大门前的石狮子,陕西乾县唐乾陵石狮(见图)。

有些兽牌中狮子口中还衔一把七星宝剑,名叫狮子衔剑兽牌。剑极具杀伐之威力,又有天意之神圣。葛洪《抱朴子·登涉》中说:"涉江渡海避蛟龙之道时,佩了剑,就能使蛟龙、巨鱼、

曲阜孔府大门前的石狮子

陕西乾县唐乾陵石狮

水神不敢近人。”古代有地位的人经常佩带七星剑,不仅可防身,且象征天意。由此,民间术士将其演变为辟邪之物。巫师做法,便常以宝剑或木剑作为法器,狮子口中衔剑,为的是更增加兽牌的辟邪能力。

赐福板(原图文)

天官赐福

【原文】此板钉他人屋脊上或墙上,须要与他家屋主人说明,要他家主人写,不可自书。若自写,反不吉。此板因不钉兽牌,或对门相好亲友,恐他人不喜之,设故钉此,以两吉也,和睦乡里之用。

一　善

(原图文)

【原文】择四月初八日,用佛马净水化纸毕,辰时钉。钉时,须要人看待,傍人有识此者,借其言曰:“一善能消百恶。”若傍人不说,则先使亲友来说。钉此一善,须要现眼处。

【注解】四月初八:该日是释迦牟尼佛的圣诞,故选该日。但《许真君万全玉匣记》又云:该日若逢辛酉,诸神从玉皇差降人间地府,若人求福反致大凶。若逢壬戌、癸亥日,乃六神穷日,人间祈福犯孤寡、贫穷不利,反大凶。所以若四月初八恰逢以上三日干支,反不能用。

“一善”之牌并非随地可用,而是要钉在他人房子的墙角、兽脊、大水滴檐、道路冲射自家大门之处，以辟其煞。钉时必须要有人能看得懂，要说“一善能消百恶”方有用，若无人说，则无用。

姜太公在此

【原文】凡写姜太公贴者，不宜用白纸，要用黄纸，吉。但一应兴工破土，起造修理皆通用。

（原图）

【注解】姜太公：姓姜名牙，炎帝后裔，又称吕尚，太公望。尝贫困，以渔钓结交西周伯，被立为师。为西伯侯出谋划策，灭纣立周，被周武王尊为尚父。封于齐营丘，励精图治，使齐成为大国，传百余岁及卒。《封神演义》一书云其代天封神，天上所有吉神凶煞都是姜子牙所封，故诸神煞皆惧，由此引申为退煞镇宅辟邪之用。另有一说，姜子牙在封诸神时，忘了给自己留位置，仅剩下房顶守护神一位，无奈坐了房顶守护之神，故今山西运城一带，如正房有被山头、河水、坟丘、冈棱、屋脊等神射时，在其房脊上用几个青砖立一小楼，中间一砖上刻“姜太公在此诸神退位”九字，以辟凶煞。也有贴在院内、屋中、或刻在墙头等处者，随其凶煞所在之处而定。

倒　镜

【原文】此镜铸成如等盘样，四围高，中间陷，不宜太深凹。

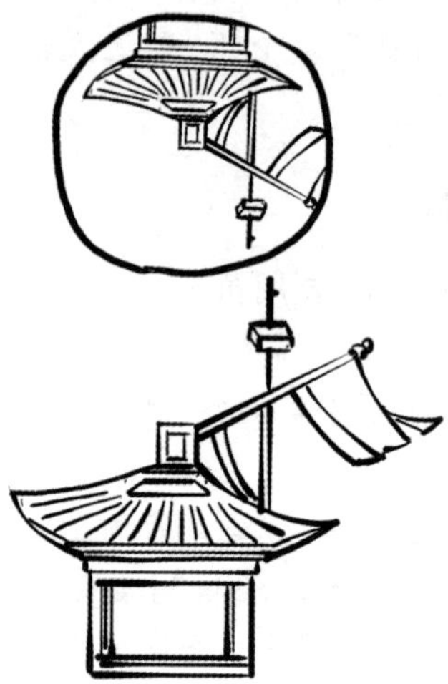

倒镜又曰虎镜（原文）

中磨亮，不类人与物照之，皆倒也。凡有厅屋、宫室、高楼、殿寺、庵观屋脊及旗竿相冲，用此镜镇之。

【注解】镜在古代认为是天意的象征。《尚书考灵曜》中有“秦失金镜，鱼目入珠”的说法，认为镜是一种宝物，若失去了金镜，就会失去天下。同时，人们还认为镜子是“金水之精，内明外暗”，一切害人的魑魅魍魉都不能在镜子面前隐藏。葛洪《抱朴子·登涉》中云，妖魅能托人形，可以眩惑人目，但“唯不能于镜中易其真形”，所以《西游记》《封神演义》等神话小说中，一旦遇到辨不清是何物成精，便去找托塔李天王借照妖镜以察其形。由此，镜子也就成了家中辟邪、化煞的灵具之一。

镜有照明镜、八卦镜、灵兽镜多种，根据不同的凶煞使用不同的镜子，多将倒镜悬挂在屋角或门楣上，以化解远处屋角、墙角、屋脊等尖形之物的冲射。八卦镜则是某方有杀，挂其方位之镜，以解其煞。

吉　竿

【原文】吉竿用长木，挂上用披水板，如雨落水一般，名曰：“避雨”。中用转肘，好扯灯笼，灯笼上写“平安”二字。避雨中用一板，上写“紫微垣”三字，像神位一般，供在避雨中，朝对冲

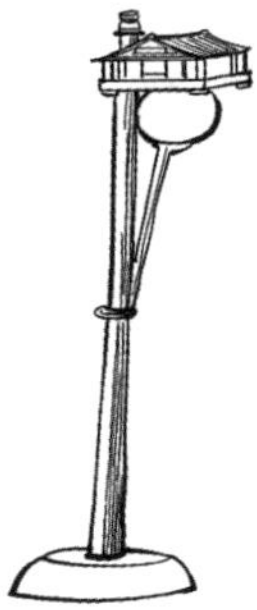

吉竿（原文）

处。凡有大树、灯竿、城楼、宝塔、月台、更楼、敌楼、官厅、官堂冲者，并皆用之。若人家前高后低者，亦用。此不宜太高，立于后门或后天井中。若后边有山高，墙高，他家屋高，亦用此立于前天井内门前。

【注解】前高后低：阳宅房前面高而后面低，风水中叫作“地空杀”，大凶，故用此竿化解。

黄飞虎

【原文】飞虎将军，或纸画，或板上画。凡有人家飞檐横冲者，用此。横冲屋脊等项，亦用此镇之。见有人家安酒瓶者，亦同用小三白酒，内藏五谷，太平钱一文，研成一块，如品字样。

黄飞虎

【注解】黄飞虎:《封神演义》中纣王大臣,官拜镇国武成王,其妹为纣王西宫娘娘。后纣王无道,迫其反出五关,投奔西岐,官拜开国武成王,在夺取渑池时被张奎杀死。死后姜子牙封其为东岳大帝,为“五岳之首”,后被引为魇解凶煞之神。

山海镇

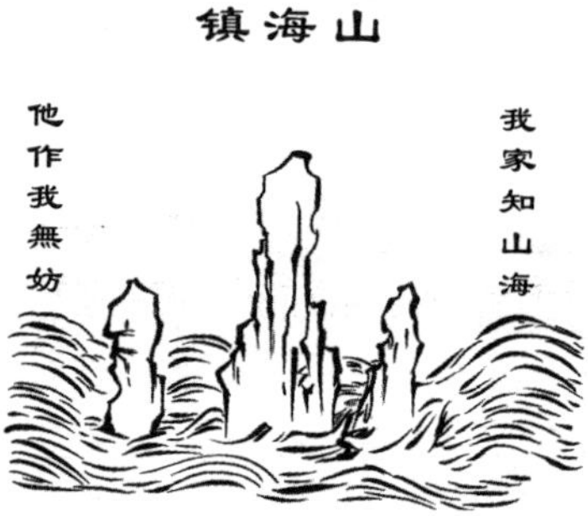

(原文)

【原文】山海镇如不画者,只写山海镇亦可,画之犹佳。凡有巷道门路、桥亭、峰土堆、枪、柱、船埠、豆蓬柱等项通用。

九天元雷

(原文)

【原文】凡有钟楼鼓楼,铁马梯,回廊、秋迁架,牌楼上麒麟狮子开口者,及照墙、神阁、五圣堂屋脊相冲等项,并皆用贴于横枋上,凡事逢凶化吉。

篱　笆

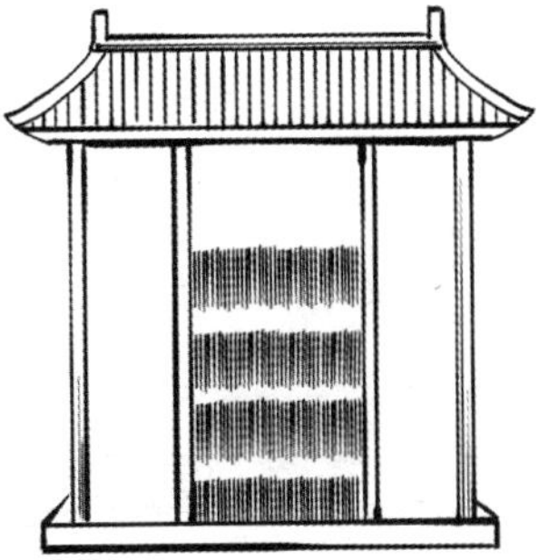

【原文】凡有低屋脊及矮墙头冲者用。如己屋朝东朝西朝南者,恐日影、墙脊、屋脊影入门,故用枪箭以当其锋。

【注解】扎篱笆、种竹、种树遮掩凶煞,都是化煞的一种。

以上诸节,属于辟邪与厌胜。厌与压同义,“厌胜”者,就是取五行中“相克”之意,即克制妖邪鬼祟;“辟邪”则是驱凶避恶之意。风水家把这些道士们所掌握的道法、道术引入风水学中,目的当是增加风水的神秘性。

鲁班秘书

匠人符咒(原书无此标题)

【原文】凡匠人在无人处,莫与四眼见。自己闭目展开,一见者便用。(以下图文均系原书所有)

船亦藏于斗中, 可用船头朝内, 主进财。不可朝外, 朝外主财退。	桂叶藏于斗内, 主发科甲。

不拘藏于某处，
主主人寿长。

此披头五鬼，
藏中柱内，
主死丧。

一个棺材死一人，
若然两个主双刑，
大者其家伤大口，
小者其家丧小丁。
藏堂屋内枋内。

黑日藏家不吉昌，
昏昏闷闷过时光，
作事却如云蔽日，
年年疟疾不离床。
藏大门上枋内。

铁锁中间藏木人，
上装五彩像人形，
其家一载死五口，
三年五载绝人丁。
深藏井底或筑墙内。

竹叶青青三片连，
上书大吉太平安，
深藏高顶椽梁上，
人口平安永吉祥。
藏钉椽屋脊下梁柱上。

门缝中间藏墨浸，
代代贤能出方正，
不为书吏却丹青，
安隐人家主忠信。

梁画纱帽槛画靴，
枋中画带正相宜，
生子必登科甲第，
翰林院内去编书。

一块碗片一枝箸， 后代儿孙乞丐是， 衣粮口食尝冻饿， 卖了房廊住桥寺。 藏门口架梁内。	覆船藏在房北地， 出外经营丧江内， 儿女必然溺井河， 妻儿难逃产死厄。 埋北首地中。
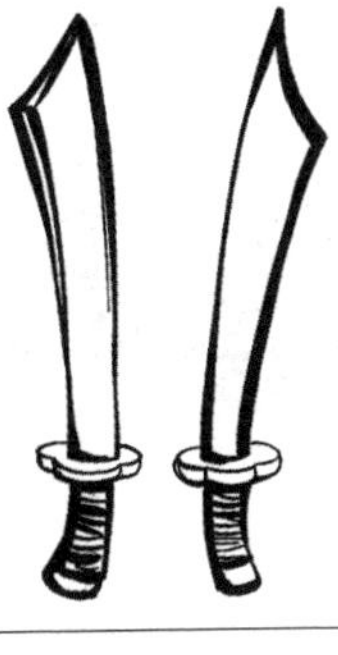	
白纸画成两把刀， 杀人放火逞英豪， 杀伤人命遭牢狱， 不免秋来刀下抛。 藏门前白虎首枋内。	一个柴头系一绳， 块藏地下随处行， 夫妻父子尝争斗， 吊死绳头有己人。 不论埋何处。

一人一马一枝枪，
武职身荣大吉昌，
名闻天下虏威伏，
不免将军死战场。

白虎当堂坐正厅，
主人口舌不离身，
女人在家多疾厄，
不伤小口只伤妻。
藏梁楣内头向内凶。

冰 消

一块破瓦一断锯，
藏在梁头合缝处，
夫丧妻嫁子抛离，
奴仆逃亡无处置。
藏正梁合缝内。

斗中藏米家富足，
必然富贵发华昌，
千财万贯家安稳，
米烂成仓衣满箱。
藏斗内。

双钱正梁左右分， 寿财福禄正丰盈， 夫荣子贵妻封赠， 代代儿孙挂绿衣。 藏正梁两头，一头一个， 须要覆放。	七个钉头作一包， 七口人丁永不抛， 若然添人与娶媳， 一得一失必难逃。 藏柱内孔中。

合木木中书此符， 家中尝见鬼妖魔， 走石飞砂长作怪， 妻女儿郎祛病多。 将木上镶缝中画之。	一锭好墨一枝笔， 富贵荣华金阶立， 必佐圣朝为宰臣， 笔头若蛀退官职。 藏枋内。

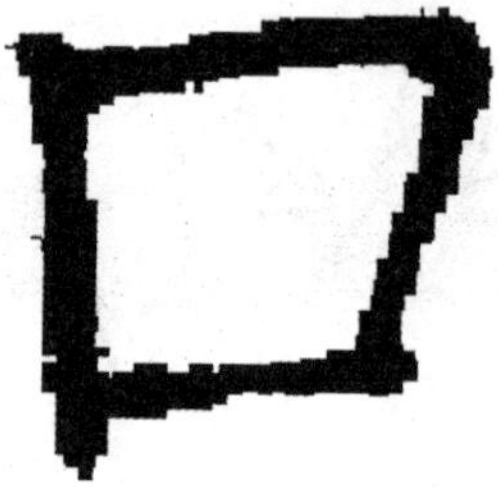

朱雀前书多口舌，
官非横祸相连涉，
家财耗散损人丁，
直待卖房才得歇。
写大门上枋中。

门槛缝中书一囚，
房若成时祸上头，
天大官司监牢内，
难出监中作死囚。
藏门槛合缝中。

头发中间裹把刀，
儿孙落发出家逃，
有子无夫常不乐，
鳏寡孤独不相饶。
藏门槛下地中。

房屋中间藏牛骨，
终朝辛若忙碌碌，
老来身死没棺材，
后代儿孙压肩肉。
埋屋中间。

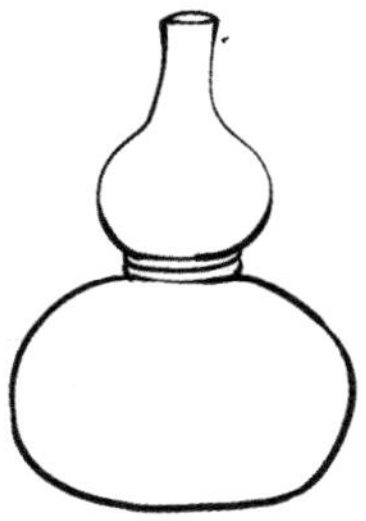

墙头梁上画葫芦，
九流三教用工夫，
凡住人家皆异术，
医卜星相往来多。
画墙上画梁合缝内。

【注解】以上诸图属于木匠弄法。古时工匠的地位很低，有时主家不仅粗茶淡饭对待他们，有的还克扣工资，甚至打骂。工匠们为了保障自己的合法利益不受到侵害，所以创造上面一系列弄法，使得主人不敢欺凌他们。

主人禳解符咒（原书无此标题）

【原文】凡造房屋，木石泥木匠作诸色人等蛊毒魇魅，殃害主人，上梁之日，须用三牲福礼，攒扁一架，祭告诸神将、鲁班先师，秘符一道念咒云：恶匠无知，蛊毒魇魅，自作自当，主人无伤。暗诵七遍，本匠遭殃，吾奉太上老君敕令，他作吾无妨，百物化为吉祥，急急律令。

即将符焚于无人处，不可四眼见，取黄黑，狗血，暗藏酒内，上梁时将此酒连递匠头三杯，余者分饮众匠。凡有魇魅，自受其殃，诸事皆祥。

【注解】古时建房，主人和匠作发生了矛盾，怕匠作在建筑中故意捣鬼，方用此法。亦有一种解法是主人一边用斧头敲击此木，一边诵咒：

倒好倒好，住此宅内，世世温饱。

整个房屋完成后，房主用一盆水，全家人一齐拿上柳条，蘸上水绕屋泼洒，一边走，一边念咒：

木郎木郎，远去他方，作者自受，为者自常，
所有魇魅，与我无干。急急如太上律令敕。

【原文】此符用朱砂书，符贴正梁上。

朱砂正梁符（原书有此图无此符名）

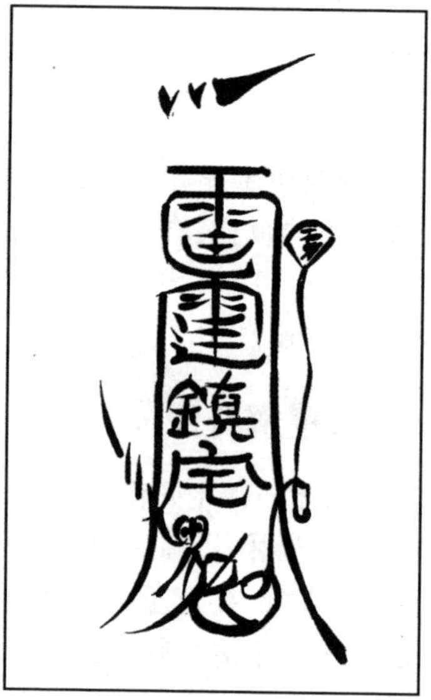

黑圈内写本家名字在内，写完以墨涂之，贴符用左手持之，贴时莫许外人说闲语。贴毕下梯，方以青龙和合净茶米食化纸，即安家堂圣众，接土地灶神居位，遂念安家堂真言，曰：

天阳地阴，　二气化神，
三光普照，　吉曜临门。
华香散彩，　天乐流音，
迎请家堂，　司命六神。

万年香火，　永镇家庭，
诸邪莫入，　水火难浸。
门神户尉，　杀鬼诛精，
神威广大，　正大光明。
太乙敕命，　久保私门，
安神已毕，　永远大吉。

家宅多祟禳解

【原文】多有人家内或远方带来邪神野鬼，家中魇殃之物，邪鬼脱其形貌作怪移物，过东过西，负病人言语，要酒要饭之类，可用此符贴一十二张，按星盘方数。如法贴之，邪祟永无速去，魇禳之物无用矣。

星盘方向定局

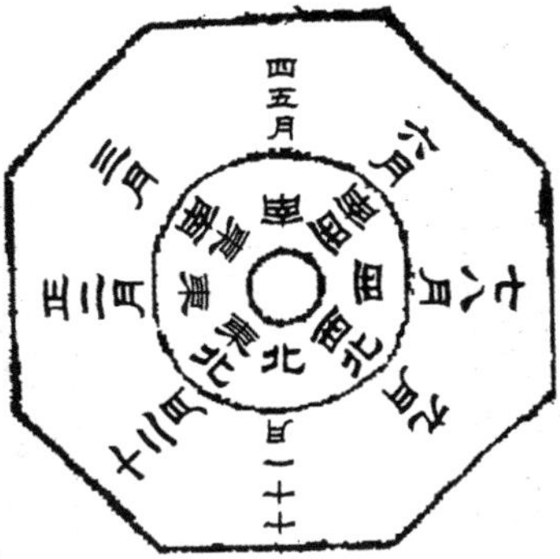

前星盘定局皆贴符方法。假如立春前作十二月节气，一立春后，即正月节，第一道即从正东贴起，未立春即从东北贴起。正东、正西、正南、正北皆贴两张，东南、东北、西南、西北皆贴一张，不可错乱，如错乱贴无益。

五雷地支灵符

正月从正东贴起,贴梁上。	二月贴正东下壁上。

三月贴东南角上。	四月贴正南上梁处。

五月贴正南下壁上。	六月贴西南上。

七月贴正西上。	八月贴正西下。

九月贴西北。	十月正北上。

十一月贴正北下。	十二月贴东北方。

【原文】解诸物魇禳万灵圣宝符

咒曰：吽吽呢唵呵嘖嚰嗕哞吽呩叶嚧急急如萨公真人律令。

内加五雷符以口呵出：

东方蛮雷将军，西方蛮雷使者，南方火雷灵官，一北方水雷蛮浪雨师掌雷部大神。田中央直雷姚将军水急急敕，速登坛。

以水杨柳净水洒之四方，以黄纸用朱砂书此符，贴于中堂，三牲祭毕，用木匠斧一把，用梯至梁枋各处，连打三下，遂念天开一咒。

黑圈内写某事上号

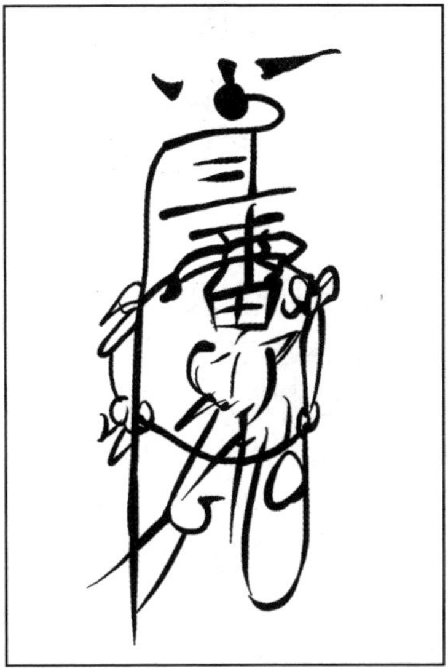

开天一咒曰：五姓妖魔，改姓乱常，使汝不得，斧击雷降，一切恶魔，化为微尘。吾奉雷霆霹雳将军令，速速远去丰都，无得停留。又书镇宅灵官符，用指虚书。

用指虚书

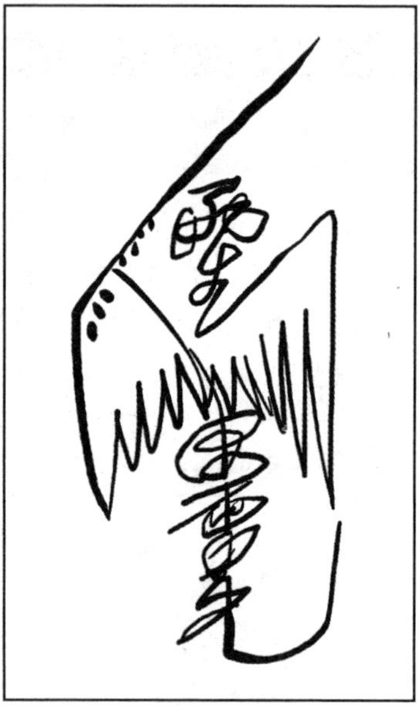

书毕大喝曰:若有诸等邪魔鬼怪侵犯者,即起金鞭,打尔粉碎,门神户尉,各宜本位,本宅之中,永保太平。

念毕诵雷经一卷,送青龙、白虎、朱雀、玄武、勾陈、腾蛇、太岁、五方诸天星众,化纸醋潭,奉送出门毕。

又安家堂、土地、灶神,化纸于室内,不可送出门外。如此解禳,永无灾障,以凶化吉,家道兴隆,吉祥如意者。

【注解】以上是禳解符箓。符箓原本是道家范畴,可是慢慢被风水家引用,使其范围扩大,渗入阴阳宅风水建筑之中,并广泛流传,成为人们禳解灾厄的主要手段。其镇宅符箓不仅《鲁班经》《阳宅十书》等专论阳宅建筑风水书中有，就是《辰州灵符》《万法归宗》等专门符箓之书及《万金玉匣记》之类择吉书中亦有。以堪舆书《阳宅十书》为例，竟收编了各种镇灾符数百个，如：

一、五岳镇宅符

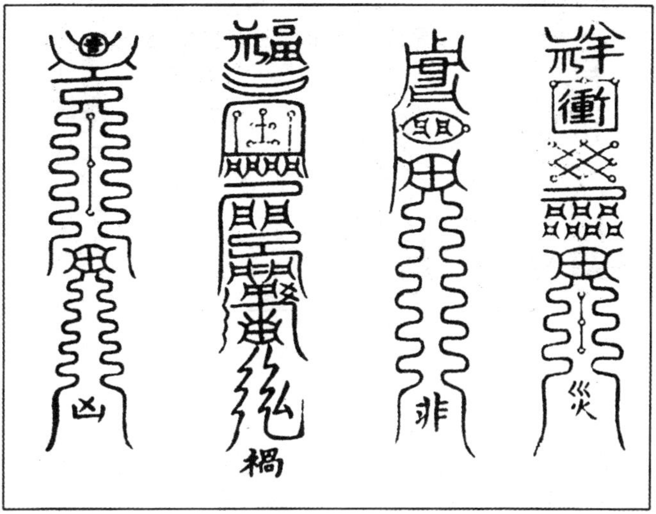

二、镇宅十二年土符神杀

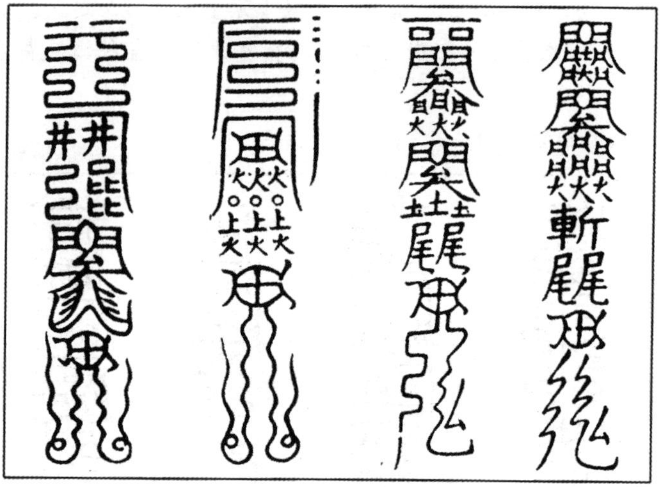

三、镇三杀救宅神符

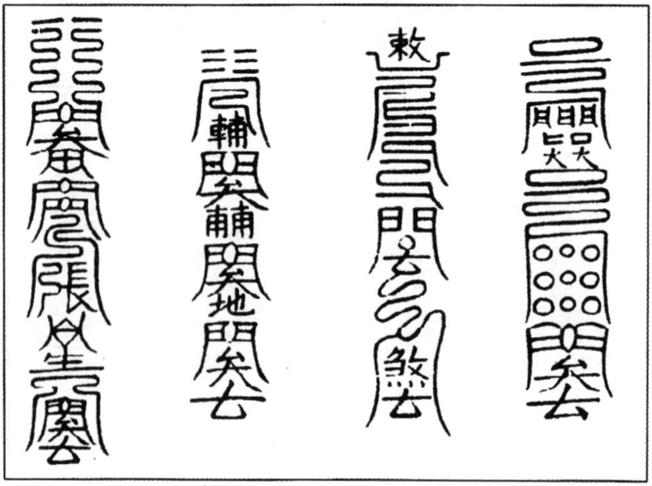

四、镇命元建宅犯凶神符

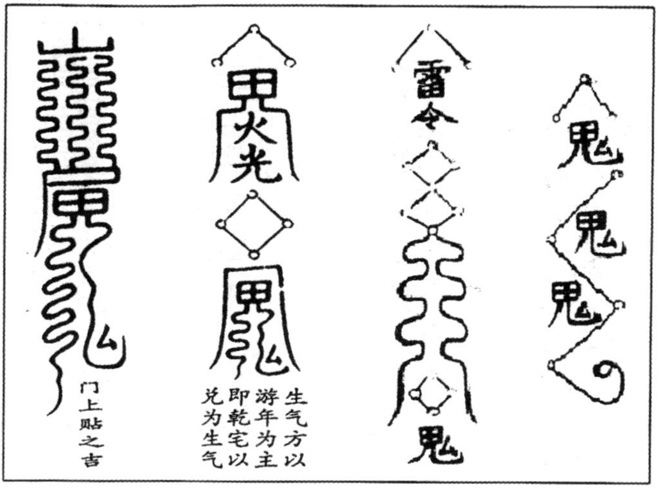

五、三教救宅神符

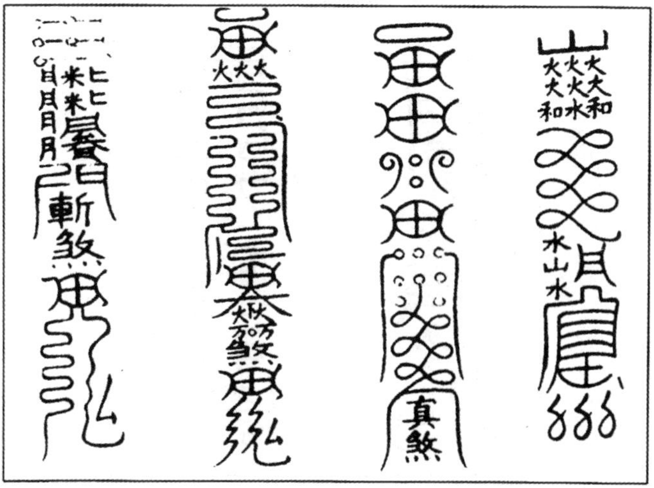

六、镇八位卦爻反逆

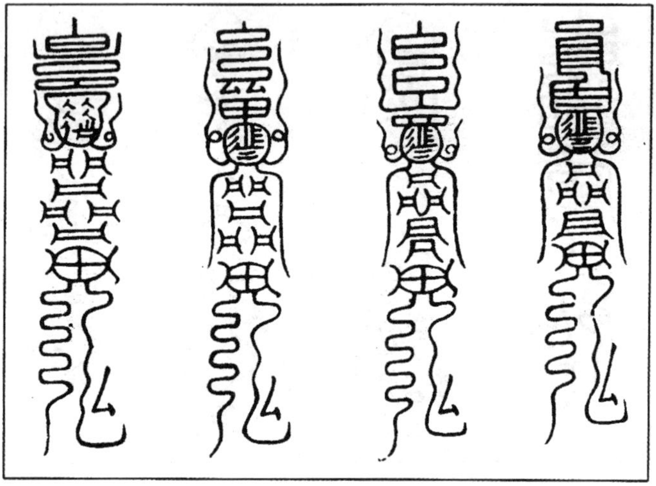

七、镇年月日时相克神符

八、镇分房相克神符

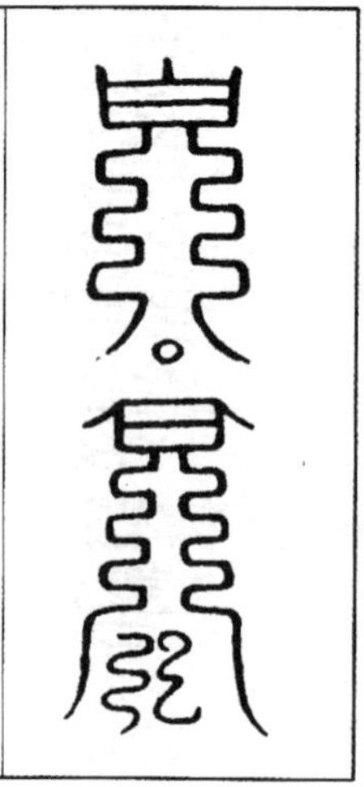

九、六甲符咒

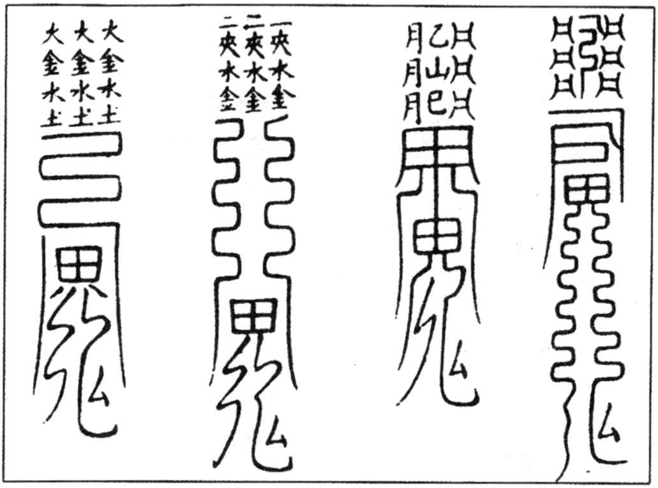

十、武帝应用灵符五十八幅

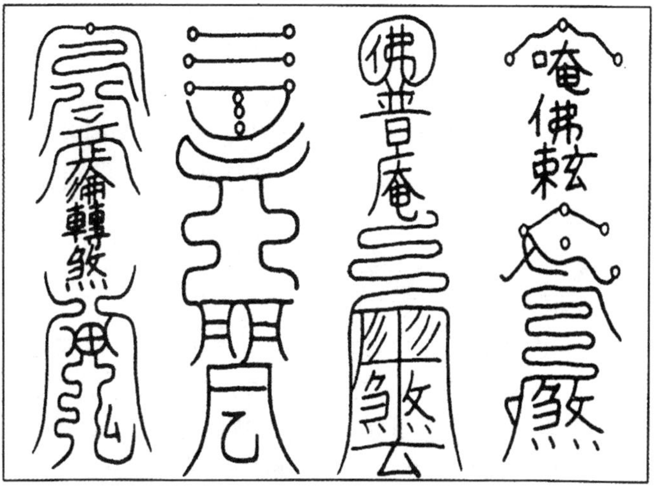

另外还有“镇宅内被人暗埋压镇神符”“误犯二十四位凶煞神符”等，不再一一细举。

符箓的画书，并非何时何地都可书画，而是对时间、地点、方法都有严格的要求。书符者在书符前先要净身、净口、净坛，再备咒纸、咒笔，而后根据所符种类立坛。如画六甲符者立六甲坛，画八卦符者立八卦坛，或立一总坛，画诸符皆可。坛立好后，首先要拜章告文，言明所请何神，所符何事，如《救告符简背告文》：

元始符命，金箓白简，救苦真符，告下十方无极世界。三官九符，百二十曹，五帝考官，九幽地狱，九天力士，执罚神兵，司录司命，司攻司杀，牛头狱卒，三界大魔，拔度(某)等魂出离地狱，永辞长夜，睹见光明，万罪消除，冤仇和解，乘此九真妙戒，上生天堂，一如生命。

年、岁次、月、日于黄箓斋坛告下

要注意的是书符拜章，必须是在夜间星辰之下，其书法均有严格要求和禁忌。有些重要的符在书画前，还要踏罡步斗，与神进一步进行沟通。罡步有阳斗、阴斗之分。阳步是从贪字开始，从右向左步，阴步则是从左向右步。

罡步踩完之后，接着是叩齿，其目的是为了集神通神，与天上的“神气”交感。叩齿又分左叩、右叩和中叩三种。左叩名“天钟”，右叩名“天磬”，中叩为“法鼓”。《类说》引道经云：“若陆却不祥，则鸣钟，伐鬼灵也；制伏邪恶则鸣磬，集百神也；念道至真，则鸣鼓，朝真圣也。”须要注意的是这里的“集神”“召神”非如上天之神，而是集自己身中之神，不能使神分散。最后就是焚香、念咒、书符。须要注意的是，有些符在书画时不用念咒配合，有些符是念完咒再书画，有些则须要边念咒边画符，咒完符完，配合不好，或咒完符未书完，或符书完而咒未念完，均无作用。

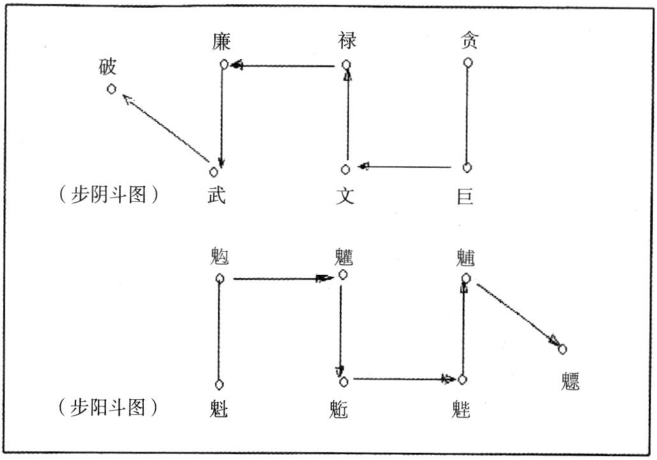

符箓之术,源远流长。一说出于元始天尊,《云笈七签·符图》章言李君出游西河,遇元始天尊,天尊口吐洞玄内观五符授之。一说出于西王母,《龙鱼河图》一书言黄帝伐蚩尤时,梦见西王母以符授之。一说出于老子,葛洪在《抱朴子·遐览》中云:“郑君(其师郑隐)言,符出于老君。”并在他的《神仙传》中言,老子将符书七十卷授于徐甲。此三者,元始天尊是道家凭空虚拟之神,本无可究。而西王母、老子虽有其人,但授符之法皆属神化,亦不可信。刘晓明《中国符咒文化大观》一书中言其源于青铜纹饰,却别具一格。

刘晓明说,据考青铜纹饰共有七十七种之多,主要归两大类:一类是几何图形,以云纹、雷纹为主;一类是动物形纹,有饕餮、龙、龟、狮、凤及一些鸟类,肯定地说,这是一种信仰的表达,而由此慢慢发展成符箓。

云纹

云篆

五色狮子符

整理者后记

不管对术数如何看待,也不管对术数在我国传统文化中的地位怎么评价,仅以出土的甲骨文几乎全部是卜辞这一事实,就足以证明术数对我国传统文化的影响之大、之深远。因此,只要不采取历史虚无主义态度,术数都应当是我国传统文化的一个重要组成部分,整理我国传统文化也就不能不整理术数。我想,海南出版社也正是基于这个出发点,才安排这类图书的出版的。

术数类古籍不好整理,因为术数本身就有神秘的一面,更加之有些著作托言天机不可泄露,故弄玄虚,半吐半露;还有些著作则试图以其昏昏,使人昭昭,甚至随意曲解增删;诸如此类的问题都使得我们今天要搞清楚历史上各种术数活动的细节和本来面目,变得十分困难了。

针对这种情况,此次整理力求遵循一条原则,即尽量做到能正本清源,还各种术数以本来面目,并尽可能搞清楚历史上各种术数的来龙去脉,及原本的运用方法。如古代阴阳宅到底是根据什么原则来选择的?六壬占卜是如何运用天地盘来操作的?择吉、推命到底是怎么进行的?等等。

为了做到这一点,本套书在整理方式上均根据各种古籍的不同的具体情况进行了不同的选择。通常整理古籍,除了最基本的添加标点外,大体上还有几种方式:注释难字的音形义;直译成白话并加解说;意译成白话并加解说;有些特别艰深的古籍还要进行各种考证工作,等等。术数类古籍不是古汉语范文,人们阅读他并不是为了提高自己的古汉语水平,也由于我们此次整理的目的旨在搞清楚古人的本意,因此,本套丛书的整理采取了灵活的方式:凡原文晦涩难解处,多意译并加解说,有时还举例予以说明,并与别的版本或观点进行比较;凡原文语义比较清楚者,则仅略加注解,而不予意译,更不解说;有些甚至只是添加标点。总之,一切以能搞清楚古人本意为原则。

搞清古人的本意,无疑是对整理古籍最基本的要求。整理者力图做到这一点,但不敢说已经做到了。限于整理者的学力,加上时间又较紧,处理不当,甚至误解之处在所难免,还望方家不吝赐教。

关于本书的整理,还有几个具体问题应当说明。其一,本书所收三种古籍为《新刻石函平砂玉尺经》的附录,该原书扉页题"刘文成公汇解　平砂玉尺经　附　郭璞葬经　秘诀仙机　择日纪全　鲁班造福经　汇贤斋藏版",系明万历丙午(1606)刻本,当为罕见之善本。因《平砂玉尺经》篇幅较大,故另单独整理,而此书则为三种附录合成一册同时整理出版;又因《郭璞葬经》其内容在已经整理的几种风水书中多有涉及,加之并不罕见,故未收入整理。已整理的三种古籍在原书正文前之全名分别为:《新镌京版工师雕斫正式鲁班经匠家镜》《新刻法师选择纪(全)》《灵驱解法洞明真言秘书》。其二,原书明显的错讹字,均径改;原书遗漏者,则据其他版本补入,且多在注解中注明;凡原书插图,均注"原图"字样,凡未注此二字者,均系整理者补入;凡原图不清者,则据其他版本略加修改。其三,本书中所引神杀,大部分只注起例,其义理和辨伪部分则在以后《阴阳五要奇书》注解中详细论述。

在本书的整理过程中,一洪、袁大川、苏斌、成无功、李升召、殷曰序、康健、瑞民、辛强、李晓光、冯建文、秦岗、王清、陈小丽、陈光霞等同志从各方面予以大力支持,谨表示诚挚的谢意,他们的无量功德与此书同存。

2002年8月1日于长沙

参考书目

书　名	著　者		
《万全玉匣记》	晋	许敬之	著
《董氏择吉新书》	明	董德彰	著
《新刻全符经》	明	胡文焕	
《星历考源》	清	康熙	御定
《协纪辨方书》	清	乾隆	钦定
《象吉通书》	清	魏明远	编
《永吉通书》	清	李侨宜	编
《选择求真》	清	胡晖	编
《择日生死门》	钟义明	著	
《风水与建筑》	全实	程建军	主编
《风水与建筑》	程建军	孔尚朴	著
《宫殿考古通论》	杨鸿勋	著	
《中国古代城市规划建筑群布局》	傅熹年	著	

《〈故宫珍本丛刊〉精选整理本丛书》出版信息

御定六壬直指　已出版,分上下卷共二册,每套98元(平装)。六壬是我国最古老的预测吉凶的方法之一,与(奇门)遁甲、太乙(神数)合称三式,并被尊为三式之首;其法以占时加地盘取四课,以四课克贼发三传,以三传与干支的生克论吉凶。本书卷上为直指,即介绍六壬的基本理论和具体操作方法;卷下为析义,即对六壬的每一课(共720课)的课体、课义进行分析解释并给出断辞。

渊海子平　已出版,每册45元(平装)。本书是我国古代最有代表性的命书(俗称算八字);命术相传始于先秦鬼谷子,至唐李虚中系统化,至宋徐子平即完善,故命术又称子平术,本书即为徐子平撰;子平以生人之年月日时四柱论命,以日为主,形成了一个非常完善自洽的理论系统。

平砂玉尺经　已出版,每册40元(平装)。我国古代看风水有三合理论一派,本书即是该派理论的经典著作;其法以二十四山分属水木火金,且以龙脉入首时左旋右旋分属阳阴,并配合五行十二支来论二十四山的龙脉、坐山、立向及水之来去的生旺墓绝;消砂拨水则以四大水口是否合法判断阴阳宅的吉凶。

水龙经　已出版,每册45元(平装)。该书是专论水龙的经典著作;该书论述了水形有屈曲、回顾、绕抱、斜飞、直冲、反跳及来去分合的区别,又从理气天星、方位及喝形呼穴方面进行了探源,并说明其吉凶。

鲁班经　已出版,每册45元(平装)。本书包括三种古籍:《鲁班经》认为,建筑中常用的只砖片瓦、尺地寸木都与吉凶紧密相连,建筑物中的前后左右、高低尺寸也与祸福息息相关;《择日纪全》介绍古人怎样选择吉日;《秘诀仙机》则介绍古代禳解各种灾祸时常用的一些符咒。

阴阳五要奇书　已出版,分上中下共三册,每套128元(平装)。

本书包括五种古籍:《郭氏元经》《璇玑经》《阳明按索》《佐元直指》《三白宝海》,另附录《八宅明镜》。前五种古籍实为明代选编的“选择(择吉)学”丛书,其中特别介绍了各种吉凶神煞及其趋避方法;附录介绍了东四命、西四命人配东四宅、西四宅的理论和方法,为“风水(地理)学”的一个流派。

河洛理数 已出版,每册40元(平装)。以易经和河图洛书为本,以易之卦爻配合生人的年月日时八字,来判断人或事的吉凶。

梅花易数 已出版,每册35元(平装)。该书或以年月日时起卦、或以字的笔画数起卦、或以某物的数目起卦,即所谓随物起数、随数起卦,然后利用易经、易理进行分析,以判断人或事的吉凶;此外,该书还详细介绍了我国传统“拆字术”的理论和方法。

御定六壬金口合占 已出版,分上中下共三册,每套共95元(平装)。原书将六壬720课每课都分列“天时、射覆、行人、田宅、谒见、捕猎、疾病、出行、文信、来意、婚姻、迁移、孕产、失物”等14项古人常欲占断的事项并逐项给出了断辞;这些断辞都是根据六壬和金口诀的原理联合做出的。为了方便读者比较,我们将仅根据六壬做出的断辞(《御定六壬直指析义》720课的全部内容)分别排在“合占”每一课的后面。由于原书没有关于六壬和金口诀的基本知识的介绍,为了方便初学者学习,本书将《故宫珍本丛刊》中的《御定六壬直指》和《官板大六壬神课金口诀》改成了简体横排并加注释,作为本书的一部分,一并出版。

增广太平惠和剂局方 已出版,每册40元(平装)。原书系日本前典药头橘亲显奉朝廷之命领衔整理汇校并作序,享保庚戌(1730年)官刻本。本书包括《太平惠民和剂局方》及三个附录:《图经本草药性总论》《局方指南总论》《诸品药石炮制总论》。《局方》,凡十卷,介绍了近八百个方剂,并载明主治病症。三个附录则分别介绍:数百味中药的药性、主治及产地;中医的基本原理和用药原则,各类疾病的证候，主要疾病的诊断和治疗原则；每味中药的炮制方法。

种杏仙方　内府药方　药性分类　已出版，每册24.80元（平装）。《种杏仙方》，凡四卷，介绍了99类疾病的治疗药方，每类疾病的疗方多至数个，甚至十数个；另有三个附录：经验秘方、日用杂方、续劝善良规四“十歌”。《内府药方》，凡四卷，分风痰、痰嗽、伤寒、暑湿、燥火、脾胃、眼科、疮科、妇科、小儿、补益、泻泄、气滞、痰症、杂治共十五“门”，各门下分列常用效方，共近五百个，每方之下详载药物、剂量、炮制方法等。《药性分类》，不分卷，但分脾胃、肝胆、肺大肠、肾膀胱、心小肠、痈疽破伤共六“门”；每门之下又分若干类，共收中药近四百味；每味药品载明功能、主治、宜忌、相畏、相恶、禁忌等内容。

三合集　卫生汇录　已出版，每册20元（平装）。《三合集》乃明代名医张继科平素所积医案及治疗经验，共约七十余项，包括各类病例；每例均包含病症、诊断、治疗药方等多项内容。因其临证“必以脉合证，证合药，药合脉”，故其书名曰“三合”。《卫生汇录》包括养生保健，祛病延年，居家防患等丰富内容共十章：“食鉴本草”，介绍各种食物的药性：“食愈方”，介绍治疗各种疾病的食物处方；“经验良方”，介绍治疗各种疾病的简易良方；“起居饮食各法”，介绍日常保健美容等方法；“长寿谱”，介绍道德修养、性生活与长寿的关系；“救命针”，介绍日常保健养生的理念；“居家应世养生调摄各法”，介绍日常保健养生的具体方法；“养生延年要法”，介绍饮食起居养生方法；“保元益寿秘诀”，从原理、运动、饮食、起居、月令等多方面介绍保元益寿的方法；“居家必知”，介绍居家保证安全卫生的方法。

名医类编　已出版，每册24.80元（平装）。本书主要内容可分三大部分。第一部分介绍诊断方法，即切脉的要领和各种脉象。第二部分介绍药性，作者编成了240首四言歌诀，每首四句，介绍了240味常用中药的药性和主治。第三部分内容最丰富，分门别类地介绍了治疗十类常见疾病的近千个处方及其炮制方法。